高等院校小学教育专业系列教材

小学教师语言技能训练

（慕课版）

主　编　贺汪波　杜宇虹
副主编　张　婷　丰津玉　黄　倩
　　　　杨　翔
参　编　许汉平　程宝仪　施建恒
　　　　袁和平　李　兵　熊　丹
　　　　李卫清　甘　璐

南京大学出版社

图书在版编目(CIP)数据

小学教师语言技能训练 / 贺汪波,杜宇虹主编. —
南京：南京大学出版社，2020.1(2021.1 重印)
ISBN 978 - 7 - 305 - 22875 - 9

Ⅰ．①小… Ⅱ．①贺… ②杜… Ⅲ．①中小学—教师—
口语—教材 Ⅳ．①H193.2

中国版本图书馆 CIP 数据核字(2020)第 004210 号

出版发行　南京大学出版社
社　　址　南京市汉口路 22 号　　　　邮　编　210093
出 版 人　金鑫荣

书　　名　小学教师语言技能训练
主　　编　贺汪波　杜宇虹
责任编辑　钱梦菊　　　　　　　　编辑热线　025 - 83592146

照　　排　南京南琳图文制作有限公司
印　　刷　南京玉河印刷厂
开　　本　787×1092　1/16　印张 16.25　字数 370 千
版　　次　2020 年 1 月第 1 版　2021 年 1 月第 2 次印刷
ISBN 978 - 7 - 305 - 22875 - 9
定　　价　42.80 元

网址：http://www.njupco.com
官方微博：http://weibo.com/njupco
微信服务号：NJUyuexue
销售咨询热线：(025) 83594756

前　言

新时代教育事业的发展对教师队伍建设提出了更高的期望。《教师教育课程标准(试行)》《教师专业标准》《中小学和幼儿园教师资格考试标准》等系列标准的制定以及《普通高等学校师范类专业认证实施办法》的发布为高等师范院校人才培养、课程设置、课程实施、技能训练等提出了规范要求。

语言表达是教师开展工作的主要方式和手段,教师语言运用能力是一项重要的职业技能,对师范生进行教师语言技能的训练是高等师范院校教师教育课程教学的重要内容。一个教师的价值观、政治素养、道德修养、文化素质、知识水平、审美情趣乃至心理品质、思维方式等,都会在教育、教学和其他工作过程中,通过教师特有的语言表达的形式对学生及其他受众产生影响,直接决定着教学效果和教育质量。然而已有教师语言类教材多偏向理论研究,鲜有从技能训练层面来系统培养师范生的语言运用能力,为此编写组特组织编写了这本基本理论与技能训练相融合的《小学教师语言技能训练》教材。

本教材以"项目任务驱动"的方式构建全书的体例,每个项目设计了知识结构图、基本理论、技能训练、拓展资源,立足于"能学""辅教",注重"立德树人"与技能训练相结合、理论与实践相结合、教材与课堂相结合、教师与学生相结合、指导与评价相结合、课内与课外相结合、技能训练与资格准入相结合,从而让教材活起来,成为教师备课、上课的助手,也成为学生学习、练习的指南。同时,本书配套 MOOC 课程,并通过二维码的形式提供音频、视频、教学 PPT、教案、练习等颗粒资源,不断丰富拓展教材内容,为学习者提供个性化学习、智能化学习的条件。

本书主要由高等师范院校、基础教育、社会教育培训机构一线专业教师编写,体现"共建、共享、共育"的协同育人的理念。其中,贺汪波老师提出总体构想,制定编写要求,确定纲目体例;杜宇虹老师负责组织统筹,审稿统稿。具体编写分工如下:

项目一、三:杜宇虹;项目二、六:张婷;项目四:杨翔;项目五、七、十三:黄倩、丰津玉;项目八:贺汪波;项目九:贺汪波、程宝仪、许汉平;项目十、十一:许汉平、袁和平、李兵;项目十二:贺汪波、施建恒;熊丹、李卫清、甘璐编写案例并完善数字资源。

本书是湖北省教育科学规划重点课题项目"基于《小学教师专业标准》的小学教育专业职业沟通课程改革研究"(编号:2015GA084)和武汉市市属高等学校教学研究项目"《小学教师专业标准》下的师范生职业沟通课程改革研究"(编号:2014170)的最终成果。

本书参考、借鉴、引用了部分学者及教师的著述、案例,在此表示感谢。同时,感谢南京大学出版社的大力支持。由于能力有限,教材难免会出现一些疏漏,敬请专家、同行和使用者批评指正,以便再版时修订。

编　者

2020 年 1 月

C目 录
ONTENTS

微信扫码

慕课资源概览

项目一
发声技能训练

在实际工作中,人们希望自己的普通话发音准确,同时还希望自己的语音清晰响亮、悦耳动听,语言表达具有一定的声音魅力。具备浑厚或清脆悦耳、富有磁性的嗓音,语言表达形象生动,可为自己的语言表达增加亲和力和吸引力。因此,掌握一定的用气发声技能是非常必要的,它是每个即将步入讲坛的未来教师的基本功。

 思维导图

发声技能训练
- 吐字归音训练
  - 出字训练
  - 立字训练
  - 归音训练
- 呼吸调整训练
  - 吸气训练
  - 呼气训练
- 共鸣控制训练
  - 口腔共鸣训练
  - 胸腔共鸣训练
  - 鼻腔共鸣训练

任务 1　吐字归音训练

在教师口语表达的过程中,我们常常会听到这样的烦恼:

"我在讲课的时候,讲一会儿就会觉得口干舌燥,老想喝水润润喉咙。"

"我大声讲话,讲一会儿就觉得气短,很累。"

"讲课时或者给学生范读时,我常觉得自己的声音不好听,不知道怎样可以美化一下自己的声音。"

在口语交际过程中,人们都希望自己的语音准确、清晰、响亮、圆润,具有一定的魅力。但在现实生活中,有的人讲话时发声方法不当,使得字音不清晰或声音单薄、声量较小;有的人说话时经常感到声音嘶哑,气喘吁吁,个别从事用声较多的职业的人,如教师等,甚至出现了"人未老声先衰"的现象等。这种种问题都是与不善于科学地用气发声有关的。因此,掌握基本的发声技能是非常必要的,这也是令每位教师声音"青春常在"的基本功。

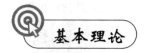

基本理论

发声技能共包括吐字归音、呼吸调整和共鸣控制三个方面。经过训练,掌握科学的用声方法,不仅可以使声音响亮、清晰、圆润、持久,更能让自己的气息呈现快慢、长短、松紧、上提、下松等多种状态,引发各种不同的声音形式,从而美化声音。良好的声音状态随着思想感情的变化而运动,艺术地表现文艺作品,就可以达到"以情运气、以气托声、声情并茂"的口语艺术表达效果。

一、吐字归音的概念和意义

吐字归音是我国传统说唱理论中的一个术语。它根据汉语语音的特点,把一个音节的发音过程分为出字、立字和归音三个阶段,通过对每个发音阶段的精心控制(口腔控制),达到清晰有力、圆润自如的境界。如播音主持、戏曲、话剧、评书、大鼓和歌唱等艺术语言形式都是很讲究吐字归音的方法的。吐字清晰也是教师的基本功,如果发音含混不清就不具备从事教师工作的基本条件。掌握正确的吐字方法,达到吐字准确清晰、圆润动听和富于变化,以便完美地表达出语句中所蕴含的思想感情,是每一位教师不懈追求的目标之一。

二、吐字归音的要求

汉语语音每个字音的发音都有着自身的规律,吐字归音的出字、立字和归音都有着各自的特点和要求。音节发音的头、腹、尾之说是吐字归音的精髓,它将一个音节的声母和韵头(经常由 i u ü 充当)作为出字阶段,把韵腹(主要元音)作为立字阶段,把韵尾作为归音阶段。如"电 diàn"这个音节,"di"就是出字阶段,"a"(实际发音为"[æ]")是立字阶段,"n"是归音阶段。而每个阶段都有不同的要求。

(1)出字阶段不吃字,要叼住弹出,部位准确,结实有力,短暂敏捷。

(2)立字阶段不倒字,要拉开立起,圆润饱满,宽窄适度,前后恰当。

(3)归音阶段不丢音,要尾音轻短,完整自如,归到位,趋向鲜明。

出字阶段就是要发好字头,做到这一点的关键是要把握好声母的发音部位和发音方法,蓄气有力,并迅速与韵头结合;立字阶段就是要把主要原音发饱满,口腔拉开立起,口腔开合适度,松紧相宜,舌位前后位置准确,音节坚实稳定;归音阶段的关键是对韵尾的处理,字音趋向要鲜明,既不可拖泥带水留尾巴,也不可唇舌位置"不到家"。整个音节的发音,口腔状态由开到闭,肌肉由紧到松,声音由强到弱,字尾要弱收到位。

综上所述,吐字归音就是要求一个音节的发音过程有头有尾,构成一个"枣核形"(如图 1－1)。声母、韵头为一端,韵腹为核心。字的中间发音动程大,时间长;字的两头发音动程小,收尾占的时间也短。

训练时注意,对音节发音动程构成的"枣核形",

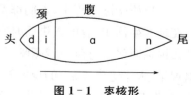

图 1－1 枣核形

不可绝对化地理解,音节结构不同,发音过程也不一样。

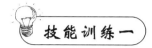

做口部操

我们可以通过做口部操、分段训练以及词语、句子、绕口令等方法加强发音练习,由浅入深,由易到难地训练,达到发音口齿清晰、灵活有力的效果。

【训练目标】

通过口部操训练,增强咬字器官的力度和灵活度,以达到吐字准确、清晰的效果。

【训练要领】

1. 双唇练习

① 喷。双唇阻住气流,然后突然放开,爆发出 b 或 p 音。注意不要满唇用力,意念中想着用嘴唇的中央 1/3 处用力。

② 咧。双唇紧闭,用力撅唇,然后嘴角后拉咧开双唇,前后交替进行。

③ 撇。双唇紧闭,撮起,向左右撇嘴,交替进行。

④ 绕。双唇紧闭,撮起,向左转 360 度,然后向右转 360 度,交替进行。

2. 舌部练习

① 伸。舌尖努力向前伸出嘴巴,伸得越前越尖就越好,眼睛可以看到自己的舌尖。然后再后缩,一直缩回舌根部位,注意后缩时不要卷舌,交替进行。

② 弹。一是弹舌尖,力量集中在舌尖上,与上齿龈用力接触,然后突然打开,爆发出 d、t 音;二是弹舌体,舌头卷起,像吃泡泡糖一样在嘴里打响,越响越好,舌头用力。

③ 刮。舌尖抵住下齿背,舌中纵线部位用力,用上门齿轻轻挂舌面,将嘴撑开。

④ 顶。先闭上双唇,用舌尖顶住左边内夹,然后再抵右边内夹,交替进行,舌头一定要用力。

⑤ 转。把舌头放在双唇和牙齿之间,沿着双唇内部向左转 360 度,然后向右转 360 度,交替进行。

3. 颊部练习

咬。双唇嘴角向两边咧开,舌头后缩,颊部肌肉紧张,扣动牙齿,做咀嚼的动作。注意不可两颊松弛,只依靠下巴活动。

【课堂训练】

教师示范,边讲要领边带领学生进行练习,每节做 8 次。

【训练评价】

1. 你(或他)做的动作部位是否准确。

2. 你(或他)是否能善于指挥小群肌肉灵活运动。

3. 你是否能观察到自己或者别人与众不同，及时修正自己或提醒他人。

4. 你是否能感觉到酸累，能否坚持做完。

➢ 可扫描本项目二维码进行拓展练习。

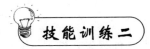

分阶训练

训练目标

通过出字、立字和归音三个阶段进行有针对性的训练，体会音节头腹尾精准发音的特点，以达到发音准确清晰的效果。

训练要领

吐字归音要做到字头有力，字腹饱满，字尾到位。

课堂训练

1. 出字训练

(1) 喷口字练习。朗读带有双唇音 b、p、m、f 的词语，训练双唇喷吐力。如：

  报表 宝贝 北边 背包

  批评 匹配 偏旁 乒乓

  埋没 盲目 美妙 命脉

  方法 仿佛 芬芳 丰富

(2) 弹舌字练习。朗读带有舌尖中音 d、t、n、l 的词语，训练舌尖弹射力。如：

  大地 单独 当代 道德

  抬头 探听 体贴 团体

  牛奶 男女 恼怒 能耐

  拉拢 劳累 老练 力量

(3) 开喉字练习。朗读带有舌根音 g、k、h 的词语，训练喉咙爆发力。如：

  改革 高贵 观光 规格

  开课 可靠 刻苦 宽阔

  航海 荷花 呼唤 悔恨

(4) 牙音字练习。朗读带有舌面音 j、q、x 的词语，训练牙关的咬合力。如：

  积极 坚决 交换 经济

  崎岖 恰巧 亲切 请求

  习性 现象 相信 学习

(5) 齿音字练习。朗读带有舌尖音 z、c、s、zh、ch、sh、r 的词语，训练舌尖力量集中的能力。如：

藏族　曾祖　自尊　总则
层次　粗糙　仓促　从此
思索　松散　搜索　琐碎
真正　制止　种植　主张
拆除　超产　长城　驰骋
上山　神圣　事实　手术
忍让　仍然　容忍　柔软

2. 立字训练

(1) 韵母口腔开度练习。发好下列韵母,注意口腔开度。

a：沙发　喇叭　砝码　加拿大

o：薄膜　婆婆　默默　磨破　伯伯

e：客车　隔阂　折射　色泽　咋舌

er：儿歌　而且　偶尔　耳朵　二十

i：比拟　习题　袭击　气息　霹雳

u：补助　舒服　图书　孤独　瀑布

ü：区域　序曲　雨具　聚居　吕剧

üan:渊源　圆圈　全权　玄远　全员

ian:变脸　电线　天边　鲜艳　眼帘

(2) 韵母"四呼"分类练习。韵母按照实际发音口型分类可以分成四个部分,我们称之为"四呼"。发音时,以 i 开头的韵母叫齐齿呼,以 u 开头的韵母叫合口呼,以 ü 开头的韵母叫撮口呼,其他开头的韵母叫开口呼。ong 的开头实际发音口型是略松一点儿的 u,所以归为合口呼。iong 的开头实际发音口型是 ü,所以归为撮口呼。例如:

开口呼:a o e ai ei ao ou an

齐齿呼:i ia ie iao iou ian

合口呼:u ua uai uan ong

撮口呼:ü üe üan ün iong

朗读四呼词语:

开口呼:拉萨　刹那　特色　合格　安排

齐齿呼:吸气　礼仪　立即　细腻　米粒

合口呼:出租　铺路　束缚　舒服　户主

撮口呼:区域　旅居　语句　序曲　女婿

3. 归音训练

(1) 抵腭。朗读带有前鼻韵尾-n的词语。发音过程完成时,舌尖要抵住上齿龈。如:

感叹　根本　濒临　天边
贯穿　论文　源泉　均匀

(2) 穿鼻。朗读带有后鼻韵尾-ng的词语。发音过程完成时,声音穿鼻而出,注意不能穿鼻过早。如:

　　商场　丰盛　更正　汪洋
　　响亮　命令　渔翁　从容
（3）展唇。朗读带有 i 韵尾的词语,注意要展开嘴角,呈微笑状。如:
　　爱戴　蓓蕾　回味　白菜
　　配备　徘徊　水位　灾害
（4）敛唇。朗读带有 u、o 作韵尾的词语,注意聚敛双唇。如:
　　报告　秋收　过错　早操
　　悠久　苗条　懦弱　优秀

训练评价

1. 你(或他)发音部位是否准确。
2. 你(或他)的唇形是否正确。
3. 你是否能观察到自己或者别人与众不同,及时修正自己或提醒他人。
4. 你是否能够感觉到自己发音的改善与变化。

➤ 可扫描本项目二维码进行拓展练习。

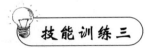 技能训练三

语境训练

训练目标

运用吐字归音的基本技巧进行规定语境的实战训练,在语言运用中提升发音的准确度与熟练度,做到吐字归音精准规范,熟练自如。

训练要领

不同的语体语音节奏不同,体会吐字归音的技巧在不同的语境中的变化,唇形的变化自然、舌位的走势正确,发音快慢适当。

课堂训练

1. 朗读绕口令
（1）八百标兵奔北坡,北坡炮兵并排跑。炮兵怕把标兵碰,标兵怕碰炮兵炮。
（2）调到敌岛打特盗,特盗太习投短刀。挡推顶打短刀掉,踏盗得刀盗打倒。
（3）会炖我的炖冻豆腐,来炖我的炖冻豆腐;不会炖我的炖冻豆腐,就别胡炖乱炖,炖坏了我的炖冻豆腐。
（4）一个胖娃娃画了三个大花活蛤蟆,三个胖娃娃画不出一个大花活蛤蟆。画不出一个大花活蛤蟆的三个胖娃娃,真不如画了三个大花活蛤蟆的一个胖娃娃。

2. 朗读古诗

悯　农

李　绅

锄禾日当午,汗滴禾下土。

谁知盘中餐,粒粒皆辛苦。

题菊花

黄　巢

飒飒西风满院栽,蕊寒香冷蝶难来。

他年我若为青帝,报与桃花一处开。

3. 朗读语段

(1) 夏天,我想青城山应当算作最理想的地方。在那里,我虽然只住过十天,可是它的幽静已拴住了我的心灵。在我所看见过的山水中,只有这里没有使我失望。到处都是绿,目之所及,那片淡而光润的绿色都在轻轻地颤动,仿佛要流入空中与心中去似的。这个绿色会像音乐,涤清了心中的万虑。

——节选自作品58号老舍《住的梦》

(2) 从未见过开得这样盛的藤萝,只见一片辉煌的淡紫色,像一条瀑布,从空中垂下,不见其发端,也不见其终极,只是深深浅浅的紫,仿佛在流动,在欢笑,在不停地生长。紫色的大条幅上,泛着点点银光,就像迸溅的水花。仔细看时,才知那是每一朵紫花中的最浅淡的部分,在和阳光互相挑逗。

——节选自作品59号宗璞《紫藤萝瀑布》

> [训练评价]

1. 你(或他)朗读绕口令时,是否能做到准确而熟练。
2. 你(或他)诗歌朗读时的唇形是否正确。
3. 你是否能在朗读语段或文章时,自觉做到吐字归音的规范。
4. 你是否能够感觉到自己或他人发音的改善与变化。

➤ 可扫描本项目二维码进行拓展练习。

任务2　呼吸调整训练

在日常生活中,人们仅仅依靠声带去讲话的情形,实际上是不存在的。声带发出的声音既小又不美,只有在气息的推动下,经过各共鸣腔体扩大音量、美化音色之后,才传出体外。

我们通常把主管吸气动作的肌肉,称为吸气肌肉群体;把主管呼气动作的肌肉,称为

7

呼气肌肉群体。当吸气肌肉群体活动时,胸腔内部气压小于体外的气压,空气便由口鼻进入肺叶,使肺部扩张起来,这就是吸气;当呼气肌肉群体活动时,或自然放松胸腔的压力时,胸腔随即变小,肺叶里的气被挤压出来,这就是呼气。

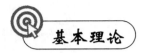 **基本理论**

一、有控制的胸腹式联合呼吸的概念

日常生活中,一般呼吸方式是一种不受主观控制的自然神经反射活动,要么是胸式呼吸(浅呼吸),要么是腹式呼吸(单纯横膈式呼吸),要么是胸腹式呼吸(深呼吸)。这些都是下意识的呼吸方式,不能满足大量用声或艺术用声的需要。大量用声或艺术用声时,我们需要的是有控制的胸腹式联合呼吸方式。

二、有控制的胸腹式联合呼吸的特点

有控制的胸腹式联合呼吸方式有以下几个特点:

(1)吸气量大。吸气时,两肋展开,横膈下降,胸腔容量扩大,因而进气快,部位深,气量大。

(2)便于控制。呼气时,吸气肌肉群仍要工作,用两肋展开和小腹内收"拉住"呼出的气流,有控制地将气流均匀、平稳地呼出。这是有控制的胸腹式联合呼吸方式训练的关键。

(3)调解自如。这种呼吸方式可以因情因景、因实际需要自如地调节用气,使快慢、长短、松紧、上提、下松等多种气息状态,随着思想感情的变化而运动,从而引发各种不同的声音形式,以达到理想的口语艺术表达效果。

因此,有控制的胸腹式呼吸方式是口语交际中较为理想的呼吸方式,是我们必备的基本功。

三、有控制的胸腹式联合呼吸训练

在进行有控制的胸腹式呼吸训练的同时,调整好心理状态和身体状态是非常重要的。在心理状态方面,一个人的内心状态如果是积极的、振奋的,神经传导就快,口语表达也就顺畅;一个人的内心状态如果是消极的、应付的,神经传导就迟钝,口语表达也就呆滞。因此,无论在用气发声的整个训练过程中,还是在各种口语交际中,都要保持一种积极的心理状态。在身体状态方面,在口语表达过程中或用气发声时,全身肌肉应相对放松,呼吸器官要舒展自如。具体做法是头正、肩松、腰直、脚平。喉松鼻通,肩部放松,脖颈与下巴颏角度要适中。过于前伸,角度过大,后咽壁会松软无力;过于强直,角度过小,后咽壁会失去弹性,变得僵硬。胸部稍向前倾,小腹自然内收,这是控制呼吸的关键。双脚平稳落地,面部表情、眼睛要与表达内容配合。

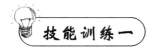

吸气训练

训练目标

通过吸气训练,掌握深吸气的方法,做到气沉丹田,蓄气量大。

训练要领

1. 扩展两肋。双肩放松,双臂可以自由活动,从容地扩展两肋,增大胸腔的前后左右径,使气容量增大。

2. 吸气要深。要有吸向肺底部的感觉,此时横膈膜下降,胸腔容量增大,气息量增多。膈肌下降 1 厘米,可扩大胸腔容量 250～300 毫升。膈肌最大限度下降 3～4 厘米。由此可见,加强膈肌锻炼是吸气训练的关键。

3. 小腹内收。吸气的同时,腹部肌肉应该向小腹的中心位置(丹田)收缩。气息集中于丹田,就是用小腹的收缩感,达到气息控制的目的。

以上所述是吸气的分解动作,实际上它们在吸气过程中是一种复合运动,三部分应该是同时进行,获取吸气的综合感觉。吸气时最后一刻的感觉是,腰带周围渐紧,躯干部位发胀,但上肢能自由活动。胸内气量增多,但不感到僵硬。

课堂训练

教师示范,边讲要领边带领学生进行练习,每节做 3～5 次。

1. 闻花香。在意念上,面前放置一盆香花,双脚自然站立或采用坐姿(不要坐满,最好只坐椅子的 1/2),胸部自然挺起,两肩不能耸起,用鼻子深吸一口气,将气吸到肺底,要吸得深入、自然、柔和,感觉两肋渐开,气吸进肺底,腰带周围涨满;控制一两秒钟,再用嘴缓缓呼出气流。

2. 抬重物。意念上准备抬起一件重物,先要深吸一口气,然后憋足一股劲。这时,腹部所产生的感觉和有控制的胸腹式联合呼吸的吸气最后一刻的感觉相似。

3. 半打呵欠。不张大嘴地打哈欠。进气最后一刻的感觉和有控制的胸腹式联合呼吸的吸气最后一刻的感觉相似。

训练评价

1. 你(或他)做的吸气部位是否准确。

2. 你(或他)是否能体会到吸气后的鼓胀感。

3. 你是否能快速饱满地吸气。

4. 你是否能够感觉到与日常吸气的不同。

➤ 可扫描本项目二维码进行拓展练习。

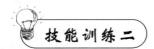

技能训练二

呼气训练

训练目标

通过呼气练习,学会有控制地均匀平稳地呼气。

训练要领

1. 稳劲地呼。呼气时要将体内的气流拉住,均匀平稳地呼出,并能根据感情的变化,自如地变换呼气状态。

2. 要有控制。呼气肌肉群工作时,吸气肌肉群应该持续不断地进行工作,利用腹肌向丹田收缩的力量控制住气流。这样,呼气才能持久。

3. 要有变化。随着表达的不同和感情变化的差异,调节呼气的强弱、快慢。

另外,有时气已经呼光,但说话还在继续,容易出现句尾干涩或声嘶力竭的现象,这就要学会使用过程中补气。气息补得及时,才会用得从容,才能持久地发挥气息的动力作用。

课堂训练

1. 吹空瓶练习。模仿撮起双唇吹响空瓶,气息要均匀而缓慢地流出,呼气时间逐渐延长,达到 25～30 秒为较好。体会两肋逐渐收缩,腰带周围渐松,直到一口气呼完。练习中注意要快吸慢呼。

2. 数数练习。一口气从 1 数到 30,声音要规整、圆润,不感到挤压、力竭,数数练习的目的是锻炼控制气流呼出的能力,切忌数数当中偷偷吸气。数数的材料也可用"葫芦",如:一个葫芦、两个葫芦、三个葫芦……使口腔大小开合得到锻炼。

3. 重复绕口令。用力吸进一口气,反复快速读"吃葡萄不吐葡萄皮,不吃葡萄倒吐葡萄皮",看看一口气能读几句,一口气最好能读 5 遍以上。

训练评价

1. 你(或他)呼气是否均匀。

2. 你(或他)呼气量是否控制得当。

3. 你是否能稳健或灵活地呼气。

4. 你是否能感觉到与日常呼气的不同。

拓展练习

新闻播报模仿训练。下面是一则新闻稿,请扫描本项目二维码观看视频并做新闻播报练习。

习近平会见巴西副总统

央视网消息(新闻联播):国家主席习近平 7 日在人民大会堂会见来华访问并出席中

巴高层协调与合作委员会第三次会议的巴西副总统特梅尔。

习近平祝贺中巴高委会会议取得积极成果。习近平表示,今年以来,我同罗塞夫总统两次会晤,就两国关系发展做出了规划,达成很多重要共识。明年是两国建交40周年。中方愿同巴方一道,保持领导人之间密切交往,扩大和提升务实合作,在国际事务中加强沟通协调,为推动中拉关系、促进新兴市场国家团结协作、维护发展中国家共同利益做出更大贡献。中方支持巴西明年举办金砖国家领导人会晤。预祝明年巴西世界杯足球赛圆满成功。

特梅尔表示,中国是伟大的国家。巴方对巴中战略伙伴关系的良好发展感到高兴,祝愿中国发展取得更大成功。巴方愿同中方加强高层往来,发挥巴中高委会机制作用,推进各领域合作。巴方愿同中方在金砖国家框架内加强沟通与合作,推动全球治理,携手促进拉中关系发展。

(来源:新华网,2013－11－07)

技能训练三

语境训练

训练目标

加强吸气、呼气联动,力争协调、自然、有效地完成训练,从而较好地把握有控制的胸腹式呼吸方式。

训练要领

不同的语境有不同的气息要求,体会呼吸技巧在不同的语境中的变化,做到气息长久自如,快慢适当。

课堂训练

1. 喊人名练习

以发音响亮的音节组成的人名,作为发音训练的材料,由远及近,或由近及远地呼喊人名。如:

黄刚——   王强——   张兰——   杨芳——

2. 朗读短诗

选择一些短小、平和、舒缓、轻快的诗词作为联系材料。如:

咏 鹅
骆宾王

鹅、鹅、鹅,曲项向天歌。

白毛浮绿水,红掌拨清波。

读第一遍时,一口气读一句;读第二遍时,先吸一口气读前两句,再吸一口气读后两句;读第三遍时,吸一口气将全诗四句读出。要读得平稳、舒缓、流畅,表现出白鹅戏水的美妙情景。

3.朗读长句

选择一些读起来难度较大、内容较复杂的长句子进行练习。朗读长句子时蓄气量要大,要控制好气息,气要"拉住",不能随意顿歇和补气,否则就会破坏语意的完整。如:

那次做伪证的意图是要从一个贫苦的土著寡妇及其无依无靠的儿女手里夺取一块贫瘠的香蕉园,那是他们失去亲人之后的凄凉生活中唯一的依靠和唯一的生活来源。

——节选自马克·吐温《竞选州长》

训练评价

1.你(或他)朗读绕口令时,是否能做到准确而熟练。

2.你(或他)诗歌朗读时,唇形是否正确。

3.你是否能在朗读语段或文章时,自觉做到吐字归音的规范。

4.你是否能够感觉到自己或他人发音的改善与变化。

➤ 可扫描本项目二维码进行拓展练习。

任务3　共鸣控制训练

大家都有这样的体会:在空房间里唱歌比旷野里唱歌又响亮又好听。这是什么原因呢? 其实很简单,因为在空房间里唱歌时,声音发出后经房间四壁的反射产生了回音。这回音不但增加了声音的响度,而且来自四壁反射的回音和原来的声音融合在一起,使声音不仅不单薄,而且更加悦耳动听。这就是声音"共鸣"的功劳。

另外,改变共鸣腔体的位置还可以塑造出不同音质的声音。比如,在我们朗诵《猴子捞月亮》这篇课文时,大猴子、老猴子和小猴子都说了同样一句话:"不好了! 不好了! 月亮倒掉水里了,咱们快把它捞上来!"我们该如何用不同的声音来表现不同的猴子的形象呢? 老猴子的声音应该暗淡、苍老、缓慢,小猴子的声音是明亮、清脆、急促的,大猴子的声音适中。这些声音形象都是我们在朗诵中值得思考和历练的。我们知道,配音艺术是很有魅力的,很多影视作品的配音给我们留下了深刻美好的印象,这都是与声音的塑造、与我们发音共鸣器官有着千丝万缕的联系。

基本理论

一、共鸣腔体的概念与特点

人体的共鸣腔主要有喉腔、咽腔、口腔、鼻腔和胸腔。

(1)喉腔是人体的第一个共鸣腔。如果被挤扁,声音就会"横"着出来;如果喉部束紧,声音就会"拔高""单薄"。因此,它的形状变化对于声音质量有着较大影响。

（2）咽腔的容积很大,对于扩大音量和美化音色起着重要的作用。

（3）口腔是语言的制造场,也是人体最主要而且最灵活多变的共鸣腔体。口腔的开合、舌头的伸缩、软腭的升降等都可以改变口腔的形状,对共鸣有重要的影响。

（4）鼻腔的共鸣作用是由腔内空气振动和骨骼的传导产生的,它对于高音的共鸣作用很大。

（5）胸腔:随着声音的高低变化,胸部会感到有一个较为集中的响点。这一"胸腔响点"沿着胸骨的上下移动便产生了胸腔的振动。由这种振动造成的共鸣,可以使音量扩大,声音浑厚有力。

这些共鸣腔体协调工作,就能使发出的声音明亮、坚实、丰满、浑厚。

二、共鸣控制的意义

声带本身发出的声音是很微弱的,必须借助于共鸣器官,才能扩大音量,美化音色。因此,有效运用共鸣器官,掌握共鸣方法则可以使声音明亮、坚实、丰满、浑厚。

技能训练一

口腔共鸣训练

在口语表达中,人们主要运用的是以口腔为主,中、低、高三腔共鸣的方式。中音共鸣就是口腔共鸣,它是指硬、软腭以下,胸腔以上的各个共鸣腔体,包括口腔、咽腔和喉腔。低音共鸣主要指胸腔共鸣。高音共鸣主要指鼻腔共鸣,它是指硬、软腭以上的共鸣腔体。一般来说,高音共鸣过多,声音显得单薄、漂浮;低音共鸣过多,会使声音发闷,影响字音清晰。因此,"以口腔为主,三腔共鸣"的方式,才是我们需要的。

训练目标

通过口腔共鸣训练,获得较好的中音状态,稳固声音的质感。

训练要领

口腔共鸣要求各个相关器官和肌肉的动作和状态是:

1. 提颧肌。颧肌用力向上提起,鼻孔略张大,面部略带微笑。

2. 开牙关。上下槽牙间保持一定的距离。

3. 挺软腭。半打哈欠时,可以体会到软腭挺起的状态。

4. 松下巴。发音时,下巴自然内收,才能放松。

5. 唇舌力量集中。唇的力量集中到唇的中部;舌的力量集中是指舌体取收势,把力量集中到舌的前部中纵线上。

课堂训练

1. 牙关练习

口腔共鸣最关键的是打开后槽牙,不是张大嘴巴,感觉是"开口如半打哈欠,闭口如啃苹果"；上下槽牙呈倒 u 形。发复韵母 ao、iao、ang、eng 等。读韵母时体会声束沿上腭中线前滑，挂在前腭的感觉。

2. 竖起后咽壁练习

调节颈部姿势，使后咽壁竖起来，发单韵母 i、u、e、o，体会上下贯通的共鸣感觉。注意练习时颈部角度要适中，不直不僵，不松不软，才能把声音从喉咙中"吊"出来，使声音"站得住"。

3. 声束冲击练习

发较短促的 ba、bi、bu、pa、pi、pu、ma、mi、mu，或学发汽笛的长鸣"di—"，体会声束集中冲击硬腭前部的感觉和声音的力度。

4. 朗读成语练习

来日方长　狼狈不堪　牢不可破
老生常谈　两袖清风　燎原烈火
刀山火海　光明磊落　高瞻远瞩
响彻云霄　高朋满座　阳光大道

5. 朗读诗歌练习

绝　句

杜　甫

两个黄鹂鸣翠柳，一行白鹭上青天。
窗含西岭千秋雪，门泊东吴万里船。

6. 朗读歌词练习

下面是以 ang 韵母押韵的歌词，请依托唱歌的形式做口腔共鸣练习。

小时候，妈妈对我讲，大海就是我故乡。海边出生，海里成长。大海啊大海，是我生活的地方，海风吹，海浪涌，随我飘流四方。大海啊大海，就像妈妈一样，走遍天涯海角，总在我的身旁。

——歌曲《大海啊，故乡》歌词节选

训练评价

1. 你（或他）发音时，口腔状态是否准确。
2. 你（或他）是否能体会到声音的通透感。
3. 你是否能快速找准口腔的发声状态。
4. 你是否能够感觉到自己或他人音质的改善与变化。

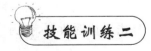

胸腔共鸣训练

训练目标

通过胸腔共鸣训练，获得较好的低音状态，稳固低音的声音质感。

1. 找准发音部位,感受发音的"响点"。

2. 喉头放松,不压不挤。

3. 气息畅通,声音结实有力。

课堂训练

1. 低读韵母练习

放松胸部,用低音读韵母 a 或带有 a 韵的音节。发音时,会感觉到胸部有个响点,随着声音高低变化,响点移动,声音不要过亮,要浑厚有力。

a—a—a—

hei—ha—hei—ha—

2. 音高练习

有层次地爬高降低进行朗读训练。选择开口度大,易于产生胸腔共鸣的词语或语句,在本人音域范围内,先用低调说,一级一级地升高,然后再一级一级地下降;一句高一句低高低交替;一句话内由低到高,再由高到低,体会胸腔共鸣的加强。 如:

an　暗淡　反叛　散漫　武汉

ang　香港　到达　长相　海洋

ao　逍遥　美貌　舞蹈　跳高

中央人民广播电台,现在是北京时间十点整。

训练评价

1. 你(或他)发音时,胸腔状态是否准确。

2. 你(或他)是否能体会到声音的浑厚有力。

3. 你是否能快速找准胸腔的发声状态。

4. 你是否能够感觉到自己或他人音质的改善与变化。

➤ 可扫描本项目二维码进行拓展练习。

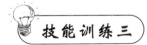 技能训练三

鼻腔共鸣训练

训练目标

通过鼻腔共鸣训练,获得较好的高音状态,稳固高音的声音质感。

训练要领

1. 找准发音部位,感受发音的"哼鸣"状态。

2. 鼻翼扩张,鼻腔通透。

3. 气息畅通,声音有穿透力。

课堂训练

1. 提腭练习

做半打哈欠状打开牙关,提起上腭,再缓缓闭拢;提起软腭,发单元音 a、o、e,再垂下软腭发鼻化元音 a、o、e,体会发音时软腭的不同状况。

2. 口音鼻音交替练习

交替发口音 a 和鼻音 ma。发口音时软腭上挺,堵住鼻腔通路,体会口腔共鸣;发鼻音时,软腭下垂,打开鼻腔通路,体会鼻腔共鸣。反复练习,体会软腭上挺或下垂的不同感觉。如:

a—ma—a—ma—

3. 朗读带有鼻音的词语

妈妈　奶奶　猫咪　温暖　弥漫　出门

分钟　姓名　光明　铿锵　南宁　刮风

4. 夸张四声练习

选择韵母音素较多的成语或熟语,运用共鸣技能做夸张四声朗读训练。

山—明—水—秀—　　　花—红—柳—绿—

黑—白—分—明—　　　融—会—贯—通—

兵—强—马—壮—　　　更—名—改—姓—

张—王—李—赵—　　　心—明—眼—亮—

5. 呼告练习

想象远距离(或由近及远)地告诉某人某事。呼告时,注意控制气息,体会延长音节时"三腔"共鸣的感觉,还要注意带感情色彩,使情、气、声自然地融为一体。如:

黄刚——,你下来——!

妈妈——,电话——!

6. 朗读绕口令

(1)杨家养了一只羊,蒋家修了一堵墙。杨家的羊撞倒了蒋家的墙,蒋家的墙压死了杨家的羊。杨家要蒋家赔杨家的羊,蒋家要杨家赔蒋家的墙。

(2)十字路口红绿灯,红黄绿灯分得清。绿灯行,红灯停,绿灯亮时向左行,行停停行看灯明。

7. 朗读歌词

(1)我们的家乡,在希望的田野上,炊烟在新建的住房上飘荡,小河在美丽的村庄旁流淌,一片冬麦,(那个)一片高粱,十里(呦)荷塘,十里果香,咳!我们世世代代在这田野上生活,为她富裕,为她兴旺。

——歌曲《在希望的田野上》歌词节选

(2)你从雪山走来,春潮是你的丰采;你向东海奔去,惊涛是你的气概,你用甘甜的乳汁,哺育各族儿女;你用健美的臂膀,挽起高山大海,我们赞美长江,你是无穷的源泉;我们依恋长江,你有母亲的情怀。

——歌曲《长江之歌》歌词节选

训练评价

1. 你(或他)发音时,鼻腔状态是否准确。
2. 你(或他)是否能体会到声音的明亮度和穿透力。
3. 你是否能快速找准鼻腔的发声状态。
4. 你是否能够感觉到自己或他人音质的改善与变化。

拓展练习

鼻腔共鸣训练。下面是训练鼻腔共鸣较好的朗诵材料(扫描本项目二维码获取朗诵视频),请欣赏并模仿朗诵,做鼻腔共鸣练习。

安塞腰鼓

一群茂腾腾的后生。他们的身后是一片高粱地,他们朴实得就像那片高粱。咝溜溜的南风吹动了高粱叶子,也吹动了他们的衣衫。他们的神情沉稳而安静。紧贴在他们身体一侧的腰鼓,呆呆地,似乎从来不曾响过。

但是,看! 一捶起来就发狠了,忘情了,没命了! 百十个斜背响鼓的后生,如百十块被强震不断击起的石头,狂舞在你的面前。骤雨一样,是急促的鼓点;旋风一样,是飞扬的流苏;乱蛙一样,是蹦跳的脚步;火花一样,是闪射的瞳仁;斗虎一样,是强健的风姿。黄土高原上,爆出一场多么壮阔、多么豪放、多么火烈的舞蹈哇——安塞腰鼓!

这腰鼓,使冰冷的空气立即变得燥热了,使恬静的阳光立即变得飞溅了,使困倦的世界立即变得亢奋了。

好一个安塞腰鼓!

多水的江南是易碎的玻璃,在那儿,打不得这样的腰鼓。

除了黄土高原,哪里再有这么厚这么厚的土层啊!

好一个黄土高原! 好一个安塞腰鼓!

每一个舞姿都充满了力量。每一个舞姿都呼呼作响。每一个舞姿都是光与影的匆匆变幻。每一个舞姿都使人战栗在浓烈的艺术享受中,使人叹为观止。

好一个痛快了山河,蓬勃了想象力的安塞腰鼓!

愈捶愈烈! 形体成了沉重而又纷飞的思绪!

愈捶愈烈! 思绪中不存任何隐秘!

愈捶愈烈! 痛苦和欢乐,生活和梦幻,摆脱和追求,都在这舞姿和鼓点中,交织! 旋转! 凝聚! 奔突! 辐射! 翻飞! 升华!

人,成了茫茫一片;声,成了茫茫一片……

【练习提示】 每个人的自然音域是由自己的发音器官的构造,特别是声带的状况决定的,所以一定要根据自己的声音条件进行训练和使用,不可人为地拔高或压低使喉部处于不自然状态。长期处于这种状态将有损发声器官的健康。

另外,发声技能训练的根本是为正确用声服务的。在声音和情感之间,情感永远占主导地位。我们必须坚持以情运气、以气托声、以声传情的原则,充分发挥感情在发声过程中的重要作用。

项目二
朗读与朗诵训练

朗读与朗诵,就是将文字作品转化为有声语言的创作活动,不仅可以提高阅读能力,有效地培养对语言词汇细致入微的体味能力,还能增强口语表达与交际能力。

要想拥有较强的朗读与朗诵能力,可以从朗读朗诵的内部技巧和外部技巧两方面进行训练,同时还应了解不同体裁的作品对朗读朗诵的具体要求。

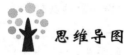 思维导图

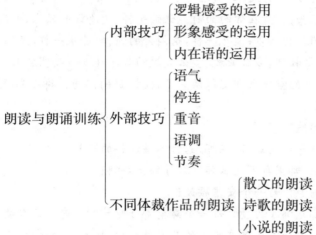

任务4　朗读朗诵的内部技巧

有的同学在朗诵时,语音很标准,朗读也很流畅,却很难打动别人,这是为什么呢?因为在朗诵时,除了标准的语音和流畅自然外,内部技巧也非常重要。只有掌握一定的朗诵内部技巧,才能让自己的声音更有感染力,更好地表情达意,打动听众。下面训练的内容就是朗读朗诵的内部技巧。

基本理论

　　朗诵的内部技巧是指在朗诵时，以作品的语言内容为基础，理清作品的逻辑，展开适当的想象和联想，调动自己的情感活动，尽量把文字变成自己想说的话，从理解作品到用自己的声音、情绪来表达作者的思想感情，从而提高声音的表现力。

　　内部技巧包括三个方面：逻辑感受的运用、形象感受的运用和内在语的运用。

一、逻辑感受的运用

　　逻辑感受即将作品中的逻辑关系，主要指文章结构的安排和构思，包括全篇各层次、各段落及语句间的内在联系，转化成自己的思路，形成自己的感受。

　　逻辑感受主要体现在两个方面：

　　一是语言目的要明确，必须抓住篇章、语句的真正含义，挖掘实质，不能似是而非；二是语言脉络要清晰，不能模棱两可。具体来说，可以从这四个方面入手：

　　（1）段落之间的层递关系，看看文章是如何开展的。比如《桂林山水》，第一段开头，最后一段结尾，中间两段并列分述桂林的山和水，其中每一段又重点抓住山或水的几个特点来描写，在朗读时就要把握住文章的框架结构和文字的逻辑关系。

　　（2）句群之间的关系，如并列、递进、因果、转折等，主要可以从虚词入手。

　　【示例】　"雨是最寻常的，一下就是三两天。可别恼。看，像牛毛，像花针，像细丝，密密地斜织着，人家屋顶上全笼着一层薄烟。树叶儿却绿得发亮，小草儿也青得逼你的眼……"这一段描写在春天，雨是最常见的，所以要抓住"最""一下就是……"。也许有人会因为春天雨水太多而烦恼，但作者并不如此，所以作者马上做了转折"可别恼"，细密绵长的春雨在房顶泛起一层轻雾，树叶和小草也在春雨的滋润下格外青翠油亮，文中的"全笼着""却""也"表达作者对春雨特别喜爱的感情，这也是朗读者应该注意的。

　　（3）实词的运用，尤其是主要动词、形容词。

　　【示例】　在朗读"一切都像刚睡醒的样子，欣欣然张开了眼。山朗润起来了，水涨起来了，太阳的脸红起来了"时，要注意抓住"刚睡醒的样子""欣欣然""朗润""涨""红"等词来表达春天到来、万物复苏的情状。

　　（4）注意修辞手法的运用。

　　【示例】　"春天像刚落地的娃娃，从头到脚都是新的，它生长着。春天像小姑娘，花枝招展的，笑着，走着。春天像健壮的青年，有铁一般的胳膊和腰脚，领着我们上前去。"这样的排比句，既要把握好比喻句中本体和喻体的区分度，又要注意排比句式的表达。

　　通过逻辑感受的运用，理清作者的思路，形成自己内心的"语流"，我们的声音才会更有征服力和感染力。

二、形象感受的运用

　　形象感受即抓住作品中那些表达事物形象的词语，并在这些形象性词语的激发下，使

19

作品中的人物、景象、情绪、动作等在脑海里不断浮现,形成自己的"内心视像",进而产生对客观事物的感知、体会和思考,并不断引发相应的态度和感情,把文字变成自己想说的话。这样,才能更好地用声音去表现形象客体,达到感染听众、打动听众的目的。

也就是说,朗诵时,要能做到透过文字,"目击其物",好像自己"看到、听到、嗅到、尝到、伸手即可得到"一样。同时,充分调动自己的经历、经验和知识积蓄,发挥记忆联想和再造想象,将具体感受向深度发展,产生相应的感情,让作品中的词语在头脑中亮起来,在内心里活起来,形成内心视像,做到"感之于外,受之于心",声音自然就会有打动人心的力量。

【示例】 在朗读《山中访友》中的这一句"走出门,就与微风撞了个满怀,风中含着露水和栀子花的气息。早晨,好清爽!"时,可以先唤起自己的内心感受,想象你在一个微凉的清晨,突然打开门的那一刹那,清新凉爽的空气和清风迎面向你扑来,风里还带着宜人的栀子花香。你忍不住深深地吸了一大口气,这时候,你一定会由衷地感叹这清晨的美好。当内心视像形成,再带着这种感受去朗读,声音就有了灵魂。

三、内在语的运用

内在语即"潜台词",是指作品中有些词语和句子,有时并不服从于它的直接含义或表面意思,或者单纯的文字后面还有更深一层的思想感情,也就是有"言外之意""弦外之音",可能是文字所不便表露、不能表露或没有完全表露出来的语句关系和语句本质。

【示例】 叫孩子"小兔崽子",有时可能是对孩子的不满和责骂,但有时也可能是想要表达对孩子的喜爱之情;又比如"你真坏",字面上的意义是指责他人不够好,但在某些特定场合或某种特定的人物关系中,这句话也可以表达出一种微妙的喜欢之情。

这样的语言表达是有着深厚的内在语的,在朗读的时候就要注意把握其文字后更深层的真实情感。

所以,朗诵时一定不能停留在文字的表层,要由表及里,由浅入深,吃透作者想要表达的精神实质,努力挖掘文字后面更深刻的含意,准确把握作品深刻的思想内涵,运用"内在语"的力量,赋予内在语一定的思想、态度和感情色彩。如果不能准确把握并表达作品的内在语,有声语言就会失去光彩和生命。朗诵时内在语要像一股巨大的潜流,在朗诵者的内心深处不断涌动。内在语的潜流越厚,朗诵就越有深度,越有"味儿",它对有声语言的表达起着直接引发和深化含意的作用。

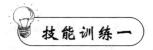
技能训练一

逻辑感受的运用

训练目标

理清作品的语言脉络,把握文字的逻辑关系,并尽可能地用声音表现出来。

训练要领

1. 仔细阅读作品,理清作品的语言脉络。

2. 学会找准作品中的关键字词。

3. 通过轻重快慢等朗读技巧,抓住关键字词,将句子的逻辑关系明确地表达出来。

课堂训练

请大家朗读下面这段文字,注意调动自己的逻辑感受。

铁路要经过很多高山,不得不开凿隧道,其中数居庸关和八达岭两个隧道的工程最艰巨。居庸关山势高,岩层厚,詹天佑决定采用从两端同时向中间凿进的方法。山顶的泉水往下渗,隧道里满是泥浆。工地上没有抽水机,詹天佑就带头挑着水桶去排水。他常常跟工人们同吃同住,不离开工地。八达岭隧道长1 100多米,有居庸关隧道的三倍长。他跟老工人一起商量,决定采用中部凿井法。先从山顶往下打一口竖井,再分别向两头开凿,两头也同时施工,把工期缩短了一半。

训练评价

1. 你(或他)能否理清这段话的语言脉络。

2. 你(或他)能否抓住作品中的关键字词。

3. 朗读时能否将句子的逻辑关系清晰明确地表达出来,使听众能准确地把握住作者所要表达的思想内容。

拓展练习

请大家朗读下面这段文字。

赵州桥非常雄伟。①……这么长的桥,全部用石头砌成,下面没有桥墩,只有一个拱形的大桥洞,横跨在三十七米多宽的河面上。②大桥洞顶上的左右两边,还各有两个拱形的小桥洞。③平时,河水从大桥洞流过,发大水的时候,河水还可以从四个小桥洞流过。④这种设计,在建桥史上是一个创举,既减轻了流水对桥身的冲击力,使桥不容易被大水冲毁,又减轻了桥身的重量,节省了石料。⑤

【练习提示】　这段文字一共有五句话。第一句话是对赵州桥的整体评价。第二句介绍赵州桥的大桥洞,关键词有"全部""石头""只有"等,从而说明赵州桥的雄伟。第三句介绍赵州桥的小桥洞。第四句介绍赵州桥这种大桥洞加小桥洞设计的巧妙之处。第五句则对以上情况进行总结,得出结论,这种设计之所以成为建桥史上的创举原因所在。

理清了作品的语言脉络后,再抓住关键字词,如"全部""只有""横跨""既……又……"等,从而精准地把握其逻辑关系。

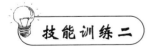

形象感受的运用

训练目标

朗读朗诵时能从文字中产生准确、真切的具体感受,增强有声语言表达的强烈感染力。

1. 抓住那些表达事物形象的实词,透过文字再现其物,好像"看到、听到、嗅到、尝到、伸手即可得到"一样。

2. 依据作品的文字,调动自己的经历经验,进行充分想象和联想,来获得视觉、听觉、嗅觉、味觉、触觉等感觉,使作品中的情、景、物、人、事、理在朗读者内心"活"起来,形成"内心视象"。

课堂训练

请大家认真阅读这段文字,找出那些表达事物形象的词语,结合自己的生活经验,调动自己的各种感觉想象,再朗读这段文字。

远处,小河像一条银色的带子,在阳光下闪闪发光。酥油茶、青稞酒和牛肉飘散着香味,为藏北草原增添了一种清新的气息。我心中不禁赞叹:美呀! 实在令人兴奋。

训练评价

1. 你(或他)能否找出那些表达事物形象的词语。

2. 训练时你能否唤起各种感觉想象,做到眼前有画面。

3. 你(或他)能否用声音表现出这些画面,做到心中有作品。

拓展练习

请朗读下列两段文字。

(1) 天冷极了,下着雪,又快黑了。   (《卖火柴的小女孩》)

(2) 热心肠的同志送给我两瓶。一开瓶子塞儿,就是那么一股甜香……(《荔枝蜜》)

【练习提示】 第(1)题,可结合自己的生活经验,想象一下你在寒冷的冬天,天下着雪,又快黑了的生活场景,通过这些表达形象的字词,唤起你的感觉想象,"看到"雪花、天黑,从而"感到"冷极了。

第(2)题,日常生活中当我们闻到"一股甜香"时,往往会情不自禁地抽一下鼻子,深吸一口气,感到快乐与陶醉。虽然我们并没有闻到作品中的这股甜香,但朗读时要结合生活经验,进行嗅觉想象,就仿佛闻到了这股甜香似的。

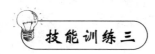

技能训练三

内在语的运用

训练目标

学会在熟悉和深入了解作品的基础上,用声音表现文字后面深刻的意义。

训练要领

1. 依据作品的脉络,理清画面和感情、态度的发展头绪。

2. 作品的具体态度、情感,就是不同语句的内在语,可以用适当的语气来表现。有什么样的情感、态度,就有什么样的气息和声音状态。

课堂训练

请读出下面两句话中"亲爱的"不同的内在语表达。

(1) 啊,亲爱的狼先生,那是不会有的事,去年我还没生下来哪!

(2) 亲爱的孩子,比起成为锦衣玉食的贵族,我更希望你拥有高贵的灵魂。

训练评价

1. 你(或他)能否准确理解文字表达的思想感情。

2. 你(或他)能否用恰当的语气来呈现不同的思想感情。

拓展练习

请朗读下面文字,用声音准确表达出文字的内在语。

奶奶把小女孩抱起来,搂在怀里。她们俩在光明和快乐中飞走了,越飞越高,飞到那没有寒冷,没有饥饿,也没有痛苦的地方去了……　　　　　　　　(《卖火柴的小女孩》)

【练习提示】　从文字表面看,这一段的基调应该是欢快幸福的,感情是轻松快乐的。但从故事内容和主题思想来理解,在当时社会,这种欢快幸福是小女孩在死亡后才能拥有的。对一个未成年的孩子来说,只有死亡才能永远摆脱寒冷和饥饿,这是多么可怜与不幸。所以,句子的内在语是极为痛苦、悲惨的。朗读时,应该使这些反义的内在语在文字下翻滚,使小女孩冻饿而死的悲惨命运,用低沉悲凉的语气和情绪表达出来。

任务5　朗读朗诵的外部技巧—— 语气

在有声语言中,每一个具体语句都是在一定的具体思想感情支配下存在的。各语句的本质不同,语言环境不同,每一个语句便会呈现出"这一句"的具体感情色彩和分量,并表现为千差万别的声音形式,这就是语气,是朗读朗诵时非常重要的外部技巧之一。

基本理论

语气,简单来说,就是指说话时表达感情和态度的声音形式。

通常,我们可以按语句的句型和语句表情达意的内容来区分不同的语气色彩。不同的语气色彩由于表达的思想感情不同,朗读朗诵时就要用不同的声音和情绪来表现。

一、句型语气

对语言的基本单位,即语句的句型来说,有陈述句、疑问句、感叹句、祈使句四大类。

因而在朗诵时,相应有陈述语气、疑问语气、感叹语气、祈使语气的区分。

1. 陈述句

陈述句往往用来叙述一个事实,句末标点用句号。无论表示肯定的意思,还是表示否定的意思,陈述句往往是进行冷静客观的陈述,所以陈述语气一般都是平铺直叙的。

比如:"我喜欢听音乐。""我不喜欢听音乐。"

2. 疑问句

疑问句是用来对不知道的事情进行提问,要用疑惑不解、由衷发问的疑问语气。

比如:"你认识他吗?""你冷吗?"

3. 感叹句

感叹句是用来表示说话时的喜悦、惊讶等浓厚情感的句子。因为其感情浓厚,所以要用带有真实情感、有感而发的感叹语气。

比如:"春日的细雨,是多么美妙的诗篇啊!""我再也不想过这样的日子了!"

4. 祈使句

祈使句是用来要求别人做或不要做某件事,表示请求、命令、商量、劝阻、号召、禁止等语气的句子。祈使句末尾一般用感叹号,语气缓和的也可以用句号。一般要用希望或恳求这种祈使语气。

比如:"带我离开这儿回家,回到我们村子去吧!我再也受不住了!""我要去休息了。上午睡一觉,下午还要参加活动。你也回去睡觉吧。"

二、表情达意的语气

从语句表情达意的内容来说,语气可分为表意语气、表情语气、表态语气。表意语气是一个句子语气表达的基础,表情语气和表态语气则是建立在表意语气之上的。

1. 表意语气

表意语气指的是向对方传递某种信息。例如,陈述、疑问、祈求、命令、感叹、催促、建议、商量、呼应等。用这种语气讲话,句子中通常有相应的语气词,或者独立成小句,或用于小句的末尾,或用于整个句子的末尾。

【示例】 下列句子有不同的表意语气。

对此,你的意见如何呢?(反问)　　　您把那本书借给我看几天吧。(请求)

你真的事先一点也不知道吗?(质问)　　站住!否则我就开枪了。(命令)

你不要一意孤行,执迷不悟啊。(提醒)　　你上哪?(询问)

排长,敌人上来了,打吧!(催促)　　　你昨天怎么旷课啊?(责备)

2. 表情语气

表情语气是语句中表现的感情。例如,赞叹、惊讶、不满、兴奋、轻松、讽刺、呵斥、警告等。通过这种语气,向听众表达自己的某种情感。

【示例】 用合适的表情语气读出下面的句子。

哎呀,你能来可真是太好了。(喜悦)　　他这位才华横溢的作家死得太早了。(叹息)

日本鬼子真是坏透了。(愤恨)　　　这一仗打得真漂亮啊!(赞叹)

哦! 原来是这样! 我终于弄明白了。(醒悟)　呸! 你这个无耻的叛徒! (鄙视)

3. 表态语气

表态语气就是对自己的说话内容表示某种态度。例如,肯定、不肯定、否定、强调、委婉、和缓等。通过这种语气,向听众表达自己的某种态度。

【示例】　用适合的表态语气读出下面的句子。

他确实尽了最大的努力。(肯定)　　　你认为这样做行吗?(商量)

这件事恐怕难以办到。(不肯定)　　　这种意见是错误的。(否定)

我不希望看到那样的结果。(委婉)

三、语言形式的神与形

在朗读朗诵时,除了以上基本的语气色彩表现,语气更具体地体现为作者及朗诵者立场、态度、个性、情感、心境等起伏变化的语音形式,可以说,它是思想感情、词句篇章、语音形式的统一体。有了恰当的语气,才能讲出一连串生动、正确的声音符号,才能更好地用有声语言来表达作者的思想感情。

在朗读朗诵中,语气有它内在思想感情的色彩和分量(可称"神")。这种思想感情的色彩和分量可以说是语句的灵魂,语句有了灵魂才能充分表达出语句中所包含的是非、爱憎方面不同程度的区别。

思想感情色彩,是指它透露出来的"喜、怒、哀、乐、欲、恶、惧"等人类基本情感的丰富繁杂及这些感情呈现出来的不同色彩,因而要求有声语言的表达有足够的丰富性。语气的分量,指在把握语气感情色彩的基础上,区别是非爱憎中浓淡不同的分寸尺度,强调有声语言的分寸感。随着作者思想感情和态度的变化,语气也会发生相应的变化。在语言表达中,受具体的思想感情支配的语句才是有生命的、可感的。所以,朗读者要在正确理解作品的基础上准确运用语气来再现和传达作品的思想感情。

同时,语气还有外在的快慢、高低、强弱、虚实的声音形式(可称"形"),也就是语气的表达,必须依托在一定的声音、气息的形式形态中。丰富的思想感情只有通过变化多样的声音形式,即语气的变化才能让人毫不费力地直接感觉到。相反,刻板、单调,以不变应万变的声音形式只会使本来要表达的思想感情褪色,甚至变味。

在朗读朗诵中,语气将"话语"的"神"和"形"结合起来,从感情、气息、声音等多方面表达丰富的思想感情。朗读朗诵的感情、气息和声音之间是相辅相成、互相制约的。要将情、气、声三者融为一体,自如运用,增加声音的表现力。

因而,语气是一种用不同的声音和气息来表达不同语意和感情的技巧,即"声气传情"的技巧。"语"是通过声音表现出来的话语,"气"则是支撑声音表现出来的话语的气息状态。音随意转,气随情动,因情用气,以情带声;不但以气托声,而且以声、气传情。

一般来说,较为常见的语气色彩如下:

"爱"——爱给人的感觉是温暖温和的,所以"爱"的语气一般是"气徐声柔"的,与此同时,发音器官也要尽量放松,声音自如舒柔,气息深长,出语轻软。

"恨"——恨是一种较为强烈、痛苦尖锐的情绪,所以"恨"的语气一般是"气足声硬"

25

的。发音器官紧,气猛而多阻塞,似忍无可忍,咬牙切齿,给人以挤压感。

"悲"——悲的感觉往往是低沉压抑的,所以"悲"的语气一般"气沉声缓"。发音器官欲紧又松,气息于先,出声于后,郁闷沉静,欲言又止,给人迟滞感。

"喜"——喜的情绪是高亢明朗的,所以"喜"的语气就会"气满声高"。发音器官松弛中略带紧张,就好像千里轻舟,气息顺畅,激情洋溢,给人以兴奋感。

"惧"——惊惧带给人的是紧张的感觉,气息不畅,仿佛积存于胸,所以"惧"的语气"气提声凝"。发音器官迟钝,出气强弱不匀。像冰封,出语不顺;像倒流,给人以"衰竭感"。

"急"——急是需要快速迅捷表达的情绪,急迫急切之时,出语的间隙停顿非常短暂,所以"急"的语气"气短声促"。吐字弹射有力,气息急迫如穿梭,给人催逼感。

"冷"——冷传达出来的感觉是清冷寂寥,所以"冷"的语气"气少声淡"。发音器官松,气息微弱,给人以冷寂感。

"怒"——怒是一种强烈急迫的情绪,在表达愤怒的情绪时,语势往往非常迅猛,不可遏制,所以"怒"的语气是"气粗声重"。发音器官力度加大,气息纵放不收,给人以震动感。

"疑"——疑是一种缓慢而极不果断的情绪,所以"疑"的语气"气细声黏"。发音器官欲松还紧,气息欲连还断,吐字夸张,给人踌躇感。

我们可以概括如下:

爱则气徐声柔;恨则气足声硬;悲则气沉声缓;喜则气满声高;惧则气提声凝;急则气短声促;冷则气少声淡;怒则气粗声重;疑则气细声黏。

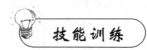

语段篇章语气训练

训练目标

通过朗读训练语气,把握全文基调,掌握并能自如运用不同的语气表达文章情感。

训练要领

1. 认真体会并把握文字表达的思想感情。
2. 把握不同语气的声音和气息特点。
3. 语气的运用有主次之分,切忌一味浓墨重彩的渲染。

课堂训练

请用合适的语气朗读下面的句子。

不久,北风呼啸,隆冬来临,刺骨的寒风吹起雪花。巨人孤独地度过了漫长的严冬。春天终于来了,村子里又开出了美丽的鲜花,不时传来小鸟的欢叫。但不知为什么,巨人的花园里仍然是冬天,天天狂风大作,雪花飞舞。巨人裹着毯子,还瑟瑟发抖。他想:"今年的春天为什么这么冷,这么荒凉呀……"

一天早晨,巨人被喧闹声吵醒了。他抬头望去,一缕阳光从窗外射进来,好几个月没见过这么明媚的阳光了。巨人激动地跑到花园里,他看到花园里草翠花开,有许多孩子在欢快地游戏,他们大概是从围墙的破损处钻进来的。孩子们的欢笑使花园增添了春意。可是巨人又发脾气了:"好容易才盼来春天,你们又来胡闹。滚出去!"孩子们听到可怕的训斥,纷纷逃窜。与此同时,鲜花凋谢,树叶飘落,花园又被冰雪覆盖了。

训练评价

1. 是否准确把握住作品的思想感情。
2. 是否运用了恰当的声音和气息。

拓展练习

请扫描本项目二维码朗读小学课文《"精彩极了"和"糟糕透了"》。

【练习提示】　这篇课文中作者父母亲对他写的诗是两种截然不同的态度,只是爱的表达方式不同,一个是看起来严苛的否定和打击,一个是充满热情的肯定与鼓励。在朗读的时候要注意用不同的语气读出父母亲不同的态度。

任务6　朗读朗诵的外部技巧二　停连

在朗读朗诵时,朗读者的声音不可能一直连续不断,由于生理需求及作品表情达意的需要,朗读者会进行合理的中断和延续。这就是朗读朗诵的一个基本外部技巧——停连。

基本理论

朗读时,在段落之间、层次之间、语句之间、短语之间甚至词之间,都可能出现声音的中断或延续,语气或声音中断处是停顿,连续处是连接。因而,朗读中的停连就是朗读语流中声音的中断和延续,是停顿和连接的合称。

一、停顿

朗读朗诵时声音的停顿有时是出于朗诵者生理上的需要,有时是句子结构上的需要;再者也是充分表达思想感情的需要。同时,还可给听者一个领略和理解、思考和回味的余地,帮助听者更好地理解文章含义,加深印象。

因此,我们可以把停顿分为生理停顿、语法停顿、强调停顿。

1. 生理停顿

生理停顿是朗读者生理上对气息的需求,即朗诵者根据气息需要,在不妨碍语意表达的地方做一个短暂的停歇。要注意,生理需要上的停顿间歇,不能影响语义完整,不能割裂语法结构,这也是有声语言艺术特色的需要。

2. 语法停顿

语法停顿是反映句段语法关系的,在书面语言里表现为标点符号。一般来说,语法停顿时间的长短同标点大致相关。例如段落之间的停顿长于句子之间的停顿;句号、问号、叹号后的停顿比分号、冒号长;分号、冒号后的停顿比逗号长;逗号后的停顿比顿号长。

3. 强调停顿

在朗读中,为满足表情达意的需要而进行的声音的中断和休止就是停顿,往往是为了强调某一事物,突出某个语意或某种感情,而在生理上可不做停顿、书面上也没有标点符号的地方做了停顿;或者在书面上有标点的地方做了较大的停顿。强调停顿的位置由作品的思想内容来决定,所以要把握好强调停顿,必须仔细揣摩作品,深刻体会作品的内在含义。

【示例1】　我看见他/笑了。　　　　　　我看见/他笑了。

同样的文字,朗读时因为停顿的地方不同,表达的语意就不同。

【示例2】　专家认为/北京市水源丰富这种说法不对。

　　　　　专家认为北京市水源丰富/这种说法不对。

前一句话中的"专家"是主语,"认为"是谓语,后面是宾语。这是句子的原意。如果把停顿安排在"水源丰富"之后,就使"专家认为北京市水源丰富"成为主语,这样"北京市水源丰富"的观点变成专家的,就与句子原意相反了。所以,只有仔细揣摩作品,把握作品要表达的准确含义,才能进行正确的停顿。

强调停顿的位置并不固定,完全根据作品的内容,随表情达意需要而设定。大致可以分为三种:

(1)在被强调的字词或结构前面停顿。这样的停顿能给听众带来一种引起注意和带来期待的作用,增强朗读的感染力。

【示例】　俱往矣,数风流人物,还看/今朝。

在诗中,毛泽东同志先一一细数过去的时代,末尾再提出自己的观点——唯有当今时代的无产阶级及其代表人物,才是真正的风流人物,是创造世界历史的真正英雄。所以这个停顿,强调了"今朝",也提示听众去细细体味这一词句的深刻含义。

(2)在被强调的字词或结构后面停顿。这种停顿能让听众的思绪在此流连,回味,深深领会作品的意蕴。

【示例】　人,不能低下高贵的头,只有怕死鬼/才乞求自由。

这个停顿,让人领会到作者所指——出卖灵魂和气节去乞求自由的革命叛徒,与上面不愿低下高贵头颅的伟大的"人"形成鲜明对照。

(3)为了强调某些字词或结构,会在它的前后都进行停顿,这样就突出了中间部分的语意,从而给人深刻的印象或强烈的震撼。

【示例】　海鸥/在暴风雨来临之前/呻吟着,——呻吟着,它们在大海上飞窜,想把自己对暴风雨的恐惧,掩藏到大海深处。

句中"在暴风雨来临之前"这个部分前后都可以进行停顿,是为了强调这一特定时间,从而揭露出海鸥们畏惧风暴的丑态,和海燕形成鲜明对比。

停顿的实现,主要的方法是合理控制气息的状态,强弱急缓,停连延收,都要恰到好处。同时,最好能做到停中有连,连中有停,而不读破句意。

二、连接

连接是指声音不中断、不休止,特别是文字上有标点符号,朗读时却不中断、休止,而是进行声音上的延续。连接可以分为直连和曲连两种。

1. 直连

直连一般用于字面上有标点符号,但内容上联系得比较紧密的地方,它的特点是顺势连带,不露痕迹。

【示例】　当一纸发黄的旧条约悄然落地,烟尘中浮现出来的,长城的脸上,黄皮肤的脸上,是什么在缓缓地流淌……

"长城的脸上""黄皮肤的脸上"中间虽然有个逗号,但这两句内容联系得比较紧密,可将这两句不露痕迹地顺势连读,中间不做停顿。

2. 曲连

曲连的感觉是似停非停,达到声断意连、环环紧扣的感觉。它适用于一句话、一段话中的连接,也适用于没有标点符号而内容又需要有所区分的地方。

【示例】　我国的汉语共分为七大方言区:北方方言区、吴方言区、湘方言区、赣方言区、客家方言区、粤方言区、闽方言区。

这句话中所列举的七大方言区是并列的,朗读时就要做到声断意连。

朗读朗诵时,无论停顿还是连接,都是朗读者思想感情的继续和延伸,而不是思想感情的中断和空白。停连要根据思想感情的需要,借助语法成分的关系进行安排。运用停连的原则是按文意、合文气、顺文势。停连往往基于朗读者的生理条件,源于生活语言,但又有其他艺术语言的特点。所以,我们应该注意停连的一般规律。

停连要注意的一些基本规律如下:

(1)停顿和连接往往是交错使用、相辅相成的。

(2)必须根据作品及具体语句的内容,并以思想感情的发展为前提来安排停连,不能毫无根据地乱停乱连,也不能只是一味读下去,不考虑停连。

(3)必须从"读"和"听"双方的需要来考虑停连,不能只顾一面而忽视另一面。"读"是主导方面,但不能随心所欲,必须尊重并考虑"听"的感受。

(4)文字作品的标点符号是朗读者进行停连安排的重要参考,但不是朗读停连的绝对依据。标点符号是为了看的,停连才是为了听的。文字一旦形之于声,标点符号与停连是不完全重合的,停连是有声语言的标点符号,是在朗读中更准确生动地表达作品的有效武器。

(5)一般来说,句子越长,内容越丰富,停顿就越多;相反,句子越短,内容越浅,停顿就越少。感情凝重深沉时,停顿较多;感情在欢快或急切时,连接会较多。

(6)只要有两个词相组合,就有停连的问题。在组合中,停顿时间长,表示组合关系较松动;停顿时间短,表示前后关系较紧密。有时,恰当的停顿可以补足有声语言未尽之意。

 **技能训练**

停连训练

训练目标

学会在朗读时根据作品内容进行合理且准确的停连。

训练要领

1. 仔细阅读朗读文本,反复揣摩作品表达的意思。
2. 找出语句中需要停顿和连接的地方,并做好记号。
3. 结合语意的表达,尝试着把停顿和连接读出来。

课堂训练

请朗读下面这段文字,把句中有标点符号但不需要停顿的地方连接起来,根据文意,在没有标点符号的位置进行合理的停顿;并思考所加的停顿、连接的性质,然后练读。

把铁路修到拉萨去,确实不是一件简单的事。正在修建的是一条全世界海拔最高、线路最长的高原冻土铁路。风火山隧道施工,关键是控制温度。科技人员指挥突击队员,往刚刚凿开的隧道洞壁喷射混凝土。由于温度太低,混凝土无法凝固。他们拿来暖风机,给隧洞增温,洞壁的冰岩又遇热融化,造成洞壁塌滑。风火山,这座万年冰山露出了狰狞的面目,给筑路大军来了一个下马威!

训练评价

1. 停连的判断是否准确。
2. 朗读时能否用声音将停顿和连接准确表达出来,做到语意准确、重点突出、语流灵动。

拓展练习

请扫描本项目二维码朗读小学课文《最后一分钟》,注意停顿和连接的运用。

【练习提示】 这是一首充满激情的诗。既有对香港过去痛苦历史的回忆,也有对香港回归祖国后美好前程的衷心祝福。诗人沸腾的热血与奔涌的豪情都融入在诗歌的每一个词句之中,朗读时要仔细体会诗人真挚热烈的情感,语意较为紧密的诗句可以连起来读,而有些需要强调或突出句子逻辑关系的可以进行合理停顿。

任务7 朗读朗诵的外部技巧三 重音

朗读中的停连,解决了作品内容构成的分合,而重音要解决的是作品内容词语关系的主次,同时让我们的有声语言更加抑扬顿挫,表情达意更加准确。

一、重音的定义与作用

重音,我们通常的理解是把句子里某些词念得重一些的语言表现形式。一般来说,在朗读朗诵时,为了突出地表达某种具体的语言目的或者凸显具体的思想感情而着重强调的词或短语,就是重音。任何一个句子里都有重音,一句话中如果轻重都一样,声音就会显得呆滞单调。不过因句子在全篇中的作用、地位的不同,重音的强调程度和强调方法也会有所不同。

二、重音的分类与确定

(一)根据重音的作用和地位的不同,重音可分为两种

1. 语法重音

语法重音是在不表示什么特殊的思想和感情的情况下,根据语法结构的特点,把句子里某些成分读得稍微重一些。

语法重音的位置比较固定,以下都是常见的语法重音:

(1)定语、状语、补语一般比中心词稍微读得重些;

(2)一般短句子里的谓语部分要稍微读重一些;

(3)用作比喻的词一般读得重些;

(4)有些代词也常重读;

如果一句话里成分较多,重读也就不止一处,往往优先重读定语、状语、补语等连带成分。

【示例】 我们是怎样度过这惊涛骇浪的瞬息!

快把那炉火烧得通红。

需要注意的是,语法重音的强度并不十分强,只是同语句的其他部分相比较,读得稍微重一些而已。

2. 强调重音

强调重音是为了让听者注意自己所要强调的某种特殊意义或要表达的某种特殊感情而特意加以强调的音,也可以叫作逻辑重音。

语句在什么地方该用强调重音,并没有固定规律,完全由具体的语言环境来决定,受说话的环境、内容和感情支配。同一句话,强调重音不同,表达的意思也往往不同,比如"我爱听京剧"这句话,在不同的语言环境中,强调重音是不一样的。

【示例】   我爱听京剧。(回答"谁爱听京剧?")

我爱听京剧。(回答"你爱唱京剧吗?")

我爱听京剧。(回答"你爱听什么剧?")

所以,朗诵时,先要认真钻研作品,正确理解作者意图,才能又快又准地读好重音。

3. 强调重音与语法重音的区别

(1) 从音量上看,语法重音给人的感觉只是与一般的轻重有所区别,而强调重音则给人鲜明突出的印象。强调重音的音量大于语法重音的音量。

(2) 从出现的位置看,强调重音可能与语法重音重叠,这时语法重音服从于强调重音,只要把强调重音的音量再加强一些就行了。当两种重音出现在不同的位置上,强调重音的音量要盖过语法重音的音量。

(3) 从确定重音的难易上看,语法重音较容易找到,在一句话的范围内,根据语法结构的特点就可以确定,而强调重音的确定却与朗诵者对作品的钻研程度、理解程度紧密相连。

(二) 根据表达目的和位置的不同,重音可分为十类

1. 并列性重音

为了显示并列关系,在那些具有代表性的词或词组上确定重音。至少有两个重音一般重要。

【示例】 中国参展的服装,简练中见高雅,朴素中有华丽。

这句话的目的是说中国的服装"高雅"并且"华丽",这两个词语都是主要重音。

2. 对比性重音

对比性重音至少有两个,往往区分主次,相辅相成。

【示例】 旧社会把人变成鬼,新社会把鬼变成人。

这句话的目的是说"新社会好",那么,"鬼""人"是主要重音,"旧""新"是次要重音。

3. 呼应性重音

在作品中,上文有呼,下文有应,呼应之中,主次分明,目的显露,悬念、伏笔得以显现。呼应性重音大体可以分为三种:

(1) 问答式

【示例】 我拉住她问:"你的家远吗?"她指着窗外说:"在山窝那棵大黄果树下面,一下子就走到的。"

这种问答式呼应性重音在朗读中比较常见,所问必须有所答,才显示出呼应的关系。在问话中,已经包含要求回答的方向、内容和重点了,答话的重音则要准确、恰当,不能使呼应脱节。

(2) 线索式

【示例】 我们织!我们织! （《西里西亚的纺织工人》)

线索式呼应性重音往往表现为同句重复,即某一两句话反复出现,既成为某种贯穿全文的线索,又可以造成某种浓重气氛。由于并不具体表现内容的发展、语意的更新,所以重音位置一般不变。这在诗歌中最为突出。

(3) 领起综合式

属于分合总括感受中的重音。

【示例】 《中国石拱桥》一文中,第三段的末句为"其中最著名的当推河北省赵县的赵州桥,还有北京丰台区的卢沟桥。"第四段和第五段的第一句分别用"赵州桥……"和"永定河上的卢沟桥……"与之形成呼应,分别引领第四段和第五段。

4. 递进性重音

递进性重音是向着一个方向的连续性重音，后一个重音要比前一个重音揭示更新、更深、更多的东西。

【示例】　在茂密的森林里，有一只老虎正在寻找食物。一只狐狸从老虎身边窜过。老虎扑过去，把狐狸逮住了。

此句中，"老虎—狐狸—扑—逮"是很清楚的一件事的连续发展。几个连续性重音简要地显示了它的进程。"扑"可以作为次要重音。

5. 转折性重音

转折性重音揭示语意表达向相反方向的变化，符合"千回百转""荡气回肠"的文气。

【示例】　孔雀很美丽，可是很骄傲。

此句中，"美丽"是值得肯定的，如果下面是"而且很谦逊"那就是递进性重音了。"骄傲"是不值得肯定的，恰好与上文相反，但又不是对比，所以属于转折性重音。

6. 强调性重音

作品中某些语句，为了区别程度、轮廓范围，对那些极力强调色彩的词或短语要给以突出，我们统称为强调性重音。

【示例】　他把嗓子都喊哑了，可是除了呼呼的风声，什么也听不见。

这里的"什么"一词强调了范围，应是强调性重音。

7. 比喻性重音

作品中的比喻，可以使空泛的内容具体化、抽象的内容形象化。在朗读中要突出那些比喻词语，使被比喻的事物鲜明活泼，生动可感。

【示例】

(1) 云雾升腾飘逸得极快，势若奔马。

在这句话里，"奔马"形象地突出了"快"的程度，应是比喻性重音。

(2) 几百匹马像射出炮弹似的冲出会场。

此句中，"射出炮弹"表现赛马的迅捷，烘托赛场紧张的气氛。

8. 拟声性重音

拟声是指对声音的模拟，在全句中起着"传神"的作用，象声词在形容声音状况时通常做重音。

【示例】　(1)"铿锵，铿锵，铿锵……"车轮不断地转动着。
　　　　　(2)"当——，当——"春风送来远处的钟声。

拟声性重音重在表现声音形象，是一种情景的再现，以传情为主，重在感受，切不可因声害意，过分强调声音的逼真，而忽视情感的真实，因此不能用"口技"的方法表达重音。

9. 肯否性重音

当文字中用"是""有""好"或"没有""不""无"等对事物表达肯定或否定的态度时，一般强调的是这些词后面的对象。如果这些对象已在上文出现了，本句只表达肯定或否定态度，强调判断的结果，这些词可以确定为重音。

33

【示例】 （1）你有铅笔吗？有。
　　　　（2）你瞧，他们在这里啦。

10. 反义性重音

作品的褒贬，不一定与词语的一般意义吻合，有时，褒义词用于贬义，贬义词用于褒义。这种情况下，为了突出它们的相反含义，就把它们作为重音，即反义性重音，从语气上说就是"反语"。

【示例】 （1）好个国民党政府的"友邦人士"！
　　　　（2）他们说中国是贫油国家。

以上的句子中，"友邦人士""贫油"从表面字义来看，都是褒义词，在这里事实上都是贬义词意思，是反义性重音的运用。

三、重音的表达

确定了语句中的重音后，需要用声音形式将重音表现出来。特别要注意的是，重音不是加重声音的简称，而是"突出重音"的意思。所以，重音的表现方法也是多种多样的，而不仅仅是加重音量。在朗读时，重音的表现形式可以重读，也可轻读，或者拖长；可以快中显慢，也可重中见轻，还可高低相见，虚实互转，前后顿歇，等等。总之，在一连串的语流声音中将需要强调的成分格外突显出来即可。

一般来说，重音的表达方法主要有以下四种：

（1）加强音量，就是重锤式重音。

【示例】 我考上了清华大学。（谁考上了清华大学？）
　　　　我考上了清华大学。（你考没考上清华大学？）
　　　　我考上了清华大学。（你考上了什么大学？）

（2）可以扩大音域，加强音长。

【示例】 他们明天就要永—远—离开这个地方了。　　　　　　　　（《最后一课》）

（3）可以在重音前后加停顿，缩短重音时长来表示。

【示例】 他用力把我往上一顶，一下子/把我甩在一边，大声说："快离开我，……"

（4）表达特殊感情，有时可以采取减弱音量、增强音长来表示语意焦点，即"轻拖式"重音方法，以便增强表达效果。

【示例】 漓江的水真静啊，静得让你感觉不到它在流动；漓江的水真清啊，清得可以看见江底的沙石；漓江的水真绿啊，绿得仿佛那是一块无瑕的翡翠。　　　（《桂林山水》）

朗读者要在揣摩体味"静、清、绿"的诗情画意的同时，用声音把握这三个实词的韵味，这三个词语的意义决定了在声音形式上不可能读得太重，否则会令人啼笑皆非。因此，我们必须采用轻拖式的方法，即轻读、拖长的方法，把这三个词语的意境再现出来，以体现这一幅优美动人的画卷。

重音训练

训练目标

能在朗读时,准确把握语法重音及强调重音,并用声音表现出来,从而使朗读时的声音有一定的起伏。

训练要领

1. 仔细阅读朗读文本,反复揣摩作品表达的意思。
2. 找出语句中的重音,并做好记号。
3. 结合语意的表达,尝试着把重音用正确的表达方式朗读出来。

课堂训练

请朗读下面这段文字,找出语法重音,确定强调重音后标注出来,并思考用什么样的重音表达方式较合适。

墙角的砖缝中掉进一粒香瓜子,过了几天,竟然冒出一截小瓜苗。那小小的种子里,包含着一种多么强的生命力啊!竟使它可以冲破坚硬的外壳,在没有阳光、没有泥土的砖缝中,不屈向上,茁壮生长,即使它仅仅只活了几天。 (《生命生命》)

训练评价

1. 能否准确把握作品表达的思想感情。
2. 能够准确找到句中的重音。
3. 能否运用恰当的重音表达方式将重音读出来。

拓展练习

请扫描本项目二维码朗读戴望舒的《雨巷》,注意重音的正确表现。

【练习提示】 这首诗歌通过雨巷、像丁香一样结着愁怨的姑娘构成了一种象征性的意境,表达出作者既迷惘感伤又有期待的情怀,所以诗歌整体基调是哀婉迷离的。这就要求在朗读时要把握住诗歌表达的思想感情,重音的表现应该是多样的,甚至可能更多的是以拖长音程、减弱音量来表现,而不能一味地加重音量。

任务8 朗读朗诵的外部技巧四 语调

刚走上讲台的小周老师每次上课都做了精心的准备,但在上课时,还是觉得很难让班里的孩子们把注意力集中在自己讲的内容上,教室里要么闹哄哄的,要么死气沉沉的。于是,他去请教学校里经验丰富、很受学生欢迎的王老师。王老师听了小周老师一节课后,发现小周老师虽然对教学内容很熟悉,但上课时无论是教学语言还是朗读课文,声音都是平平的,毫无起伏变化,别说小学生,连坐在后面听课的王老师都觉得索然无味,昏昏欲睡。课后,王老师告诉小周老师,说话也好,朗读也好,声音一定要有些曲折变化,这样我们的语言才会更美更吸引人,如果声音太单一、太平直,就好像在给学生唱催眠曲,教学效果自然会大打折扣。小周老师恍然大悟,原来声音也和音乐一样,是有高低升降的变化的。这种语音的变化形式,就是语调。

基本理论

一、语调的定义与作用

在汉语中,字有字调,句有句调,都是语音高低升降的变化形式。字调我们通常称为声调,是每一个音节高低升降的变化形式。而句调是以声调为基础,从声调发展而来,是指一句话或一个语言片段在语音上高低升降的配置,我们也称之为语调。语调是语气外在的快慢、高低、长短、强弱、虚实等各种声音形式的总和,是有声语言的发展趋向和态势,也可称为语势。

语调是有声语言所特有的,一般和句子的语气紧密结合。语流中的语调不是平直的,也不是单一的,而是曲折的、变化的,呈一种抑扬起伏、波澜跌宕的行进趋势。借助语调的变化,语音才会有动听的腔调,听起来才具有音乐美,有声语言才会有更强的表现力。语调有了变化,也就能够更细致地表达不同的思想感情。

同时,在语流中,语调高低升降的变化,可以表达不同的思想感情和对事物的不同态度,表情达意就会更加精准细腻。比如:同样一个"我"字,在回答各种不同问题时主要是以语调的变化来准确表意的:

谁是班长? ——我。(陈述事实,语调平稳,句尾稍抑)

你的电话! ——我?(表示疑问,语调渐升,句尾稍扬)

谁负得了这个责任? ——我!(斩钉截铁地表达自己承担责任的决心,语调降得既快又低)

你来当班长! ——我?!(难以置信的反问,语调曲折)

可见,朗读中的语调是细致而复杂的,它可以表达各种丰富的感情。而且,语调是贯穿整个句子的,只是在句末的音节上表现得特别明显。

二、语调的类别

根据表达的语气和感情态度的不同,语调可分为四种:平调、升调、降调、曲调。

1．平调（一）

这种语调,语势平稳舒缓,没有明显的升降变化,语句音高变化不明显。一般用于不带特殊感情的陈述和说明,还可表示迟疑、深思、庄严、追忆、悲痛、冷淡等感情。

【示例】　一望无际的草原,清新碧绿,平整地铺开着。

院子里有一棵小柳树和一棵小枣树。

我到现在终于没有见——大约孔乙己的确死了。

2. 升调(↑)

这类语调一般句头较低,语势逐渐上行,句尾最高。语句的重音一般可用来表示疑问、反问、惊异、命令、呼唤、号召等语气。

【示例】　先生,吃您这么多东西,您有什么活儿需要我做吗?

……这是胜利的预言家在叫喊:——让暴风雨来得更猛烈些吧!

3. 降调(↓)

这类语调一般起点较高,语势逐渐下降,语句音高由高逐渐降低,末了的字低而短,整体呈前高后低的走势。句尾最低,但重音不一定在句头。一般用于陈述句、感叹句、祈使句,表示坚决、肯定、祝福、赞美、允许和感叹等感情。

【示例】　在山的那边,是海!是用信念凝成的海。

十二年过去了,那小姑娘的爸爸一定早回来了。

然后他呆在那儿,头靠着墙壁,话也不说,只向我们做了一个手势:"散学了,你们走吧。"

4. 曲调(∧∨)

这类语调全句音高曲折变化,语调弯曲,先升后降,或先降后升,往往把句中需要突出的词语特别地加重、加高或拖长着念,形成一种升降曲折的调子。这种句调常用来表示讽刺、厌恶、反语、强调、意在言外等语气。

【示例】　狐狸眼珠骨碌碌一转,说:"噢,你们是怕分得不公平吧,让大婶来帮你们分。"

"哈!这模样了!胡子这么长了!"一种尖利的怪声突然大叫起来。

语调虽有分类,但不是刻板的框架,也有很多变通的余地。所谓"语无定势",可见语调是没有一成不变的格式的,甚至这些类别之间也存在某些交差、重叠或变通等。朗读者可依照自己的理解和独特的感受来运用恰当的语调语势表达情感。

三、语调运用中需要注意的问题

(1) 朗读中的语调是一个涉及面很广的较为复杂的问题,上面分的这四种基本类型,只是一个大体分类,或者说是对语调的基本情况的一个大体描述,只是一个框框。给语调分类也绝不是硬要把丰富多彩的语调变化强行纳入一些简单的公式。

(2) 不要把这里说的语调类型同书面语中的陈述句、祈使句、疑问句、感叹句等句子类型完全等同起来。书面语中句子的语气类型远不能概括口语中千变万化的语调。

(3) 我们这里所说的语调,从来都不是独立存在的,而是始终和停连、快慢、轻重等诸多朗读技巧联系在一起的。

(4) 生活语言是有语调的,但生活语言的语调一般没有多少明显的起伏变化,显得自然、从容。而朗读是一种语言艺术,这种艺术性主要通过语调加以体现。所以朗读语言的语调应有别于生活语言的语调,有较为明显的起伏变化,从而能使语意表达得更加顺畅、明晰、突出。朗读中一旦失去这种富于变化的较为明显的语调,也就无异于一般的生活语言,实际上,朗读也就不存在了。

(5) 朗读中的语调表现不同于艺术表演如话剧表演中语调的表现。表演语言的语调带有明显的夸张性、表演性。如果把这种夸张性和表演性搬到朗读中来,使朗读时的语调过于突兀跳跃,大起大伏,就会使朗读显得不自然、不真实。朗读中的语调应介于生活语言和表演语言之间,没有语调的起伏变化固然不行,但起伏变化过大同样也会失去朗读的特点。

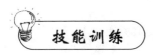

语调训练

训练目标

学会在朗读时根据作品内容运用恰当的语调来表情达意。

训练要领

1. 仔细阅读朗读文本,反复揣摩作品表达的意思。
2. 根据语意选择运用恰当的语调。
3. 结合语意的表达,尝试着用不同的语调朗读出来。

课堂训练

1. 请运用不同的语调朗读下列句子。

我们谈到深夜才散。花生做的食品都吃完了,父亲的话却深深地印在我的心上。

两个星期要四十件? 这根本不可能!

2. 请朗读下面这段文字,根据语意读出每句不同的语调。

我捧着象墩,仔细观赏,爱不释手。正要掏钱购买的时候,我却犹豫了:我即将回国,要带的行李已经超重了,怎么能再带上这沉甸甸的象墩子? 那少年走到我跟前,诚恳地说:"夫人,您买一个吧!"

"啊,不,路太远,这个太重……"我有些语无伦次。

训练评价

1. 你(或他)能否根据文本所表达的思想内容判断以哪种语调朗读为宜。
2. 能否结合语意的表达,把语调的高低升降准确表现出来。

拓展练习

请扫描本项目二维码朗诵诗歌《囚歌》,注意运用恰当的语调。

【练习提示】 这首诗表达的是叶挺同志在面对敌人的严刑拷打时视死如归的态度和精神。朗读时要注意把握作品的感情基调,具体分析每一句诗中表达的思想内容,比如敌人高叫着"爬出来吧,给你自由"是对革命者的诱惑,在革命者看来却是敌人自导自演的丑剧,用什么语调合适? 又如革命者对敌人的蔑视,及其坚毅沉着的革命意志又用什么语调为佳? 等等。总之要仔细琢磨每一句诗歌的具体思想内容和感情,结合语意的表达,用恰当的语调来表现作品的情感色彩,再现革命者高贵坚贞的灵魂。

任务9 朗读朗诵的外部技巧五 节奏

在我们唱歌或说话时,大家会自然形成一种节奏,该快的时候快,该慢的时候慢,这样的声音才会有起伏,有轻重,有缓急,才会形成声音的乐感,才会悦耳动听,否则声音就会单调平淡,毫无美感。朗读朗诵的时候也是一样,需要形成声音的节奏,有声语言才会动听、感人。

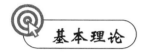

一、节奏的定义

朗读的节奏,又称语速,是由于思想感情的波澜起伏,在朗读过程中呈现出的一种抑扬顿挫、快慢缓急的声音形式的变化。说话的速度是由说话人的感情决定的,朗诵的速度则与文章的思想内容紧密相关,它直接影响表达的效果。语速太快,会对听者的大脑皮层造成不间断的刺激,导致大脑皮层由兴奋转向抑制;语速太慢,会造成大脑思维状态的疲软,导致听者注意力的分散。只有快慢适度才能准确表达出作者在文章中所表达的思想感情,并被听众所接受。

一般来说,节奏的变化主要表现在以下几个方面:① 欢快、热烈、兴奋、紧张、焦急、慌乱的情绪要读得快些;悲痛、沉重、追忆、镇定的心情要读慢一点。② 争吵、指责、控诉、急呼、抨击、辩论要读得快些;闲谈、追思、回忆、絮语要慢点读。③ 年青、机警、泼辣的人物的语言、动作可以读得快一些;年老、稳重、迟钝的人物语言、动作可以读慢一点。④ 一般的叙述、说明、议论就用中速,不要太快,也不应太慢。

二、影响节奏的因素

决定节奏不同的因素主要有如下几种:

1. 不同的场面

急剧变化发展的场面宜用快读;宁静、严肃的场面宜用慢读。

【示例】 课文《听潮》中这一段:

海在我们的脚下沉吟着,诗人一般。那声音仿佛是朦胧的月光和玫瑰的晨雾那样温柔。又像是情人的蜜语那样芳醇;低低地,轻轻地,像微风拂过琴弦;像落花飘零在水上。

海睡熟了。

大小的岛拥抱着,偎依着,也静静地恍惚入了梦乡。

星星在头上眨着慵懒的眼睑,也像要睡了。

许久许久,我俩也像入睡了似的,停止了一切的思念和情绪。

不晓得过了多少时候,远寺的钟声突然惊醒了海的酣梦,它恼怒似的激起波浪的兴奋,渐渐向我们脚下的岩石掀过来,发出汩汩的声音,像是谁在海底吐着气,海面的银光跟着晃动起来,银龙样的。接着我们脚下的岩石就像铃子、铙钹、钟鼓在奏鸣着,而且声音愈响愈大起来。

没有风。海自己醒了。喘着气,转侧着,打着呵欠,伸着懒腰,抹着眼睛。因为岛屿挡住了它的转动,它狠狠地用脚踢着,用手推着,用牙咬着。它一刻比一刻兴奋,一刻比一刻用劲。岩石也仿佛渐渐战栗,发出抵抗的嗥叫,击碎了海的鳞甲,片片飞散。

海终于愤怒了。它咆哮着,猛烈地冲向岸边袭击过来,冲进了岩石的罅隙里,又拔剌着岩石的壁垒。

音响就越大了。战鼓声,金锣声,呐喊声,叫号声,啼哭声,马蹄声,车轮声,机翼声,掺杂在一起,像千军万马混战了起来。

这段描写中有非常明显的场面变化,所以在朗读时应用相应的节奏变化。前五个自然段写潮落,海面宁静,读时速度舒柔缓慢,表达出静静入睡的感觉。后四个自然段写涨潮,刚才平静的海面掀起滔天巨浪,气势汹涌,声音宜由低到高,自轻而重,朗读速度应由缓慢到急促,即较快,快,很快。情绪由欢快到炽热激烈。

不同的场面描写,带来不同的朗读节奏。

2. 不同的心情

紧张、焦急、慌乱、热烈、欢畅的心情宜用快读;沉重、悲痛、缅怀、悼念、失望的心情宜用慢读。

【示例】 莫泊桑的《项链》中的这段对话:

……她猛然喊了一声。脖子上的钻石项链没有了。

她丈夫已经脱了一半衣服,就问:"什么事情?"

她吓昏了,转身向着他说:"我……我……我丢了佛来思节夫人的项链了。"

他惊慌失措地直起身子,说:"什么!……怎么了!……哪儿会有这样的事!"

这段对话表达的是马蒂尔德夫人在发现借来的"昂贵"项链不翼而飞之后惊慌失措、紧张慌乱的心情,所以读的时候应加快节奏,表达人物焦急之情。

【示例】 鲁迅的《为了忘却的记念》中的这段话:

在一个深夜里,我站在客栈的院子中,周围是堆着的破烂的什物;人们都睡觉了,连我的女人和孩子。我沉重地感到我失掉了很好的朋友,中国失掉了很好的青年,我在悲愤中沉静下去了,然而积习却从沉静中抬起头来,凑成了这样的几句:惯于长夜过春时,挈妇将雏鬓有丝。梦里依稀慈母泪,城头变幻大王旗。忍看朋辈成新鬼,怒向刀丛觅小诗。吟罢低眉无写处,月光如水照缁衣。

这段表达的是一种悲痛缅怀的情感,读的时候节奏应该缓慢些,以表达作者沉痛之情。

3. 不同的谈话方式

辩论、争吵、急呼,宜用快读;闲谈、絮语,宜用慢读。

【示例】　下面这段对话,主要是人物双方的辩论争吵,所以要读得快些。

周朴园:鲁大海,你现在没有资格跟我说话,矿上已经把你开除了。

鲁大海:开除了?!

周　冲:爸爸,这是不公平的。

周朴园(向周冲):你少多嘴,出去!

(周冲愤然由中门下)

鲁大海:好,好。(切齿)你的手段我早就明白,只要你能弄钱,你什么都做得出来。你叫警察杀了矿上许多工人,你还……

周朴园:你胡说!

鲁大海:哼,你的来历我都知道,你从前在哈尔滨包修江桥,故意叫江堤出险——

周朴园:(厉声)下去!

4．不同的叙述方式

抨击、斥责、控诉、雄辩等宜用快读;一般的记叙、说明、追忆,宜用中速或慢读。

【示例】　闻一多的《最后一次讲演》,要读得快一点,来表现作者对敌人的强烈控诉与抨击。

反动派暗杀李先生的消息传出以后,大家听了都悲愤痛恨。我心里想,这些无耻的东西,不知他们是怎么想法,他们的心理是什么状态,他们的心怎样长的!(捶击桌子)其实很简单,他们这样疯狂的来制造恐怖,正是他们自己在慌啊!在害怕啊!所以他们制造恐怖,其实是他们自己在恐怖啊!特务们,你们想想,你们还有几天?你们完了,快完了!你们以为打伤几个,杀死几个,就可以了事,就可以把人民吓倒了吗?其实广大的人民是打不尽的,杀不完的!要是这样可以的话,世界上早没有人了。

【示例】　方纪《挥手之间》中表达的是对主席的怀念追忆,充满深情,所以要读慢些。

在延安人的记忆里,主席永远穿着干净的旧灰布制服,布鞋,戴着灰布八角帽。他的魁梧的身形,温和的脸,明净的额,慈祥的目光,时时出现在会场上,课堂上,杨家岭山下的大道边。主席生活在群众中间,生活在同志们中间。主席的音容笑貌、举手投足,人们都是熟悉的,理解的。人们怀着无限的信任和爱戴的感情团聚在他周围,一步不能离开,也一步不曾离开。如今,主席穿上作客的衣服,要离我们远去了。

5．不同的人物性格

年青、机警、泼辣的人物的言语、动作宜用快读;年老、稳重、迟钝的人物的言语、动作宜用慢读。

【示例】　宏儿听得这话,便来招水生,水生却松松爽爽同他一路出去了。母亲叫闰土坐,他迟疑了一回,终于就了坐……

他只是摇头,脸上虽然刻着许多皱纹,却全然不动,仿佛石像一般。他大约只是觉得苦,却又形容不出,沉默了片时,便拿起烟管来默默地吸烟了。

这段文字中,成年后的闰土受尽生活磨难,灵魂几近麻木,所以,读他的动作时宜慢,来表达他的迟钝。与之相对的是闰土尚未成年的孩子水生,读他的动作时可以快一些,来表现水生和少年闰土一样,尚未受到生活折磨和封建礼教毒害的天真单纯。

要注意的是,朗诵任何一篇文章,不能自始至终采用一成不变的速度,要根据作者感情的起伏和事物的发展变化随时调整朗读的节奏。恰当的节奏才能准确传达作者想要表达的思想感情,这种在朗诵过程中实现朗诵速度的转换是取得朗诵成功的重要一环。

另外,还要注意的是,读得快时,也要保证吐字清晰,不能为了读得快而含混不清,甚至"吃字";读得慢时,声音也要明朗实在,不能因为读得慢而松松垮垮,要做到"快而不乱""慢而不拖"。

节奏训练

训练目标

学会在朗读时根据作品表达的思想内容运用恰当的节奏。

训练要领

1. 仔细阅读朗读文本,反复揣摩作品表达的意思。
2. 根据作品表达的思想内容,确定恰当的语言节奏,并试着表现出来。

课堂训练

请朗读下面的对话,注意把握节奏。

周:梅家的一个年轻小姐,很贤慧,也很规矩。有一天夜里,忽然地投水死了。后来,后来——你知道吗?

鲁:这个梅姑娘倒是有一天晚上跳的河,可是不是一个,她手里抱着一个刚生下三天的男孩,听人说她生前是不规矩的。

鲁:我前几天还见着她!

周:什么?她就在这儿?此地?

鲁:老爷,您想见一见她么?

周:不,不,不用。

周:我看过去的事不必再提了吧。

鲁:我要提,我要提,我闷了三十年了!

训练评价

1. 能否把握作品的思想内容。周朴园的虚伪、假情假意和鲁侍萍闷在心里三十年的痛苦终于在这一刻得以宣泄。

2. 能否根据人物心情的变化来调整语速,而不是一律以一种速度读下来。一开始,周朴园以试探性的闲谈来打探情况,后来听说鲁侍萍还在世,甚至还在本地后表现出紧张,语言的速度应有变化。而鲁侍萍从一开始沉浸在悲痛的回忆到后来发泄出三十年的痛苦,情绪发生了变化,语言的节奏也应该发生相应变化,才能表现出戏剧冲突的张力和丰富的人物性格。

拓展练习

请朗读下面的文字,试着从场景、人物性格等方面去分析,来选择适当的语速进行朗读。

一天,他身穿没膝的大衣,独自走出营房。它所遇到的士兵,没一个认出他。在一处,他看到一个下士领着手下的士兵筑街垒。

"加把劲!"那个下士对抬着巨大水泥块的士兵们喊道:"一、二,加把劲!"但是,那下士自己的双手连石块都不碰一下。因为石块很重,士兵们一直没能把它放到位置上。下士又喊:"一、二,加把劲!"但是士兵们还是不能把石块放到位置上。他们的力气几乎用尽,石块就要滚落下来。

这时,华盛顿已经疾步跑到跟前,用他强劲的臂膀,顶住石块。这一援助很及时,石块终于放到了位置上。士兵们转过身,拥抱华盛顿,表示感谢。

"你为什么光喊加把劲而把手插在衣袋里呢?"华盛顿问那下士。

"你问我?难道你看不出我是这里的下士吗?"

"哦,这倒是!"华盛顿说着,解开大衣纽扣,向这位鼻孔朝天,背绞双手的下士露出他的军装。"按衣服看,我就是上将。不过,下次再抬重东西时,你就叫上我!"

【练习提示】　这段文字描写了一个有趣的场景,身居高位的华盛顿毫无架子,随和亲切;而一个普通的下士却把自己看得很高,傲慢无礼,架子端得很足。在两个人的对话中,人物的性格特点得到了突出体现。朗读时要注意根据两个人物的性格特点采用不同的语速,下士的语言,在朗读时语速可以略快,来表现他的目中无人;沉稳而不动声色的华盛顿,他的语言应该略微慢一点。另外,还要注意不同的场景对语速的要求,比如文中石头快要滚落的危险时刻,语速应该略快。而一般的叙述语言则用中速朗读即可。

任务 10　不同体裁作品的朗读

同是文学作品,因体裁不同,作品的表达方式各异,意境和韵味也会各有不同,用有声语言来表现时也应有所差异。所以,成功的朗读,不仅要合理运用内部技巧和外部技巧,还需根据不同体裁的作品特点,对作品进行恰当的处理,实现声情并茂的表达。

基本理论

一、散文的朗读

散文是一种选材广泛、结构自由、抒情性强、语言凝练精美的文体,往往通过写人、记事、写景或状物等诸多丰富的表现手法,来表达作者的真情实感,或揭示社会意义,展现出更深远的思想。

散文最突出的特点是"形散神聚",表面上看起来取材十分广泛自由,可叙述事件发展,可描写人物形象,可托物抒情,可发表议论,而且作者可以根据内容需要自由调整、随意变化。但实际上,表达的主题却明确而集中,无论内容多么广泛,表现手法多么灵活,都是为表达主题服务的。

因此,散文的朗读,要抓住其"形散神聚"的特点,注意把握以下几点:

1. 运用想象,丰富形象

散文意境深邃,抒情性强。因此,朗读散文时,需要运用想象,来体验情感。具体来说,一篇散文经过推敲分析有了初步的感受,这时不要急于朗读,否则很容易导致不动情地"念"。我们必须以实词为依托,充分发挥联想与想象能力,增强形象体验与感受,在我们的头脑中"获取"最生动的形象画面,当脑海中的画面充实、具体、丰富了,朗读的语气就会生动逼真,给人以真实感。

【示例】《海上日出》前半部分写作者在船上看日出,随着日出景观的变化,作者也经历了"静候—期待—兴奋—热烈"的心理情绪变化,由此而深深折服于这一自然壮观。朗读者在朗读时是直接代表作者去看、去想、去抒怀的,要读得准确自如,分寸得当,就需要运用想象、展开联想,获取真实感受,丰富文字形象。这样声音的高低升降、轻重缓急,语调的抑扬顿挫才能形象地再现日出奇观,恰如其分地传达出作者的赞叹之情。

2. 突出主线,体验情感

散文的表达方式灵活多变。散文的立意多不直陈,而是通过文中的人、事、物、景等寄寓耐人寻味的思想。朗读者不可只见枝叶,不顾主干,只见其表,不见其里。而应抓住作者的思路,作品的立意和线索,明确主线,把握散文层次、段落间的内在联系,依次孕育感情色彩,从而形成贯穿全文的朗读基调,做到语气贯通,脉络分明。

朗读时要把握住散文的主线,在语言表达处理上做些局部细描。具体做法是,对文章中起间接陪衬作用的语句、层次、段落不必过细地强调,可以用粗线条勾勒,而对那些直接揭示主旨的语句、层次、段落要花精力加深具体的感受,通过人、事、物、景的具体变化,使朗读的语流、情感具有一致性,使作品的立意生发开去。

散文所要表现的思想感情或社会生活内容,总是丰富而细腻的,往往是通过细致的叙述与描写来具体表现作者的主观感情,所以朗读时感情的抒发也需要有一个积淀过程。如果没有一层层具体细致的铺垫,情感就不会积聚加浓。当然,如果积淀的过程把握不适度,也会影响感情的表达。比如一味机械地抒情,刻板地制造感情的大起大落,或者读得断断续续,支离破碎,听起来不完整,或者立意句刻意雕琢,太过突兀,这样的朗读都是徒有腔调而不注重内容,是没有感情、不能打动人心的。

朗读中只有注重了铺垫与凝聚,有了量的积累,才能在升华的点题句中揭示内在的分量与深沉,这样,散文的朗读才不失之肤浅。

3. 表达细腻,点染得体

散文素有"美文"之称,语言凝练优美,富于音乐感,行文如涓涓流水,生动活泼;又简洁质朴,自然流畅,娓娓而谈,情真意切。

所以,散文的朗读不可忽视其独特的表现方式和表达效果,朗读时要将整体写意和局部细描结合起来,读出自然质朴的散文特色。散文的朗读方式很多时候是采取类似于交谈的方式,交谈所见所闻,所思所想所感,给人一种促膝谈心般的感觉,既不能是苍白单调的念字,也不能变成拿腔拿调的表演。声柔语细、自由亲切,具有强烈的交流感,入耳、入心。

表达细腻、点染得体还体现在对语气和节奏的把握上。散文语言凝练,常接近口语的语言特点,短句、停顿变化多,朗读时不可匆忙仓促,而应把语句"化开",叙述舒展,情感自然含蓄,做到亲切自然、朴实纯真,读得有主有次,有轻有重,叩击听众的心扉,在不露声色中给人以美感享受。

另外,散文中人物对话的处理方式与小说等体裁不同。散文写人往往寥寥几笔,目的不是刻画人物性格形象,而是为文章立意服务的。着意刻画声音,会导致人物形象凸显,削弱散文立意。所以,当朗读散文遇到对话时,不改变本来的声音本色,只稍稍变化语气就可以了。

总之,散文的感情体现各不相同,但有一点是共通的,趋于成熟的激情,必然通向更深层的思索。巴金说过:"艺术的最高境界是真实、是自然、是无技巧。"这正是散文朗读追求的标准。

二、诗歌的朗读

诗歌的特征是感情充沛、想象丰富、韵律和谐、语言凝练。读诗如品茶,强调"出味",朗读诗歌,应该把诗味读出来。朗读时,主要把握两个方面的问题:一是感情抒发,二是韵律把握。

1. 恰当抒发情感

抒情性是诗歌最突出的特征,朗读诗歌时要有强烈的抒情意识,这是朗读好诗歌的必要条件。诗歌的朗读主要是通过创造意境来表达的。所谓意境,是指通过形象、景物画面体现出来的富有某种情调意味的境界或氛围,它是诗歌的思想情感与其所描绘的生活画面,即"意"与"境"的和谐统一。

如何把握诗歌的意境呢? 主要是紧扣诗人的情思,借助联想和想象,在头脑中再现诗人所描绘的画面。朗读者要把全身心投入诗歌的意境当中,与诗人一起吟咏,才能再现意境。具体来说,应该注意以下几个方面:

(1)避免全喊或全虚。内心情感体验的不全面,朗读技巧的简单幼稚,往往会带来不恰当的朗读方式,比如情绪激动处,就大喊大叫;一想要刻意抒情,就虚声虚气。这样往往传达不出诗人的浓情厚意,更谈不上朗读者的再造诗歌意境。朗读者应从诗歌内容中获取感受,根据诗人的感情和自身的体验,调动情感,自然抒发感情,"先动于衷,后形于外"。

(2)注意字词的声音色彩。朗读诗歌应字字着色鲜明,并且浓淡适宜。尤其要注意对关键词语——诗眼的处理,诗眼是全诗着色重点。如李白的《望庐山瀑布》:

日照香炉生紫烟,遥看瀑布挂前川。

飞流直下三千尺,疑是银河落九天。

这首诗歌中的"生""挂""落"几个动词,是全诗最生动、最富灵感的词语,是读出本首诗歌意境的关键,在声音方面应处理成重音。

(3)加大情声气的变化幅度。诗歌语言是极为凝练,又具有跳跃性的,可以说是字字"千斤重"。其浓情厚意要通过加大语气变化的曲线、由表及里地调节声音幅度来表达。在声音处理上要注意把语句"化开",不可过快或太随意。如余光中的《乡愁》,乍一读,仿佛在拉家常似的,但仔细品味,意境深远,四幅有着紧密联系而又有跳跃的想象画面,把我们带到无限的"乡愁"之中,悠远而绵长。朗读时,我们要拉开词句之间、段落之间的"步子",加大情声气的变化幅度。如果念成了大白话,就会淡而无味了。

2. 准确把握韵律

诗歌,讲究节奏和韵律。诗歌朗读的节奏和韵律,与人的生理、心理、生活、情感的自然节奏是一致的,一定的节奏和韵律可以记录、描写和抒发人的思想感情。因而,朗读诗歌时,把握诗歌节奏和音韵,传达出诗人的情怀,就如同唱歌时合乎节拍一样,是自然而然的事情。

把握诗歌的节奏和韵律要注意语节、韵脚和呼应对称这几个方面的问题:

(1)语节要清楚妥当。语节也称音步或节拍,由一个词或一个短语组成,语节与语节之间要有延长或顿歇。一般由一个实词或一个词组为一个语节。

格律诗中,五言诗的语节常常是由两个语节组成,也就是"二三"形式的组合,七言诗往往分为三个语节,即"二二三"形式的组合。

现代诗歌也有语节,每句字数长短不一,语节形式变化多样。如:"轻轻的—我—走了,正如我—轻轻的来。我轻轻地—招手,作别—西天的—云彩。"有的是两个语节,有的是三个语节。不同的诗歌,不同的诗行,语节的大小不一,跨度不一,诗句在延续过程中会产生错落有致的节奏。具体到一首诗歌,语节行进的速度和顿歇的时间应该是多少,要视诗歌的内容和风格而定。另外,在用气方法上,语节间的顿歇要采用声断气不断的方法。

(2)韵脚要回环呼应。没有韵脚难成为诗歌,更难成为格律诗。韵脚的呼应不但有语气的色彩问题,也有基调的烘托问题,更有形成回环往复的节奏感问题,既不能逢韵就扬、重,也不能轻视韵脚的作用,不讲究韵脚的表达。

(3)注意呼应对称的关系。诗歌有一定的呼应对称关系,读好诗歌中呼应对称的词句,才能更好地读出诗歌的韵味。

格律诗有平仄的对比关系。比如,王之涣的《登鹳雀楼》,"白日依山尽,黄河入海流"正是"仄仄平平仄"对"平平仄仄平",声音抑扬顿挫,错落有致,富有音乐美。

现代诗歌往往由对偶、排比、反复或起承转合等营造出诗歌的呼应之美。如柯岩的《周总理,你在哪里》一诗中有一组间隔对应反复的句子:"我们对着……喊:周—总—理"。

在朗读时,既要注意呼应,也要注意区别,从而准确表达出作者细微的感情变化。

三、小说的朗读

小说是叙事性的文学体裁,它以刻画人物形象为中心,以具体的环境描写、完整的故事情节、复杂的矛盾冲突,广泛深刻地反映社会生活。所以,朗读小说最强调的是声音造型,要善于用声音再现和塑造典型环境中的典型人物性格。

最能表现典型性的是人物的语言。语言是人物的"间接形象"。每个人所说的话,都与各人的身份、性格、品质、心态以及所处的环境密切关联。把握好小说对人物的介绍、描写,特别是对人物说话情状的描述,有助于朗读者准确表达此时此地、此情此景人物的特定状态。

小说的朗读应该注意以下两点:

1. 把握节奏,情景再现

小说的特点是有完整的故事情节,就是有故事发生、发展的具体细致的过程,有对人物形象、语言、动作、表情、心理活动的刻画,有对自然环境、社会环境的描写,有对人与人、人与事、事与事之间关系的勾勒。而故事的发展往往是听众最喜欢听的部分。朗读时要把握重点,用合理的节奏铺展过程,情景再现,把上述要素细致具体地用声音表现和传达出来。

朗读时不能粗枝大叶,注意重点要把握得当;要有层级,数量不宜过多;要把情节特点抓住,让人感到情节生动鲜活。

2. 抓住特点,表现情态

小说与诗歌、散文不同,它是以刻画人物形象为中心的。人物形象丰富多彩,朗读的声音形式也应相应丰富。朗读时要抓住特点,具体感受。感受越具体越细致,特点就能抓得越鲜明,声音的表现就会越丰富、越真切。

朗读小说时,不仅要用声音体现叙述语言和人物语言的差别,还要体现出人物对话中的形象性和分寸感,无论是正面人物、反面人物或中间人物,其对话语言都要读得符合他们的身份、思想、性格和当时在矛盾冲突中的态度。一般只强调他们说了什么,而不必改变音色,去刻意"表演"人物怎么说,因为小说朗读毕竟不是在舞台上演戏。这个分寸必须准确把握,既不能过于夸张,以免削弱朗读的朴实性,又不能过于呆板,影响人物性格的表达。

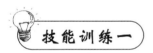 技能训练一

散文的朗读

▨ **训练目标**

能把握散文的特点,并根据其特点进行朗读。

▨ **训练要领**

1. 理清散文要表达的主题思想。
2. 把握散文的主线。
3. 抓住主线,用声音表达思想感情。

▨ **课堂训练**

请运用想象,体验情感,用散文朗读技巧朗读《美丽的槐乡》。

美丽的槐乡

五月,洋槐开花了。槐乡的山洼里,坡岗上,似瑞雪初降,一片白茫茫。有的槐花抱在一起,像玉雕的圆球;有的槐花一条一条地挂满枝头,如新疆姑娘披散在肩上的小辫儿。

"嗡嗡嗡……"小蜜蜂飞来了,采走了香香的花粉,酿出了甜甜的蜜。"劈啪啪……"孩子们跑来了,用篮儿挎走白生生的槐花,五月的槐乡,连风儿打的漩涡都香气扑鼻,整个槐乡都浸在香海中。在洋槐开花的季节,小朋友只要走进槐乡,他呀,准会被香气熏醉,美滋滋地卧在花丛中。这时候,槐乡的孩子就会把他拉到家中,请他美美地吃上一顿槐花饭。槐花饭是精面粉拌槐花蒸的,爱吃咸的,就浇上酱油、蒜泥、陈醋;爱吃甜的,就撒上炒好的芝麻,拌上槐花蜜,可好吃了。小朋友临走时,槐乡的孩子还会送他一塑料袋蒸过晒干的槐花,一小罐清亮清亮的槐花新蜜。

五月,洋槐开花了。槐乡的小姑娘变得格外漂亮,她们的衣襟上别着槐花,发辫上戴着槐花,她们飘到哪里,哪里就会有一阵清香。槐乡的小伙子呢,衣、裤的口袋里装的全是槐花,他们大大咧咧的,不时朝嘴里塞上一把,甜丝丝的,香喷喷的……

五月,是槐花飘香的季节,是槐乡孩子满意的季节。

训练评价

1. 能否理清文章主线,表达出这篇文章表达的主题。

2. 能否用声音表达出作者写槐花,爱槐乡的思想感情。

拓展练习

运用散文朗读的技巧,有感情地朗读课文《桂林山水》(见本项目二维码)。

【练习提示】 作者用了许多形象的比喻,描绘了漓江水的静、清、绿,桂林山的奇、秀、险,最后以云雾、绿树、红花作衬,构成了一幅优美动人的画卷。朗读时,要仔细体味"静、清、绿"和"奇、秀、险"以及"舟行碧波上,人在画中游"等重点词句的诗情画意,充分展开想象,使这些文字,在头脑中变成具有生命力的跳跃着的各种形象。

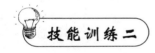

技能训练二

诗歌的朗读

训练目标

能把握诗歌的特点,并根据其特点进行朗读。

训练要领

1. 体会诗歌的意境,领悟诗歌的感情,确定诗歌的感情基调。

2. 把握诗歌的节奏。

3. 朗读时,注意情感、声音、气息的综合运用。

课堂训练

结合诗歌朗读朗诵的特点,有感情地朗读现代诗歌《致橡树》。

致橡树

我如果爱你——
绝不像攀援的凌霄花，
借你的高枝炫耀自己；
我如果爱你——
绝不学痴情的鸟儿，
为绿荫重复单调的歌曲；
也不止像泉源，
常年送来清凉的慰藉；
也不止像险峰，
增加你的高度，衬托你的威仪。
甚至日光，
甚至春雨。
不，这些都还不够！
我必须是你近旁的一株木棉，
作为树的形象和你站在一起。
根，紧握在地下；
叶，相触在云里。
每一阵风过，

我们都互相致意，
但没有人，
听懂我们的言语。
你有你的铜枝铁干，
像刀，像剑，也像戟；
我有我红硕的花朵，
像沉重的叹息，
又像英勇的火炬。
我们分担寒潮、风雷、霹雳；
我们共享雾霭、流岚、虹霓。
仿佛永远分离，
却又终身相依。
这才是伟大的爱情，
坚贞就在这里：
爱——
不仅爱你伟岸的身躯，
也爱你坚持的位置，
足下的土地。

【练习提示】 这首诗歌表达的是一种与爱人比肩并立的独立爱情观。所以，在把握住诗歌节奏、韵律的基础上，要读出爱的坚贞和在爱情中追求独立平等的决心。

训练评价

1. 你（或他）能否准确把握诗歌中作者表达的思想感情。
2. 你（或他）能否用合理的朗读朗诵技巧表达出诗中的想与爱人比肩并立的爱情观。
3. 你（或他）能否读出此首现代诗歌的节奏和韵律。

拓展练习

结合诗歌朗读朗诵的特点，有感情地朗读徐志摩的诗歌《再别康桥》（见本项目二维码）。

【练习提示】 这首诗歌的感情基调是徐舒柔婉的，所以朗读时声音不宜过于高亢。可以用柔和的声音来表达怀念过往、略带忧伤的情绪，同时注意把握诗歌的内在节奏。

技能训练三

小说的朗读

训练目标

能把握小说的特点，并根据其特点进行朗读。

1. 理清小说的情节线索，把握小说塑造的人物形象。
2. 根据人物形象的性格特点，用合适的声音塑造形象，表达思想感情。

课堂训练

运用小说朗读的技巧，朗读《阿Q正传》片段。

阿Q近来虽然比较的受人尊敬，自己也更高傲些，但和那些打惯的闲人们见面还胆怯，独有这回却非常武勇了。这样满脸胡子的东西，也敢出言无状么？

"谁认便骂谁！"他站起来，两手叉在腰间说。

"你的骨头痒了么？"王胡也站起来，披上衣服说。

阿Q以为他要逃了，抢进去就是一拳。这拳头还未达到身上，已经被他抓住了，只一拉，阿Q跄跄踉踉的跌进去，立刻又被王胡扭住了辫子，要拉到墙上照例去碰头。

"'君子动口不动手'！"阿Q歪着头说。

王胡似乎不是君子，并不理会，一连给他碰了五下，又用力的一推，至于阿Q跌出六尺多远，这才满足的去了。

训练评价

1. 能否准确把握作品中塑造的人物性格。
2. 能否有层次、有节奏地抓住情节特点，并用声音呈现出来。

拓展练习

运用小说朗读的技巧，朗读《孔乙己》片段。

孔乙己是站着喝酒而穿长衫的唯一的人。他身材很高大；青白脸色，皱纹间时常夹些伤痕；一部乱蓬蓬的花白的胡子。穿的虽然是长衫，可是又脏又破，似乎十多年没有补，也没有洗。他对人说话，总是满口之乎者也，叫人半懂不懂的。因为他姓孔，别人便从描红纸上的"上大人孔乙己"这半懂不懂的话里，替他取下一个绰号，叫作孔乙己。孔乙己一到店，所有喝酒的人便都看着他笑，有的叫道，"孔乙己，你脸上又添上新伤疤了！"他不回答，对柜里说，"温两碗酒，要一碟茴香豆。"便排出九文大钱。他们又故意的高声嚷道，"你一定又偷了人家的东西了！"孔乙己睁大眼睛说，"你怎么这样凭空污人清白……""什么清白？我前天亲眼见你偷了何家的书，吊着打。"孔乙己便涨红了脸，额上的青筋条条绽出，争辩道，"窃书不能算偷……窃书！……读书人的事，能算偷么？"接连便是难懂的话，什么"君子固穷"，什么"者乎"之类，引得众人都哄笑起来：店内外充满了快活的空气。

【练习提示】 在练习这个片段时，要注意把握孔乙己这个人物的性格特点，把作品中的人物语言读得活灵活现。同时注意读出孔乙己和其他看客语言的差异，以及人物语言和叙述语言的不同。

项目三
讲述训练

众所周知,朗读、朗诵是凭借文字材料的口语表达,是说话训练的初级阶段。讲述、交谈、论辩、即兴讲话是不凭借文字材料的口语表达,它们的特点是说什么、怎么说完全由说话人临时根据情况斟酌,是说话的高级阶段。讲述的形式有多种,常用的有复述、描述、解说和评述。这些表达形式都有着社会交际的实用价值,在教师口语表达能力结构中,也占有相当重要的地位。

 思维导图

```
                    ┌ 详细复述
           复述训练  ┤ 概要复述
                    └ 扩展复述
                    ┌ 白描训练
           描述训练  ┤
                    └ 细描训练
讲述训练 ┤          ┌ 简约性解说、阐明性解说
           解说训练  ┤
                    └ 平实性解说、形象性解说、谐趣性解说
                    ┌ 评述有序训练
           评述训练  ┤ 评述融合训练
                    └ 评述详略训练
```

任务 11 复述训练

谁能说说你的春节(或端午节、中秋节)是怎样度过的?

 基本理论

一、复述的概念和意义

复述,就是把读过、听过的语言材料重新复述一遍。也就是说人们通过言语重复以前

识记过的材料,以巩固记忆的心理操作过程。它是短时记忆信息存储的有效方法,可以防止短时记忆中的信息受到无关刺激的干扰而发生遗忘。经过复述,学习材料才得以保持在短时记忆中,并向长时记忆转移。

二、复述的要求

复述往往与大脑的记忆力有关,同时在语言表述上也有一定的要求:

(1) 完整准确地体现原材料的中心和重点。复述是"复原"式的讲述,也就是不掺杂过多的个人观点,尽量客观再现原有的事物过程或事理。

(2) 条理清楚,反映各部分内容的内在联系。复述与逻辑能力相关,在复述的过程中能体现出复述者对原材料的理解,并通过复述体现原材料的层次关系。

(3) 把书面语(或视频或图画等)转换为口头语。复述是一个人表述能力的基础,在声音的抑扬顿挫与节奏中忠实地再现原材料。因此,声音与文字材料要紧密相连,忠实地反映原材料的原貌或中心思想。

三、复述的种类

复述虽说要忠实地再现原貌或表达原文的中心思想,但也不是一字不差地背诵,可以有详有略。通常复述有以下三种形式:

1. 详细复述

详细复述是把原语言材料的内容原原本本地重述出来。详细复述要做到细而不乱,这种复述训练有助于推动富有表现力的书面语向口头语的迁移,它也是对表达条理性的一种锻炼。

【示例】 根据世界卫生组织的最新指南,不能为了逗小孩儿就让他们看电视或看手机。2 岁以前的宝宝不应久坐而不动地盯着屏幕,2 岁到 4 岁儿童每天看屏幕的时间应该限制在 1 个小时以内,越少越好。

2. 概要复述

概要复述类似作文练习中的"缩写",它是对原材料的加工或再创作。概要复述的要领是把握整体,理清线索,舍枝去叶,保留主干。

【示例】 世界卫生组织出台了儿童看屏幕时长指南,2 岁前不应该看电子屏幕,2 岁到 4 岁每天不超过 1 小时。

3. 扩展复述

扩展复述是对原材料进行适当扩充、展开的叙述。扩展复述的要领是:

(1) 根据原有材料做合理想象,或者做理性延伸,但不要背离原意和基本框架。

(2) 不能面面俱到,根据原材料的中心思想确定扩展的重点。

(3) 根据表达的需要,运用描述、解说、论证,以及比喻、对比、夸张等多种方法。

【示例】 根据世界卫生组织的最新指南,婴儿和学步儿童不应该被动地观看电视或其他电子屏幕。世界卫生组织指出,孩子在 2 岁之前,不应长时间坐着看屏幕,包括电脑游戏,2 岁到 4 岁儿童每天看屏幕时间应该限制在 1 小时以内。世界卫生组织的新建议侧重于被动观看,也就是大人为了逗小孩儿或图省事,将他们放在电视或电子屏幕前。世界卫生组织的目的是要解决儿童不活动的问题,这是全球儿童患上肥胖等相关疾病甚至死亡的主要风险因素,是世界卫生组织首次就五岁以下儿童的体力活动、久坐行为和睡眠提出建议。除了对被动看屏幕时间的警告之外,世界卫生组织还表示婴儿不应该被绑在汽车座椅上超过1小时。

对不同材料做扩展复述,侧重点也各不相同。对记叙性材料做扩展复述,要通过合理想象补充细节,使讲述的内容更生动、更充实、更完整;对说明性材料做扩展复述,主要是对所述内容增加更具体、更鲜明的细部说明;对议论性材料做扩展复述,主要是增加有理性论证的层次,补充论据材料,做更深入的剖析。

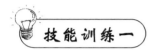

详细复述训练

复述是重要的口语表达方式,对于教师来说也是非常重要的基本能力。复述是一个从简单到具体,又从具体到创造的过程。也是一个从"死"到"活",从"背诵"到"创新"的过程。只要平时注意加强练习,复述的水平一定会得到提高。

训练目标

通过详细复述训练,把富有表现力的书面语转换为口头语,提高语言表达的条理性。

训练要领

1. 理解原文,把握脉络。复述要对原文作者的思路、文章的层次脉络做充分解读和理解,这样才能表述清晰,有条不紊。

2. 注重关键语句的记忆。详细复述不是一味地精细化,而是要突出重点,提纲挈领。必要时可以列出复述提纲,做到条理清晰,细而不乱。

3. 语言规范,通顺、精练。复述不是背诵,它是对书面语言的情感内化、重组和表达的过程,因此,切忌照本宣科。复述要力争做到语句完整、通顺、连贯、精练,甚至是有感染力。

课堂训练

根据给出的下列复述材料做复述训练,注意复述要领。

王羲之故事三则

王羲之在20岁的时候,太尉郗鉴想招女婿,恰好王家举办宴会,郗鉴派门生到王家去,躲在暗处,偷偷观察那些年轻人的行为举止。门生回去禀报,说王家的小伙子都不好,特别是有一位躺在东厢房床上,袒露肚皮,旁若无人地边吃烧饼边用手比划练字的那位王氏子弟,名叫王羲之,他最可笑,不能入选。郗老先生说就他了,此人气质不错,将来必有出息,这就是脍炙人口的成语"东床快婿"的来历。

大家知道"入木三分"的来历吗?传说王羲之是一位性情直率的人。他到朋友家见人家的几案滑净,就在几案上用毛笔写了两遍诸葛亮的《梁甫吟》。笔力苍劲,风度超凡,是难得的书法珍品。朋友的父亲回来了，看了几案大为不快，赶快去擦，擦不掉的就用刀子刮，最深的竟有三分之多。朋友回来见了，追悔不已，并叹道：羲之的字，真是入木三分啊！

说到王羲之，不能不说到"鹅池"。据《晋书·王羲之传》记载：山阴有一道士，养好些鹅，王羲之前去观看，非常高兴，坚持要买。道士说："如果你能为我写一遍《道德经》，我就把这一群鹅送给你。"王羲之高兴地为道士写了一遍《道德经》，赶着一群鹅非常高兴地回去了。王羲之爱鹅、养鹅、书鹅，传说王羲之刚写完"鹅"字，又要写"池"字时，忽闻圣旨到，于是搁笔迎旨。他的儿子王献之趁父亲离开之际，提笔补上"池"字，一碑二字，一肥一瘦，父子合璧，成为千古佳话。

训练评价

1. 你（或他）是否掌握了复述方法。
2. 你（或他）的复述语言是否做到了通顺、精练、生动。
3. 你是否能观察到自己或者别人的与众不同，及时修正自己或提醒他人。

➤ 可扫描本项目二维码进行拓展练习。

 技能训练二

扩展复述训练

扩展复述往往是在原材料的基础上，对文中没有做详细叙述的部分加以丰富和补充，类似于写作的扩写。

训练目标

通过扩展复述练习，增加复述者的想象力和语言表达能力，从而使作品更加具有感染力。

训练要领

1. 不改变原意，不改变主题。
2. 合理想象，补充完整。
3. 充实生动，表达有条理。

课堂训练

请根据下列给出的故事梗概，做扩展复述练习。

修　鞋

故事梗概：在一次战斗的间隙中，一位战士到附近的小镇上修一双鞋。不久，他的一双脚因为踩到地雷被炸掉了，住进了医院，后来他想起修鞋的事，请战友去找到那个鞋摊，付了修鞋钱，但那双鞋子不要了。

扩展复述：每到傍晚，小镇上那位鞋匠收摊前总要向路口张望。望了很久，总要纳闷儿地叹气。他希望那个休息的军人能把修好的鞋取走。可是10天、20天过去了，那位军

人魁梧的身影一直没有出现。又是一个傍晚,一位瘦高个儿军人来到修鞋摊旁,问:"一个月前是不是有个大个子军人来您这儿修过一双鞋?"鞋匠点点头,觉得很奇怪,心想,怎么换了个人拿鞋子? 军人问:"要付多少钱?"鞋匠估摸了一下,说:"修钱两块钱,搁到今天才拿,外加一块钱保管费,给三块钱!"接着又埋怨道:"都像那个大个子军人,我这儿要堆成鞋山了。"军人丢下鞋钱,走了。"鞋!"鞋匠提起那双鞋,边喊边追上去:"鞋不要啦?"军人止住脚步,沉重地说:"不要了,他用不着鞋了,他的一双脚被地雷……他在医院,让我把修鞋钱送来。"说完,大步走了。鞋匠呆呆地站在路口,好半天才转过身来……

扩展提示:扩展复述要注意扩之有理,展之有度,一切为中心意思的表达服务。

> [训练评价]

1. 你(或他)是否掌握了扩展复述的方法。
2. 你(或他)的评述语言是否做到了扩展复述的生动性。
3. 你是否能观察到自己或者别人的与众不同,及时修正自己或提醒他人。

➤ 可扫描本项目二维码进行拓展练习。

任务12　描述训练

请朗读下面《武松打虎》的片段:

老虎双眼圆睁,寒光闪闪,尾巴慢慢地倒竖起来,像一根铁棒,又直又硬,只听"嗖"的一声,尾巴一剪,顺地抽了过来,武松又窜身一闪,蹭! 跳过一边站定。这老虎眼见一扑、一掀、一剪抓不住人,气性先自没了一半,仰天怒吼一声,哗啦啦,枝叶纷纷震落了一大片;老虎一步一步地又将身子兜转了过来。武松见老虎冲着他转身掉头,立马大喝一声,双手高高抢起哨棒,用尽平生力气蹿向半空中,对准老虎的脑袋劈了下来……

朗读后你有什么感想? 这段课文有什么特点?

基本理论

一、描述的概念和意义

描述是显示事物形状、再现某种场景的表达方式。描述又被称为"口头写生",是说话人对近在眼前、身边的事物做细致观察,然后按一定的顺序讲出来。这时候,我们的语言往往就相当于一台摄像机、一支高明的画笔,栩栩如生地描绘勾勒出一幅幅生动的画面。描述是我们在日常生活中经常使用的叙述方式,是讲述的重要组成部分。如果教师能够通过丰富的想象,运用传神的描述,塑造栩栩如生的听觉形象,对加强教学口语的生动性、直观性和审美性是大有好处的。

二、描述的种类及其要求

由于描述的内容通常富有极强的画面感,因此描述的基本要求:一是要突出特征,画出神韵,力争把画面的生命力凸显出来;二是抓住重点,在重点处做具体细致的刻画,不能平均分配精力,也就是做到详略得当。从突出特征的手法上看,我们把描述分为"白描"和"细描"。

1. 白描

白描是绘画中写意式绘画术语,我们借用其特点比喻讲述。白描式描述是"疏笔点染"式的讲述,也就是用简短的话语勾勒出事物的性状,寥寥几句话就能抓住细节,把所述对象生动地表现出来。例如:

后母戊鼎(原称司母戊鼎),又称后母戊大方鼎、后母戊方鼎。原器 1939 年 3 月在河南安阳出土,是商王祖庚或祖甲为祭祀其母戊所制,是商周时期青铜文化的代表作,现藏于中国国家博物馆。

后母戊鼎因鼎腹内壁上铸有"后母戊"三字得名,鼎呈长方形,口长 110 厘米、口宽 79 厘米,壁厚 6 厘米,连耳高 133 厘米,重达 832.84 公斤。鼎身雷纹为地,四周浮雕刻出盘龙及饕餮纹样,反映了中国青铜铸造的超高工艺和艺术水平。

这两段文字简单精要地叙述了后母戊鼎的来历和性状,其中的数字说明较精确地"点染"出文物的高度、宽度、厚度和重量。

因此,白描式描述有这样几个特点:一是必须依附于朴实的叙述,是流畅叙述中的描述性穿插。二是强调细节的捕捉,用传神的细节描述再现精彩的瞬间。三是排斥过多渲染和夸张,但不排斥运用比喻等修辞手法。

2. 细描

细描是工笔式描述,是指在讲述中多角度、详尽地进行细致描绘。

【示例 1】 原子弹有多大威力呢? 以广岛原子弹为例,一枚当量为 2 万吨级的原子弹,其在适合的高度爆炸,空爆后会在半径 2 800 米范围内产生 13 倍太阳光强度的热量,可以迅速使人致盲。爆炸的冲击波可以横扫 1.85 公里范围内的所有建筑物,0.7 公里范围内的人员生存率几乎为 0,冲击波可以杀伤 12 平方公里的圆形面积,在广岛投放时,造成了 17 万人的伤亡,加上各种辐射伤害,陆续受害者达到了 23 万以上。而当量为 10 万吨级的原子弹威力更强大。至于后来出现的氢弹,其最大实际实验当量达到 5 700 万吨,是广岛原子弹的 3 000 倍以上,威力令人恐惧。所以,威力如此大的武器,还是不要使用的好。

【示例 2】 望梅止渴(成语故事)

有一次,曹操带部队行军,骄阳似火,大地生烟,士兵们渴得嗓子眼冒火却找不到水源,手中的刀枪越来越沉,双腿像灌满了铅水,迈不开步子。

骑在高头大马上上的曹操看在眼里,急在心中。他眉头一皱计上心来,清了清嗓子,很有把握地大声说道:"这一带的地形我熟悉,就在前面不远,有一大片梅树林,年年这个时候,总是沉甸甸的梅子结满枝头。梅子又甜又酸,可以解渴,快跟我走啊!"士兵们听了这话,眼前好似望见了一大片梅树林,顿时嘴里发酸,流出了口水,浑身有了精神。曹操用妙计把部队带到了有水源的地方。

第一个示例详细地描述出原子弹的威力,从高度、热量、速度、数量等多角度描述,数字详尽。第二个示例则细致描绘出望梅止渴的情节,文字里有夸张、比喻、比拟,生动形象。

因此,工笔式描述有这样几个特点:一是叙述翔实,流畅叙述中体现各种角度的描述。二是强调细节的描绘,用传神的细节描述再现精彩的瞬间。三是不排斥渲染和夸张,往往运用多种修辞手法。

三、技能训练

描述训练最好的形式是把看到的、听到的情节用完整的语言文字材料讲述给别人听,我们常说的"讲故事"就是很好的体现。我们在给学生描述事物、讲故事时,需要与复述训练中概要、扩展等讲述方式结合起来,对原材料进行再加工创作。

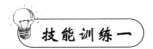

技能训练一

仿说训练

训练目标

通过模仿练说的形式,学会讲故事,以达到绘声绘色、生动形象的效果。

训练要领

1. 条理清晰,注重细节。
2. 表述流畅,尽量口语化。
3. 态势语设计合理,适度夸张。

课堂训练

讲故事训练。讲故事可分为"文讲"和"武讲"两种,"文讲"的动作幅度较小,语调适中,表情含蓄一些。"武讲"动作夸张,语调表情也比较夸张。

教师先示范下列故事的讲述,学生再模仿练习。先"文讲",熟练后再进行"武讲"。

懒汉吃鱼

懒汉碰巧钓到了一条大鱼。他急忙拎回家里,不等洗净就下锅,还没烧熟,就狼吞虎咽地吃了起来。一边吃着一边赞美说:"嘿! 我敢发誓,鱼是世界上最好的东西!"

突然,有根像鱼刺一样的东西卡住了他的喉咙,咽又咽不下去,吐又吐不出来,疼得他满脸流汗。他一边跺脚一边气愤地说:"鱼是世界上最坏的东西!"

这时候,他的邻居走来,帮他取出卡在喉咙里的东西,他定睛一看,原来不是鱼刺,而是鱼钩。

训练评价

1. 故事中的懒汉前后共说了两句话,这两句话的语言结构相似但感情截然相反。你

(或他)是否能准确模仿出它们的语调。

2. 你(或他)是否能恰当地做出相应的动作和表情。

3. 你是否能观察到自己或者别人的与众不同,及时修正自己或提醒他人。

4. 你是否能感觉到语言与态势语协同配合的规律。

➢ 可扫描本项目二维码进行拓展练习。

讲成语故事

成语故事训练是"展说显像"式的描述。它往往运用具象思维,根据现有资料做多角度揣摩,从局部推想整体,从静态推想动态,从前因推想结果,从已知推想未知,包括细节的合理想象。这种推想一定要合理,也要有所取舍,然后归并整合,这样才能生动、完整而连贯地"展说显像"式描述。

【训练目标】

通过练说成语故事,知晓成语典故,学会讲故事,以达到绘声绘色、生动形象的效果。

【训练要领】

1. 了解成语的来历,注重故事情节。

2. 表述流畅,语调自然。

3. 态势语适度夸张。

【课堂训练】

请对《完璧归赵》的成语故事进行描述练习。

有一回,赵王得了一件无价之宝,叫和氏璧。秦王知道了,就写一封信给赵王,说愿意拿十五座城换这块璧。

赵王接到了信非常着急,立即召集大臣来商议。大家说秦王不过想把和氏璧骗到手罢了,不能上他的当,可是不答应,又怕他派兵来进攻。正在为难的时候,有人说有个蔺相如,他勇敢机智,也许能解决这个难题。

赵王把蔺相如找来,问他该怎么办。

蔺相如想了一会儿,说:"我愿意带着和氏璧到秦国去。如果秦王真的拿十五座城来换,我就把璧交给他;如果他不肯交出十五座城,我一定把璧送回来。那时候秦国理屈,就没有动兵的理由。"

赵王和大臣们没有别的办法,只好派蔺相如带着和氏璧到秦国去。

蔺相如到了秦国,进宫见了秦王,献上和氏璧。秦王双手捧住璧,一边看一边称赞,绝口不提十五座城的事。蔺相如看这情形,知道秦王没有拿城换璧的诚意,就上前一步,说:"这块璧有点儿小毛病,让我指给您看。"秦王听他这么一说,就把和氏璧交给了蔺相如。

蔺相如捧着璧,往后退了几步,靠着柱子站定。他理直气壮地说:"我看您并不想交付十五座城。现在璧在我手里,您要是强逼我,我的脑袋和璧就一块儿撞碎在这柱子上!"说着,他举起和氏璧就要向柱子上撞。秦王怕他真的把璧撞碎了,连忙说一切都好商量,就叫人拿出地图,把允诺划归赵国的十五座城指给他看。蔺相如说和氏璧是无价之宝,要举行个隆重的典礼,他才肯交出来。秦王只好跟他约定了举行典礼的日期。

蔺相如知道秦王丝毫没有拿城换璧的诚意,一回到客栈,就叫手下人化了装,带着和氏璧抄小路先回赵国去了。到了举行典礼那一天,蔺相如进宫见了秦王,大大方方地说:"和氏璧已经送回赵国去了。您如果有诚意的话,先把十五座城交给我国,我国马上派人把璧送来,决不失信。不然,您杀了我也没有用,那时,天下人都将知道秦国是从来不讲信用的!"秦王没有办法,只得客客气气地把蔺相如送回赵国。

训练评价

1. 你(或他)是否能准确模仿出人物对话时不同的语气。
2. 你(或他)是否能恰当地做出相应的动作和表情。
3. 你是否能观察到自己或者别人的与众不同,及时修正自己或提醒他人。

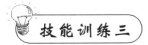 技能训练三

说×,不说"×"训练

训练目标

通过同义词、近义词或短语来表现事物的细微差别,以达到描述细腻、全面的效果。

训练要领

有意识地避开特定的惯用语或概念词,而用其他的同义、近义的词或者短语去描述某一事物,使话语生动具体。

课堂训练

我们说到"冷"偏不出现"冷"这个词,说到"热"偏不出现"热"这个词语,我们将其简称为:说×,不说"×"。

说冷,不说"冷"

冬天一大早,西北风打着呼哨很刺耳,寒气凉飕飕扑面吹了过来,直往我衣领的缝隙里面钻,浑身感觉彻骨寒。风吹在脸上,像针刺,像刀割。鹅毛大雪纷纷扬扬下个不停,雪末儿飘到我脸上,冰凉冰凉的。屋檐下面挂着一尺多长的冰锥子;公园儿里的湖面结了冰如同一面镜子,闪着寒光……四处静悄悄的,我觉得整个世界都像给严寒冻凝固了似的。我浑身打颤,哈出的热气沾到眉毛上结了白花花的霜,眼睛冻得睁不开。地面到处是硬骨骨的冰凌、冰碴,走在上面滑溜溜的,像踩上牛油一般——哎哟,一脚没留神儿,一个骨碌狗啃泥,我掉进了大雪坑,浑身颤抖,像泡进冰水,哎哟,我快成冰棍了……

1. 你(或他)是否能真切地感觉到寒冷。
2. 你(或他)是否能让语言与动作和表情配合恰当。
3. 你是否能观察到自己或者别人的与众不同,及时修正自己或提醒他人。

拓展练习

描述一个事实,尽量不用概述方式和惯用的概念化词汇,尝试用说×,不说"×"的方式,说一段话。

(1) 说热,不说"热";(2) 说好,不说"好";(3) 说坏,不说"坏";(4) 说苦,不说"苦";(5) 说富,不说"富";(6) 说穷,不说"穷"。

【练习提示】 这些扩展练习能有效帮助我们增强发散思维,增加表达词汇量,再通过态势语的配合,相信对我们的描述能力的提高会大有帮助的。

任务 13 解说训练

请讲一讲下列生活小常识:

怎样洗草莓、吃草莓

先用清水冲洗草莓,然后把草莓放盐水里浸泡 5 分钟,再用清水冲去咸味即可食用,这样洗既可以杀菌,又可保鲜。将洗干净的草莓切成两半,加糖拌匀,放冰箱里,3 小时后取出再吃,其味道酸甜、凉爽、可口。

这段文字有什么特点? 生活当中,我们会用到哪些解说?

一、解说的概念和意义

解说是对客观事物或事理的分解性的准确说明,是一种经常运用的口语表达方式。当我们对有些事物的性质、状态、功能等不太清楚时,当我们对一些事理的奥妙、变化、规律不太了解时,清楚明了的解说就非常必要了。练习解说,有利于培养我们细致的观察能力和准确的口语表达能力。

二、解说的种类及其要求

1. 解说的种类

解说从详略、规模划分,有简约性解说与阐明性解说;从语言风格上划分,有平实性解说、形象性解说与谐趣性解说。

（1）简约性解说。简约性解说是指用比较凝练、概括的话说明事物、解释事理。删繁就简，有利于快速抓住事物的关键、提高沟通效率。举例：

公司是一种组织，一种制度，一种文化。公司是一种生存方式，也是一种生活方式，在不同的国家，它呈现出不同的面貌，引领了各具特色的发展道路。

（2）阐明性解说。阐明性解说是对一个事物、一种见解做比较详细的分析或说明，可以使用做分解、举例子、将特征、做比较、打比方等方法，把难懂的道理说得通俗易懂。举例：

如果每个联网装置都是一个小点，那么联网系统就像是把一个个小点连接起来的蜘蛛网。联网系统一旦成型，像在房间灯光和我们的心情之间建立"联结"，让它们随着我们的意愿变化颜色，或者是自动开关智能灯等，这些都是轻而易举的事。

（3）平实性解说。平实性解说在表达上最大的特点是极少修饰，用平实的、朴素的生活化口语直截了当地把事物事理说清楚。这种解说形式不利于调动人们的听觉兴趣，但会使人觉得可靠实在，值得信赖。举例：

摄像机在 2015 年将更为风靡，现在通过网络安放摄像机来时刻保护自己的财产的方式已经非常普遍了，而且遥控摄像头的成本也越来越低，很多人已经尝试在别的地方通过电脑或者手机、移动设备等方式监控自己的住所。

（4）形象性解说。叶圣陶先生说"解说并不一定要板着面孔说"，他主张运用形象化的表述方式。形象性解说可以运用比喻、拟人、描摹等修辞方法，使解说更加具体、生动、感人。

形象性解说可以分为静态解说和动态解说两种。静态解说，要注意空间顺序和位置，讲清形态、方位和结构；动态解说要注意时间的顺序，即在不同时间中事物存在的不同状态。体育解说就是典型的动态解说。此外，还有制作过程、事物变迁、发展历程等，解说时一定要把时间推移的层次交代清楚。解说过程中注入的感情要符合受众的价值取向，含蓄一些，不宜过分夸张。举例：

① 地球内部构造就像我们吃的鸡蛋，由三部分组成。表面是地壳，相当于鸡蛋壳儿；中间是地幔，相当于鸡蛋清；最里面是地核，相当于鸡蛋黄。

② 现在是第三局，场上比分是 4 比 2，中国队领先。现在梁艳发球，梁艳发勾手飘球，美国队打过来，单人拦网，好球，太漂亮了！美国队一传到位，排球比赛一传到位威胁很大，一传到位可以马上组织进攻。中国队预料到了，双人拦住了，5 比 2……

（5）谐趣性解说。谐趣性解说是使解说蒙上一层诙谐幽默的色彩，更有吸引力，但把事情说清楚是重点，不要把重点误转移到"谐趣"上去。可以运用欲褒虚贬、欲贬虚褒、大词小用等方法。举例：

西湖景区水域面积为 6.5 平方公里，平均水深 1.55 米，最深处为 2.27 米左右，最浅处不足 1 米。所以很多游客来到西湖景区都会问可不可以到湖里游泳。我说可以，但你要改姓了，改姓"沉"，不是耳朵陈，是沉船的沉。男士叫"沉到底"先生，女士叫"沉到底"小姐。因为西湖景区淤泥较深，所以每年三月杭州市政府都会用吸泥船来清理湖中淤泥。

2. 解说的要求

解说是自己理解后再说给别人听的服务性言语行为。自己理解了却故意说偏了，那不是解说，是"忽悠"他人；自己不理解却胡乱解说，是不负责任地妄言。因此，我们必须强

调,解说的原则是"诚信为本"。具体来说有以下三点:

一是真实性原则。必须真实正确地反映客观事物,不要添枝加叶,随意夸饰,胡乱编造,不要过多地注入自己的主观情感。

二是科学性原则。表述要条理清晰有逻辑性,要客观公正,符合事物事理固有的规律和规则,同时又要兼顾人们认识事物的习惯,找到最佳契合点。

三是准确性原则。用语必须力求准确易懂,遣词造句讲究分寸,主观情绪的介入必须控制适度,以达到正确地反映客观事物的目的。

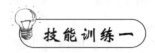 技能训练一

阐明性解说训练

可以通过生活常识的介绍了解生活规律性知识。阐明性解说在工作和生活中是常见的解说方式,我们可以通过分解、举例或者比较的方法,对事物或事理进行解说。

训练目标

通过阐明性解说的训练,学会对事物或事理进行分析、判断、演绎或者归纳,从而得出令人信服的结论。

训练要领

解说应该从三个层面展开,我们可以称之为"三么"式:

1. 讲清"是什么"。比如介绍一个人物、一种现象、一个场面,传递某种信息等。

2. 讲清"为什么"。例如介绍一种原理,揭示一种规律,说清一个道理,分析某个现象出现的原因等。

3. 讲清"怎么做"。例如讲清一个解决问题的方法,说明一个程序性的操作过程,包括注意事项等。

在解说时,这三个层面不是孤立的,它们常常互相组合、渗透,有时各有侧重,要根据语境的需要确定解说的重点。

课堂训练

根据下列给出的一则阐明性解说材料做阐明性解说训练,注意分解、举例和比较方法的运用。

减肥的重要性和方法

人逐渐发胖的原因,主要是进食过多而消耗过少。食物的热能单位是卡路里,如饮食量多于生命活动的新陈代谢或多于运动、日常活动经氧化所消耗的能量,卡路里就会积累于体内,转化为多余的体重。摄入 3 500 卡路里相当于增加一磅体重,适度减少进食并选择适当的菜肴是必要的。在菜肴中,含卡路里最多的是猪肉、牛肉和羊肉,相对较低的是鱼和禽类,当然蔬菜类就更低了。此外,要注意运动,包括家务劳动,可以增加卡路里的消耗;

每1小时	消耗卡路里	每1小时	消耗卡路里
走1公里	275	打乒乓球	500
站立	46	擦地板	150
骑自行车	410	游泳	550
慢跑	655	爬楼梯	1 100

训练评价

1. 你(或他)是否运用了"三么"式结构。

2. 你(或他)运用分解、举例和比较方法是否恰当。

3. 你是否能观察到自己或者别人的与众不同,及时修正自己或提醒他人。

➤ 可扫描本项目二维码进行拓展练习。

技能训练二

形象性解说训练

古人云:"能博喻然后为师"。用比喻说明事物,可以以浅喻深,化深为浅;以简喻繁,化繁为简;以熟喻生,化生为熟。如一位老师在提醒大家认真听课时说:"这一章节比较难学,要认真听讲,不可大意。知识就像一根链条,中间只要有一节脱落,知识的链条就全断了。"教师用"链条"比喻科学知识的连贯性、系统性,言简意赅,能引起学生的重视。

训练目标

通过形象性解说训练,学会运用比喻、拟人、夸张等手法进行解说,使口语表达更加具体、生动、感人。

训练要领

形象性解说比较注重口语修辞,应该从以下三个方面加强口语表达技巧:

1. 口齿必须清晰。"语清义自明",口语解说特别是形象性解说的信息密集,吐字不能拖泥带水,必须字字清晰,声声入耳,让人一听就明白。同时,语气亲切实在,语调自然活泼明快,抑扬顿挫分明,让人听起来不觉得吃力。

2. 注意重音和停连。要把问题说清楚,一要突出重音,主要是区分性重音、强调性重音、提示性重音和逻辑重音,将这些表达事物性状的修饰部分作为重音,可以使人们的感知更加准确、更加深刻。

3. 把握解说节奏。解说口语一般不宜说得过快,当然也不能太慢。说得过快,超越了人们理解的速度,别人就容易听不清、听不懂,也就谈不上形象生动了;说得过慢,别人听了就会昏昏欲睡。解说的语速节奏,要契合人们理解信息的速率。

课堂训练

请模仿下列两则美景导游解说做形象性解说练习。

在苏州石公山上：朋友们，我们已经来到仙山妙境，请大家看，背后是蜿蜒葱绿的丛林，前面是广阔的太湖，青山绕着湖水，湖水托着青山，山石伸进了湖面，湖面咬着山石，头上有山、脚下有水，真是天外有天，山外有山，岛中有岛，湖中有湖，山如青螺伏水，水似碧海浮动……

在苏州城城外：苏州城内园林美，城外青山有雅趣。一座座山头活脱脱像一头猛兽，灵岩山像伏地的大象，天平山像金钱豹，金山像条卧龙，虎丘山犹如蹲伏的猛狮，那也是苏州一景，名叫"狮子回头望虎丘"……

训练评价

1. 你（或他）的解说是否形象生动。
2. 你（或他）的语言的重音和节奏是否妥当。
3. 你是否能够感觉到自己就像一名活泼的导游。
4. 你是否能观察到自己或者别人的与众不同，及时修正自己或提醒他人。

➤ 可扫描本项目二维码进行拓展练习。

 技能训练三

谐趣性解说训练

谐趣性解说可以启发思维，如果一名教师能使枯燥乏味的分析说理变成一个让学生愉快接受的过程，引起他们的心理共鸣，他（她）将是一名播撒快乐的智慧高手。

训练目标

运用幽默风趣的解说技巧使我们的口语表达更加形象生动，富有诙谐和趣味性。

训练要领

首先自己要理解透彻，积累丰厚，还要练就宽松豁达的表达心理，只有这样选词用句才有可能俏皮有趣。

课堂训练

请仿说下列谐趣性解说。

刘元元：中国科学家发明小太阳

今年冷得早，不久前的夏天还令人畏惧的太阳，忽然就变成了香饽饽，可惜太阳只有一个，还总被云遮挡、大风吹去……有报道说，中国科学家成功发明人造太阳，目前正在安徽组装。以后天冷也不用怕了，应该是件让人高兴的事情。可是马上有人担心了，说一年四季变成一年一季，多别扭啊，《大约在冬季》那首好听的歌也没法唱了，况且到了晚上太

阳下山了,可人造太阳还挂在天上,夜如白昼,那怎么睡得着啊? 有人说,咱们既然有能力把人造太阳挂在天上,还没能力给它装个开关吗? 到晚上就关上呗。可太阳那么高,开关塞哪儿啊? 又有人说,真傻,用遥控器不就得了——真是越说越神了。我们一打听,所谓人造太阳其实就是一个热聚变实验装置,就算相当于一种使用清洁能源的大空调,并不是真的要把一个太阳挂在天上……

训练评价

1. 你(或他)做到绘声绘色地解说了吗?
2. 你是否能够感觉到自己语言的生动性。
3. 你是否能观察到自己或者别人的与众不同,及时修正自己或提醒他人。

拓展练习

请选取下列谐趣性话题进行谐趣性解说练习。
(1) 失去地球引力,如生活在太空中,会遇到什么趣事?
(2) 以"趣说自己"为题,做3分钟解说练习。

任务 14   评述训练

王老师在讲授《与时间赛跑》这一课时引导学生总结并做了最后的评述:

学生齐读了课文的最后一段话。

王老师:同学们,学习完《与时间赛跑》这篇文章,你们有什么感想和体会? 请大家分组讨论之后,派一位代表告诉大家你们的结论。

同学们开始讨论。

王老师:好了,下面哪一组同学先说?

学生甲:这篇课文告诉我们,首先我们要学会抓紧时间,不要浪费时间。其次,我们要勇于挑战自我,不断向自己发出挑战。

王老师:嗯,非常好。还有要补充的吗?

学生乙:要好好学习,快点完成作业。

王老师:这个想法也很好。还有别的小组要发言吗?

学生丙:这篇课文告诉我们,要珍惜当下,过好每一天。同时,我们也要关爱自己的家人,不要等到失去了才知道珍惜。

王老师评述:你们说得都很对,时间就是生命,珍惜眼前,不浪费时间,热爱生活,就是这篇文章想要告诉我们的道理。当然,能够延伸出关爱家人,注重家庭意识,也是很好的想法。一千个人心目中有一千个哈姆雷特,学习一篇课文后品味出不同的感悟也是咱们小组讨论的目的之一,大家做得都非常好。

王老师用了哪些评述的话语? 教师的评述有什么作用?

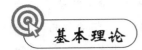

基本理论

一、评述的概念和意义

评述是对客观事物、事件、事理发表自己的见解的表达方式。"评"和"述"属两个紧密相连的概念,述其事,议其理,有"评"有"述",二者相辅相成。课堂评述是帮助学生提高认识、推动教学目标的实现的重要手段。

二、评述的种类及其要求

从评述准备角度看,评述有即兴评述和文字评述之分;从对象上来看,评述有教师独白、学生述教师评、教师述学生评以及师生共述共评等方式;从构成方式来看,又有先述后评、先评后述、边评边述等。

1. 即兴评述与文字评述的区别

即兴评述与文字评述相比有许多相通的地方,但也存在一定的差别。

(1)即兴评述更重视现实语境的依附和制约,它应根据语境做应变性调整和变动,有时可以先声夺人,将观点和盘托出,而对于眼前出现的或共知的可感事实,不做重复性叙述。话语集中于"评",在课堂上,有时"评"往往是学生的众说纷纭,而老师的评语只是一种参与或归并加工。

(2)即兴评述的语段构成方式,不一定如评论文章那么严整,那么讲究章法。其结构比较简单:有时因小见大,由表及里,由此及彼;有时"述"而不"评"或少"评",这叫以述代评,即通过讲述的倾向性渗透自己的观点和态度,"评"的意思尽在言外;有时观点多次出现,反复强调以"晓以利害";有时"述"后即"评",有时先"评"后"述";有时详"述"简"评",有时详"评"简"述";有时"述"中有"评",有时"评"中有"述";有时可以"终止判断",舍不尽之意在言外……这些都可即兴成篇。

(3)即兴评述作为一种口语表达方式,注重通过口语修辞手段增强评述效果。即兴评述一般用谈话语体说话,以诚相见,注重交流。即兴评述在表明无可置疑的观点时,语气可以确定些;有时也可以用商榷的语气提出自己的看法,酿造探究的氛围;有时义正词严,语速较快;有时语速缓慢,显得委婉从容;叙述事实,可以适度运用白描、点染将所评述事实呈现出来,调动参与评论的兴趣;有时说话人气势贯通的表述,显得坦率并带有论证的色彩;有时评述不偏不倚;有时可以舍弃客观,注入较多的感情因素,使观点更加鲜明……

即兴评述的成功与否,不仅取决于评述的语境,也取决于评述者个人的综合素质和认知水平,以及对这种即兴言语表达方式的规律和技巧的熟知与掌握程度,而真正的较量则是评述者思辨能力和内涵修养的较量。从外在语言表达的角度来看,即兴评述展现的是评述者快速思维和组织语言的能力,以及临场不慌的心理素质。从内在思维的组织上看,即兴评述则是评述者几种个性能力的综合体现,即判断能力、逻辑思维能力和观点创新能力。

2. 评述的要求

"评"和"述"的关系我们可以这样理解:

（1）述是手段，评是目的。评述的归宿是表达对特定事物的见解，所以在多数情况下不可本末倒置，重"述"轻"评"。

（2）述有选择，评有针对。这是说不必面面俱到地叙述事实，"述"要有所取舍，"述"要为"评"服务，"评"要注意针对"述"的内容。

（3）述要具体，评有分寸。这是说不要过于抽象地"述"，最好具体可感，而"评"必须用语谨慎，逻辑合理，把握分寸。

（4）评述一致，评述相关。这是说"评"和"述"是不可分割的整体，观点和材料高度统一，切忌南辕北辙，"述""评"分离。

下列示例是老师在课堂上请同学就一则新闻发表自己的看法，学生讲述后，老师来点评。

如何看待 17 岁高中生因为与母亲争执而跳桥的事件

学生甲：男生太冲动了，因为一时的口角就丢掉了自己的生命。

学生乙：家长有时候也需要注意态度，不要对孩子太苛刻。

教　师：你们说得都很对，"叛逆期"这个词不是空穴来风，这个时间段，孩子的学业压力逐渐加大，自身认识感知还不成熟，再加上荷尔蒙的生理作用，有时候确实能做出一些不能理解的事情。特别是独生子女，过多爱护，导致了他们以自我为中心的思考方式比起有兄弟姐妹的要严重得多，以至于跳得那么果断，没有想过自己去世后父母的感受。一个家庭将孩子养到 17 岁，是要付出多大的辛勤和关爱，实乃悲剧！我觉得家长的梳理指导尤为重要，这个阶段的父母就是孩子的一切，如果父母一味地反对孩子，孩子真的很容易怀疑人生，轻者抑郁影响以后的生活，重者容易导致悲剧的发生。另外，同学们也要学会自我调节，生命只有一次，我们一定要珍惜生命，无论遇到什么困难与挫折，都是可以在朋友老师以及家人的帮助下度过的，在做出极端决定之前一定要三思。

教师在评述时，"述"的语速可以稍快，并说得生动活泼以调动对"评"的兴趣；"评"则可以语调更显朴实，用具有个人色彩的评述方式使自己所持观点的倾向性更为明显。

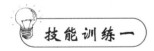 技能训练一

评述有序训练

先述后评，先评后述。先述后评和先评后述是带有论证色彩的评述方式，在即兴评述中，它们以感人的叙述和逻辑的力量给人以启迪。

训练目标

通过先述后评和先评后述的训练，学会对事物或事理分前后进行具有论证色彩的评述，从而提高自己的语言表述能力和逻辑思维能力。

训练要领

1. 先述后评是先将需要评论的内容做复述、描述和解说，然后进行议论。其构成方式一般是述与评相对集中，分成两个部分，述在前评在后，分量大致相等，评述的终结是使

人们对一个问题从感性认识提高到理性的认识。当然,述作为评的依据应有所选择和侧重,评则应条理清晰,公允准确,避免以偏概全。

2. 先评后述与先述后评相反,事先提出见解并略做分析,然后通过叙述事实证明自己观点的正确性。从如此表达的动因来看,将评放在前面是为了强调观点,先声夺人引起注意,在这类即兴语段中,材料的引述应多用概述少用描述,并将材料做点面结合的系列铺陈,以避免孤证之嫌。

3. 语言通俗,语态亲和。评述者应当联系自己所熟悉的生活环境,入情入理,以平等的心态、商榷交流方式,增强个人的亲和力。语言应是口语化的表达,简明通俗,容易入脑入耳入心,也有助于听众的理解和消化。语言表达流畅准确,评论语言要干净,有时语言要轻松幽默,举重若轻,用事实讲道理,贴近听众,还要根据语境的需要确定自己的重点。

课堂训练

根据给出的下列先述后评的评述材料做评述训练,注意语言技巧的运用。

我的老师马季

马季老师的思维非常活跃,语言也来得非常之快。有一次我们几个一起去马老师的家里聊天,其中一个小伙子进厨房去给我们打水,刚进厨房就听到"咚,哗啦,啪!"这时马季老师说:"哎,逮着了没有哇?"这一下子,我们全都乐了,好像他不是去打水的,是去抓耗子、去抓猫、去抓狗似的,马老师用一句话一下子把年轻人的性格特点活灵活现地勾画了出来。我们问:"马老师,您怎么想到问'你逮着没有'?"马老师说:"这就是思维的跳跃,它本身毛手毛脚把东西碰翻了,这应该是情理之中的事情。说'逮着了没有',好像是逮老鼠、逮猫、逮狗似的,这又是意料之外的事情,但这个意外之外,又在他性格情理之中,所以大家一听就哄堂大笑。"

哎呀,这就是笑的规律啊,笑的规律就在生活之中,我们必须做生活的有心人,才能把它掌握住,我想这就是我的老师要教给我们的吧。

这段评述先讲述了马季与徒弟之间的一个倒水的小故事,然后有感而发地说明"笑的规律",语言质朴亲切,不乏轻松幽默。

训练评价

1. 你(或他)是否掌握了先述后评的评述方法。
2. 你(或他)的评述语言是否做到了亲切自然以及表述的口语化。
3. 你是否能观察到自己或者别人的与众不同,及时修正自己或提醒他人。

➤ 可扫描本项目二维码进行拓展练习。

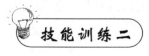

技能训练二

评述融合训练

述中有评、评中有述的训练。述中有评、评中有述,是边述边评的评述方式。这类即兴评述将"评"与"述"统一于水乳交融的整体之中,无拘无束地且说且平。随时插入重笔浓墨的详评,也可以随意来几句"点而不破"的"浅评"。"述中有评、评中有述"是受人们欢迎的即兴评述方式。它舍弃大段的令人乏味的叙述和议论,将感性的讲述与理性的分析相互交织,容易引起共鸣。

训练目标

通过述中有评、评中有述的训练,学会对事物或事理进行融合式论证的评述,从而提高自己的语言表述能力和评判能力。

训练要领

1. 述中有评、评中有述,要"述"与"评"水乳交融。由于对"述"的内容有深切丰富的感受,有新颖独到的见解,就会有"了然于心,不吐不快"的评述欲望,因此,"述"与"评"一定是相吻合的。

2. 角度新颖,彰显个性。评述者选择和处理评述材料的着眼点,以及进入思维、表达进程的出发点一定要准确、有新意。要由概括到具体,由现象触及本质,使人们对事物有全面、准确、深刻的认识。因此,评述者要有"角度意识",创新思维,从而使评述发挥出应有的逻辑力量和说服效果。

课堂训练

请扫描本项目二维码评述《白岩松评中国队 6∶1 胜越南队》,该材料述中有评、评中有述,注意其评述角度技巧的运用。

训练评价

1. 你(或他)是否掌握了述中有评、评中有述的评述方法。
2. 你(或他)的评述语言是否做到了表述的口语化。
3. 你是否能观察到自己或者别人的与众不同,及时修正自己或提醒他人。

拓展练习

请以下列素材进行"述中有评、评中有述"的评述练习。

你说春节多放鞭炮才热闹,大街小巷都噼里啪啦地放起来才显得红火……好,我来讲几件事情给你听……

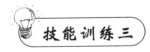

技能训练三

评述详略训练

详述简评、详评简述训练。详述简评是以叙述为主的评述方式,只在开头或者结尾略做评说,但是"述"的目的性、针对性越明确,"述"的质量越高,观点就越鲜明。因此,"述"的取舍尤其重要,它将评述者的观点隐含其中,而在叙述结束时,见解烘云托月显现,观点提出已成水到渠成之势。

详评简述是指在一个相对完整的语段中,"评"的比重比较大,减少"述"的比例,一般是因为"述"的内容,在当前社会语境中已是人所共知的事情,或者不便于做全面的叙述,这样,这种评述就是以"评"为主线,对客观事物进行全面、集中、深入的评论。

训练目标

通过详述简评、详评简述的训练,学会对事物或事理进行融合式繁简设定的评述,从而提高自己语言表述的精准性,不冗余。

训练要领

集中评论时,观点提炼尤为重要,可以从不同的角度得出多个复合材料内容的观点:

1. 同中求异。从相同点出发,提炼观点可能缺乏深度,我们可以从相同的材料中寻求它们之间的不同点,深入挖掘得出有分量的结论。

2. 异中求同。不同的事物有时是形异而质同的,因此,对于多项材料可以进行分析比较,寻找材料间的共同点,从共同点入手提炼观点。

3. 异种辨异。有些相异的材料,它们之间有明显的分歧点,可以找出分歧点,从它们的分歧点处入手提炼观点。

4. 互补叠加。有些材料性质是同一的,但各自并不全面,可以互为补充,将它们叠加起来,提炼出正确的观点。

课堂训练

请仿说下列"述中有评"的评述案例。

一个曾被讥讽的诺贝尔奖获得者

英国的谢灵顿是一位曾荣获诺贝尔奖的科学家。他出生在伦敦的贫民窟里,后来成为被人收养的孤儿。少年时代,他沾染了许多坏习气,人们说他"不是好种,长不成材",以致他对别人的侮辱、嘲弄习以为常。有一段时间,谢灵顿对一个挤奶女工产生爱慕之情。他向她求爱,女工说:"我宁愿跳进泰晤士河淹死,也不会嫁给你!"这一闷棍,把谢灵顿从荒唐的自暴自弃中打醒了。从此,他一改恶习,发奋攻读,用行动彻底改变人们对他的看法。他的学问与日俱增,后来在研究中枢神经学方面做出了重大贡献,成为牛津大学教授,成为载入史册的伟大科学家。这说明看人得辩证地看,再落后的人身上总有些美好的地方,我们要善于发现它、点燃它,它同样会放出绚丽的光彩。

训练评价

1. 你(或他)能否述中有评地说好这段评述。
2. 你(或他)的语言是否做到生动与理性相结合。
3. 你是否能观察到自己或者别人的与众不同,及时修正自己或提醒他人。

➤ 可扫描本项目二维码进行拓展练习。

项目四
演讲训练

微信扫码获取

微课视频
实训表及演讲案例

随着社会生活的发展,演讲这种口头交际形式在学习、工作和生活中出现的频率越来越高:国旗下的讲话、典礼上的发言、某项活动的开场白、比赛中的主题演讲……精彩的演讲不仅能展示演讲者良好的思维能力和口头表达能力,也能让听众在知识上、情感上有所收获。

 **思维导图**

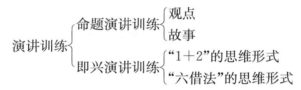

演讲训练
- 命题演讲训练
  - 观点
  - 故事
- 即兴演讲训练
  - "1+2"的思维形式
  - "六借法"的思维形式

任务 15　命题演讲训练

国庆节前,很多学校会组织爱国主题演讲,你知道怎么准备吗?

大会上发言,你知道怎么说才让自己的观点、情感更能吸引听众吗?

新学期第一次上台介绍自己,你知道怎么说才会让同学们喜欢你吗?

这些问题都与命题演讲的技能相关。命题演讲就是事先给了题目,按题目做好了准备而进行的演讲,同学们只要理解了演讲的特点、掌握了命题演讲的技巧,完成一次精彩的演讲一点儿也不难。

 **基本理论**

一、演讲的含义及特性

什么是演讲呢? 演讲就是演讲者运用声音和态势的技巧,面向广大听众,针对某一问题或者围绕某个中心,发表观点、抒发情感,从而影响和感召听众的口语表达形式。

演讲具有三个特性:

第一,要有观点,演讲的核心是演讲者的思想与情感,越是新颖的、言之成理的观点,越吸引听众。第二,演讲要"演",演讲者的声音、表情、手势、动作、着装等都要与演讲内容、情感保持一致。第三,演讲的"讲",是讲给听众听的,不是写成文稿让大众看的,所以一定要浅显易懂,不要过多地使用专业术语,不要空讲理论。

二、命题演讲的定义

根据《现代汉语大词典》的解释,"命题"就是"出题目",因而"命题演讲"就是演讲者在他人拟定的题目或范围内,经过一定时间的准备所进行的演讲。由于准备的时间比较充足,演讲者可以反复修改演讲内容,以达到最佳效果。

三、命题演讲的模式

美国的著名演讲家理查德曾概括出了"演讲精选模式":

——喂,请注意!(开头就激起听众的注意)

——为什么要费口舌?(强调指出听演讲的重要性)

——举例子。(形象地将一个个论点印入听众脑海里)

——怎么办?(具体地讲清大家该做什么或怎么做)

这个模式包含四个要素:

(1)一种现象,听众比较熟悉、容易理解的现象;

(2)一个观点,观点与之前提到的现象有关联,它越新颖、越奇特,就越能吸引听众;

(3)一个或几个故事,这些故事可以证明上面的观点,其实就是观点的论据;

(4)一些做法,这些具体做法能够将上面的论点变成现实。

【示例】

寒门贵子(刘媛媛)

在这个演讲开始之前,我先问问现场的大家一个问题,你们当中有谁觉得自己是家境普通,甚至出身贫寒,将来想要出人头地只能靠自己?你们当中又有谁觉得自己是有钱人家的小孩儿,起码在奋斗的时候可以从父母那里得到一点助力?

前些日子,有一个在银行工作了十年的 HR(人力资源管理师),他在网络上发了一篇帖子,叫作《寒门再难出贵子》。意思是说在当下,我们这个社会里面,寒门的小孩儿他想要出人头地,想要成功,比我们父辈的那一代更难了。这个帖子引起了特别广泛的讨论,你们觉得这句话有道理吗?

先拿我自己说,我就是出身寒门的,我现在想想我都不知道,当初我爸妈是怎么样把三个孩子,我跟我两个哥,从农村供出来上大学,上研究生的。我一直都觉得自己特别幸运,我爸跟我妈都没怎么读过书,我妈连小学一年级都没上过,她居然觉得读书很重要,她吃再多的苦,也要让我们三个孩子上大学。

我一直也不会拿自己跟那些,比如家庭富裕的小孩儿去做计较,我不会说我们之间会有什么不同,或者有什么不平等,但是我们必须要承认这个世界是有一些不平等的,他们有很多优越的条件,我们都没有,他们有很多的捷径我们也没有。可是我们不能抱怨,每一个人的人生都是不尽相同的,有些人出生就含着金钥匙,有些人出生连爸妈都没有。

人生和人生是没有可比性的,我们的人生是怎么样,完全取决于自己的感受。你一辈子都在感受抱怨,那你的一生就是抱怨的一生;你一辈子都在感受感动,那你的一生就是感动的一生;你一辈子都立志于改变这个社会,那你的一生就是一个斗士的一生。

英国有一部纪录片,叫作《人生七年》,片中访问了十二个来自不同阶层的七岁小孩儿,每七年再去重新访问这些小孩儿,到了影片的最后就发现,富人的孩子还是富人,穷人的孩子还是穷人,但是里面有一个叫尼克的贫穷的小孩儿,他到最后通过自己的奋斗变成了一名大学教授,可见命运的手掌里面是有漏网之鱼的。而且,现实生活中寒门子弟逆袭的例子更是数不胜数。

所以当我们遭受失败的时候,我们不能把所有的原因都归结到出生上去,更不能抱怨自己的父母为什么不如别人的父母,因为家境不好,并没有斩断一个人成功的所有可能。

当我在人生中遇到很大的困难时,我就会在北京的大街上走一走,看着人来人往,而那时候我就想,刘媛媛,你在这个城市里面真的是一无所依,你有的只是你自己。你什么都没有,你现在能做的就是单枪匹马,在这个社会上杀出一条路来。

这段演讲到现在已经是最后一次了,其实在刚刚我问的时候就发现了,我们大部分人都不是出身豪门的,我们都要靠自己,所以你要相信,命运给你一个比别人低的起点,是想告诉你,让你用你的一生去奋斗出一个绝地反击的故事。

这个故事关于独立,关于梦想,关于勇气,关于坚忍,它不是一个水到渠成的童话,没有一点人间疾苦。这个故事是有志者事竟成、破釜沉舟、百二秦关终属楚,这个故事是苦心人天不负、卧薪尝胆、三千越甲可吞吴。

谢谢大家!

评析:《寒门贵子》这篇演讲稿几乎复制了"演讲精选模式",从现象、观点到故事、做法,层层深入、打动人心。《寒门贵子》的核心是两个故事:演讲者自己的经历、英国纪录片《人生七年》的内容以及由此产生的观点——寒门也可以出贵子。可见,命题演讲的核心要素就是两个:观点和故事,当然,故事必须能够证明观点,观点必须是从故事中提炼出来的。

四、命题演讲的要素

1. 观点

人们对于日常生活中的现象和事件往往有自己的看法,比如从青少年的言行举止判断他的素养、从阅兵式的规模看到国家的发展状况,这就是"透过现象看本质"。演讲者需要具备这种归纳概括能力,如果能做到迅速从现象和事件中提炼出观点,演讲就成功了一半。

【示例】　有个叫彼德的人,去河边淘金,辛苦了几个月也没任何收获,连吃饭的钱都没有了。他决定离开河边另寻出路。他离开的时候看到大雨过后的地上长出了一层绿茸茸的小草,于是决定留下来,种花并卖给镇上的富人们,这样在五年之后,他居然成了百万富翁。

评析：显然,这是个关于成功的故事,那么彼德成功的关键是什么呢?

至少有这样两个因素:第一,成功在于懂得放弃,放弃不合适的道路、找到适合自己的道路;第二,成功在于具有专长,即使是很不起眼的例如种花这样的专长。

那么,把彼德的故事和他成功的原因相加,就是一篇关于成功的演讲稿了。

2. 故事

演讲是一种口语交际形式,听众是靠"听"而不是"读"来理解演讲内容的,因而演讲内容必须生动形象。一般来说,最能吸引听众的莫过于故事,不过演讲中的故事一定要为演讲主题服务,就像议论文中的事例,一定要能证明论点。

【示例】 有一个演讲活动的主题是"成功的奥秘",什么样的故事适合用来演讲呢?

评析：显然,这个故事必须具备两个特性:第一,故事中的主人公是个成功者,哪怕他(她)只是做成了自己难以做到的事情;第二,故事讲述了主人公成功的过程。

结合上面的示例,"成功的秘诀在于及时放弃"这个观点加上彼德的故事,就是一篇合格的演讲稿了。

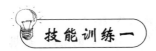

从材料中提取观点的训练

训练目标

阅读一个故事之后,归纳、概括出观点,尽可能多地从一个故事归纳、概括出多个观点,训练思维的广度。

训练要领

1. 故事要通俗易懂。
2. 故事与观点要形成对应关系。
3. 语言表达要有条理、有层次。

课堂训练

阅读《陶行知的四块糖果》,归纳出教育的秘诀,看谁说的秘诀多。

陶行知的四块糖果

育才小学校长陶行知在校园看到学生王友用泥块砸自己班上的同学,陶行知当即喝止了他,并令他放学后到校长室去。无疑,陶行知是要好好教育这个"顽皮"的学生。那么他是如何教育的呢?

放学后,陶行知来到校长室,王友已经等在门口准备挨训了。可一见面,陶行知却掏出一块糖果送给王友,并说:"这是奖给你的,因为你按时来到这里,而我却迟到了。"王友惊疑地接过糖果。

随后,陶行知又掏出一块糖果放到他手里,说:"这第二块糖果也是奖给你的,因为当我不让你再打人时,你立即就住手了,这说明你很尊敬我,我应该奖你。"王友更惊疑了,他眼睛睁得大大的。

陶行知又掏出第三块糖果塞到王友手里,说:"我调查过了,你用泥块砸郑些男生,是因为他们不守游戏规则,欺负女生;你砸他们,说明你很正直善良,且有批评不良行为的勇气,应该奖励你啊!"王友感动极了,他流着泪后悔地喊道:"陶……陶校长,你打我两下吧!我砸的不是坏人,而是自己的同学啊……"

陶行知满意地笑了,他随即掏出第四块糖果递给王友,说:"为你正确地认识错误,我再奖给你一块糖果,只可惜我只有这一块糖果了。我的糖果没有了,我看我们的谈话也该结束了吧!"说完,就走出了校长室。

训练评价

1. 你(或他)是否能独立思考,清晰地说出一个教育的秘诀。
2. 你是否能够有条理、有层次地表达。

拓展练习

1. 读了《一分钟》这篇文章,你觉得青年人明白了什么道理?
2. 你能为这个道理再找到其他的论据(事例)吗?

一分钟

著名教育家班杰明曾经接到一个青年人的求救电话,并与那个向往成功、渴望指点的青年人约好了见面的时间和地点。

待那个青年如约而至时,班杰明的房门敞开着,眼前的景象却令青年人颇感意外——班杰明的房间里乱七八糟、狼藉一片。

没等青年人开口,班杰明就招呼道:"你看这房间,太不整洁了,请你在门外等候一分钟,我收拾一下,你再进来吧。"一边说着,班杰明就轻轻地关上了房门。

不到一分钟的时间,班杰明就又打开了房门并热情地把青年人让进客厅。这时,青年人的眼前展现出另一番景象——房间内的一切已变得井然有序,而且有两杯刚刚倒好的红酒,在淡淡的香水气息里还漾着微波。

可是,没有等青年人把满腹的有关人生和事业的疑难问题向班杰明讲出来,班杰明就非常客气地说道:"干杯。你可以走了。"

青年人手持酒杯一下了愣住了,既尴尬又非常遗憾地说:"可是,我……我还没向您请教呢……"

"这些……难道还不够吗?"班杰明一边微笑着,一边扫视着自己的房间,轻言细语地说,"你进来又有一分钟了。"

"一分钟……一分钟……"青年人若有所思地说:"我懂了,您让我明白了一分钟的时间可以做许多事情,可以改变许多事情的深刻道理。"

班杰明舒心地笑了。青年人把杯里的红酒一饮而尽,向班杰明连连道谢后,开心地走了。

其实,只要把握好生命的每一分钟,也就把握了理想的人生。

【练习提示】 1. 青年人明白了"一分钟可以做许多事情""要珍惜每一点时间"的道理。

2. 关于"要珍惜每一点时间"的论证事例:

A. 运动员一分钟可以跑几百米、速记员一分钟可以打几百个字、包馄饨的师傅一分钟可以包出几十个馄饨,每一分钟都能创造出不小的价值。

B. 人生是由有限的时间构成的,一天是 24 * 60＝1 440 分钟,一个月是 43 200 分钟,浪费了一分钟就是浪费了一部分的生命。

 **技能训练二**

依据观点选择故事的训练

训练目标

阅读多个故事之后,选择最能证明观点的故事,并能说出选择的理由。

训练要领

1. 故事与观点要形成对应关系。

2. 语言表达要简洁、有条理。

课堂训练

你要进行"成功的秘诀在于及时放弃"的演讲,你会选择以下哪个故事作为演讲的主体? 为什么?

[马云的故事] 马云从一所师范院校的英语专业毕业后,开办了一个英语培训学校,想要成为新东方那样的知名培训机构,但他努力了五年却发现成功的希望依然很渺茫,于是他毅然关闭了学校,投身于当时很冷门的互联网服务业。

[华佗的故事] 华佗善于救治疑难病人的名声越来越大,引起了朝廷的注意。朝廷先后两次征召华佗入京为官,一次比一次官大,但华佗都拒绝了,他放弃做官,选择了做一个民间医生。

[米歇尔的选择] 美国国防部副部长米歇尔成为下一任国防部长的有力候选人,就在她的事业如日中天的时候,她却向奥巴马总统提出了辞职申请,理由很简单:我要回家陪孩子。米歇尔放弃了事业,做了一名陪在孩子身边的母亲。

训练评价

1. 你(或他)是否能独立思考,选出最能证明观点的故事。

2. 你是否能够简洁、有条理地表达。

拓展练习

寻找适合"教师的幸福感"这一主题的两个故事并口头叙述出来。

1. 一位特级教师说:教师的职业幸福感是一种感觉,因人而异。同样的环境和同样的待遇,有人会感到幸福,有人则感到不那么幸福。教师的职业幸福感主要来自对教师职业的热爱,这是个前提。只有教师沉浸于其中才能真正地感受到职业的幸福感,同样是登山,一个男人背着包袱,一个女孩背着弟弟,背包袱的会觉得负担很重,小女孩却不累,因为有爱。如果你热爱教师职业,你就不会觉得累而会觉得幸福。教师的职业幸福感还跟教师的人生目标、信念、职业认同感等有很大的关系。

2. 一位青年教师说:教师的幸福是什么?我想不仅仅在于教师是太阳底下最光荣、最高尚的职业,也不仅仅是教师越来越受到全社会的羡慕与尊敬,它更应该是教师在实际工作生活中的那份真实的体验与感觉——这种幸福的体验与感觉可以来自学生的成长与信任。一个成绩落后的学生在你的指导下进步了,一个违纪的学生在你的教导下改正了,由于你的点拨,学生想出了更为简便、快捷的解题方法;由于你的帮助,学生变得积极进取了;由于你的辅导,学生在各种比赛中取得了好成绩……这些无不闪耀着你创造性的智慧火花,在这一切中,你真实而深刻地体验与感受着来自另一个生命所带给你的幸福。

任务 16   即兴演讲训练

很多同学在面临即兴演讲时,都存在不知道讲什么、怎么讲的困扰,从而对即兴演讲心存畏惧。其实,只要用心观察演讲的环境和听众、积极思考演讲的主题,很快就会构思出演讲的内容。即兴演讲有好几种类型,不同的类型可以采用不同的构思方法。

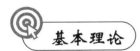

一、即兴演讲的定义

演讲的形式可分为命题演讲、即兴演讲两种,命题演讲是事先给了题目、按题目做好准备而进行的演讲,而演讲者事先没有做准备、临时主动或被要求立即进行的演讲,就是即兴演讲。

二、即兴演讲的类型

即兴演讲常见的三种类型如下:

1. 连词成句,妙语连珠

这种演讲类型通常要求演讲者将三个没有逻辑联系的词语连起来说一段有主题的话,主题可以是一个故事,也可以是一个观点、一个生活场景。

【示例】 某次师范生技能比赛中,现场摆放着一张白纸、一碗水、一颗红心,选手被要求用这三样东西连起来说一段话。一位选手经过短暂的思考之后,开口了:

作为一名师范生,我对我未来的工作充满了向往。每个孩子在我眼里,都是一张白纸,需要我带领他们,在心灵的白纸上画上红色,代表热情;画上绿色,代表和平;画上黄色,代表胜利……不过,我不能只是孩子们心灵的画师,我还得是学生学习知识的引路人。过去人们常说,学生要想有一碗水,教师得有一桶水,我要说,一桶水也满足不了孩子的求知欲望,我要把孩子们带到水的源头去,我要让孩子们知道,知识的河流有多么宽广!唯有在知识上引导学生、在心灵上塑造学生,我才有资格说:我热爱学生、热爱教育事业,我把我的一颗红心,都献给了教育事业!

2. 进入情境,说理抒情

这种演讲类型是通过题目设置某个情境,要求演讲者进行符合情境的主题演讲,主要运用于比赛或面试中。

【示例】 一名考生在面试时被问到这样一个问题:"假设你有个好朋友叫小李,你们俩一起进入一个单位工作,半年之后你升职做了小李的上级,你会怎么跟小李说明你升职的消息?"考生可以这样回答:

小李,告诉你一个好消息,我升职啦!我一直想做一名优秀的管理人员,进了单位以来我加班加点地学习、工作,终于有了回报!也多亏你一直鼓励我、安慰我,这次升职啊军功章有你的一半!不管我俩的职位、级别有什么差别,我们永远是朋友!这次我刚好调到你那个部门工作,以后在工作中还要请你多多帮助我,我们一起把工作做好,我相信你一定会支持我的!

3. 即席讲话,言之有物

这种演讲类型是在特定的活动中,演讲者有所触动临时主动或突然被要求而进行的公开讲话,是即兴演讲中最需要"临场发挥"的一种类型。

【示例】 在某市举办的集体婚礼上,一位前来祝贺的领导发表了这样的即兴演讲:

看到大家即将走进婚姻的殿堂,我想起了日本曾举办的一个很有趣的活动"你猜我猜"。在日本有个公主坟,民间传说那里埋藏着三样东西,可以确保公主结婚后幸福美满。"你猜我猜"的活动就是让大家猜测这三样东西是什么,猜中者可获得1 000万日元的奖金。活动一推出,就有很多人参与,最后获奖者是一名署名"母亲"的参与者。她说,坟墓里埋藏着三样东西,它们对爱情非常有用但对婚姻却非常有害。公主是一位多情浪漫的女子,她从公主变成一个普通百姓的妻子,绝对不是一件轻而易举的事。所以,皇后为了让女儿以后能幸福,就把她的这三样"东西"埋下了:自己家庭的优越感、做公主时的放荡不羁、热恋时的浪漫情怀。自此以后,公主坟变得热闹起来,尤其是那些热恋之后即将步入婚姻殿堂的年轻人,都来拜谢公主坟,帮助他们找到了婚姻幸福的秘诀。新郎新娘们,你们知道婚姻的秘诀了吗?

三、即兴演讲的思维形式

对于上述第一种类型的即兴演讲,可以采用"1+2"的思维形式进行构思,对于第二种、第三种类型的即兴演讲,可以采用"六借法"的思维形式进行构思。

1. "1+2"的思维形式

这种思维形式主要运用于"连词成句,妙语连珠"的演讲类型:先确定一个词语作为演讲的核心,以此为"意核"去联想生活中的现象;然后思考其余两个词语,如何能够紧扣意核继续往下发展,最终形成一段完整的话。

【示例】　在2003年国际大专辩论会上,有一位来自美国哥伦比亚大学的辩手表现出众。颁奖时,主持人请这位美国小伙儿用"茄子、帽子、绿色"三个词语连起来做一个即兴演讲,这位小伙子几乎不假思索地说了这么一段话:

我来到中国以后,发现中国是一个美食天堂,有很多很多好吃的东西。比如油淋茄子,我吃了第一口就被迷住了,真好吃啊!但是我也发现,中国是一个有很多奇特风俗的国家。昨晚我走在街上,看到路灯亮了,绿色的灯光照在人们身上,从头上戴的帽子到脚上穿的鞋子,都在灯光里变成绿色了,非常漂亮。就在这时,我听见旁边一个人惊讶地说:"看啦,那个人戴了一顶绿帽子!"周围的人都笑起来。为什么戴了绿帽子大家都要笑呢?真奇怪!我想我还得好好学习一下中国的习俗,才能真正了解这个美丽的国家!

在刚才这段演讲中,美国小伙儿先把"茄子"作为核心,联想到"中国习俗"这个主题,接着再考虑"帽子""绿色"与"中国习俗"的关系,采用了"1+2"的思维形式。用这种思维形式来思考"钢笔、蜡烛、眼镜"三个词语的即兴演讲,我们可以"蜡烛"为核心,联想到有蜡烛精神的教师,再联想"眼镜""钢笔"与乡村教师的关系,我们可以这样来讲:

在我看来,中国的乡村教师是最值得敬重的教师群体。他们常常从年轻时就扎根在偏远山区,直到因为老眼昏花不得不戴上厚厚的眼镜;他们手中的一支钢笔,看似微不足道,却写出山乡孩子的灿烂前程!他们就像蜡烛,燃烧了自己,照亮了别人!乡村教师啊,山乡孩子感谢你!中国感谢你!

我们也可以这样讲:

这极平常的三样东西,钢笔、蜡烛、眼镜,使我想起一位乡村教师。他至少五十开外,经常手握陈年的蘸水钢笔,架着老花眼镜,在一丝不苟地批改作业。乡村供电不正常,突然灯光灭了,他摸索着找到火柴点亮了蜡烛。在昏暗摇曳的烛光下,他批改到一位大有长进的孩子的作业,欣慰地笑了。啊,烛光是知识之光,照亮了孩子的心田;烛光是生命之光,是人民教师用心血点燃的,人民会永远记住教师的功绩!

2. "六借法"的思维形式

"六借法"指的是借助外在因素进行即兴演讲的构思方法,对于"进入情境,说理抒情""即席讲话,言之有物"这类演讲非常实用,给演讲者提供了思考的方向。具体包括以下六种方法:

(1)借"人"发挥。从现场的人物出发捕捉话题,可以从前面演讲者的话语中引申、发挥,讲出新意,给人启迪;也可以借助主持人、自己、听众开篇。

【示例】　刚才那位演讲者认为,成功与金钱、地位没有直接关系,我很赞同,在我看来,成功距离我们并不遥远。接下来,我将开始我的演讲。

(2)借"物"发挥。借"物"就是借助现场摆放的物品作为切入点进行演讲。

【示例】　请大家看看摆在讲台上的这一盆盆鲜花吧,它们多么漂亮啊!但如果失去土壤、阳光雨露和人们的精心呵护,它们会有怎样的命运呢?它们将过早地枯萎,它们将没有机会绽放。

现在,在我们生活的这个地区,有一些学龄女童,她们聪明、美丽、渴望读书,她们就像这一盆盆花一样可爱,但是贫困使她们失学,她们就像失去肥沃土壤、阳光雨露的花儿一样不能正常地成长……

（3）借"事"发挥。借"事"就是以突发的事件为即兴演讲的由头。

【示例】 大家看，我今天穿了汉服走上讲台，台下也有不少同学跟我一样，喜欢汉服，把汉服当作我们汉民族的优秀传统文化很骄傲地穿在身上。我想，这就是我们90后对待传统文化的态度……

（4）借"景"发挥。以会场的环境或周围某种氛围为点，引出演讲话题。

【示例】 我来参加会议，走进学校以后发现校园里有很多茶花，没有想到这个季节里还有这么多鲜艳美丽的茶花，真让人高兴。我相信，我们协会也会像这花儿一样，兴旺、发达……

（5）借"时"发挥。以会议的时令、天气情况为切入点进行演讲。节气（夏至、大暑等）、节日（中秋、重阳等）、天气（大雨、酷暑）……都是可以吸引听众的因素。

【示例】 今天外面下了很大的雪，天气非常寒冷，但我走进会场，立刻感到了温暖，这种温暖首先来自老师们的热情……

（6）借"题"发挥。以会议主题为切入点进行演讲。

【示例】 教师节，顾名思义就是教师的节日，是人们表达对教师的尊敬和爱戴的节日。据说，最早的教师节是在上个世纪三十年设立的……

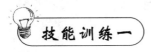 技能训练一

"1+2"的思维形式训练

训练目标

运用"1+2"的思维形式，将三个没有逻辑联系的词语连起来说一段有主题的话，主题可以是一个故事，也可以是一个观点、一个生活场景。

训练要领

1. 先确定"意核"，再紧扣意核往外延伸。
2. 语言表达要简洁、有条理。

课堂训练

全班同学各自说出一个有实在意义的词语，教师随机选取三个写在黑板上。
例如：婴儿、电脑、桌子；天空、牛、红色……

训练评价

1. 是否能把三个词语连成一段有主题、有意义的话。
2. 是否能够简洁、有条理地表达。

拓展练习

任选三个课堂上同学们说的词语进行连词成句的练习。

将"婴儿、电脑、天空"连词成句：

20世纪一位女作家说："中国女性的天空是低垂的，中国女性的翅膀是沉重的。"确实，在重男轻女的封建思想的影响下，中国的女子想要走出家庭，干出一番事业，遇到的阻力和困难要比男性要多得多。不过，随着社会的发展和时代的进步，中国女性的工作环境有了很大改善。就在昨天，我在一家公司看到了这样的场景：一位年轻妈妈对着电脑紧张地工作着，睡着的婴儿就躺在她的座位旁边。其实，只要社会给女性多一些机会、多一些关爱，女性完全可以兼顾事业与家庭，为社会创造出更大的价值！

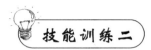

"六借法"的思维形式训练

训练目标

运用"六借法"的思维形式，进行即兴演讲。

训练要领

1. 确定所"借"的内容，再紧扣主题进行延伸。
2. 语言表达要简洁、有条理。

课堂训练

1. 任选"六借法"中的一种，进行开学第一次班会上的发言。
2. 任选"六借法"中的一种，进行暑期大学生志愿者活动启动仪式上的发言。

训练评价

1. 发言是否合乎主题。
2. 发言是否使用"六借法"之一。
3. 发言是否简洁、有条理。

拓展练习

任选"六借法"中的一种，进行秋季运动会班级动员。

发言一（借物法）：各位同学，教学楼一楼有幅横幅，"运动成就健康、运动带来活力"，我特别喜欢，我觉得说得很有道理。马上咱们学校要开秋季运动会了，这就是检验大家健康、活力的时候！大家有力量都别藏着，赶快报名参赛，去赛场上秀一下肌肉，去展示一下咱班积极向上的风貌！大家都去体育委员那儿报名啊！

发言二（借时法）：秋高气爽，丹桂飘香，丰收的季节到来了！我们也要收获果实，收获咱们同学积极运动的成果！咱们学校的秋季运动会，就是一个检验成果的赛场，就是各个班级展示运动成果的舞台，咱班同学都要报名参赛啊，为自己、为班级争取拿个名次回来！

项目五
倾听训练

微信扫码获取

微课视频、技能训练
实训表及倾听自测题

苏格拉底提醒我们:"自然赋予人类一张嘴、两只耳朵,也就是要我们多听少说。"沟通首先从倾听开始。一般来说,在沟通过程中最常用到的能力是洗耳恭听的能力和能说会道的能力。洗耳恭听,就是在听的态度上要做到用耳朵去听、用头脑去思考、用心灵去感受,它强调的是倾听的能力。能说会道,就是在沟通中要善于言辞、以理服人,它强调的是语言表达能力。但人们在实践中往往重视语言表达能力的训练,而忽视了倾听能力的提升,结果是说得多,听得少。其实,站起来发言需要勇气,而坐下来倾听也需要勇气。沟通的最大困难不是如何把自己的意见、观点说出来,而在于如何听出别人的心声。因此,相对于语言表达能力而言,倾听的能力则更为关键。

 思维导图

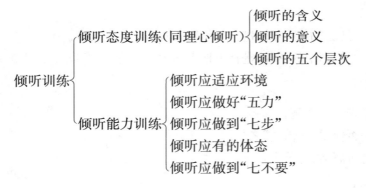

任务 17　倾听态度训练

在生活中,你是否经常被告知听得不准确,没有理解对方的意思?或者在与他人的交谈中总是不能快速地和对方建立互相信任的关系?作为未来的教师,在工作中,你也许在与家长的沟通中无法理解家长的想法,不能有效地与家长沟通,甚至会产生矛盾;在与学生的沟通中,由于年龄、性别、家庭背景等因素,往往不能从学生的倾诉中了解他们真实的想法,不能高效地开展教育工作。

这些都是因为听的效果不佳导致的,要想"听"好,首先我们需要有良好的倾听态

度。良好的倾听态度可以帮助我们更好地了解家长和学生，从而提高工作的针对性和实效性。

基本理论

口语交际是一种双向交流的过程，这就要求双方既要说，更要注意听。听是说的前提，说是听的目的。只有努力了解对方讲话的内容，专心记住交谈的关键信息，并做出正确的判断和反应，口语交际活动才能进行下去。因此，在口语交际活动中，要学会主动倾听和有效倾听。

一、倾听的含义

倾听与听是两个互相联系而又有区别的概念。听是人体听觉器官对声音的接受和捕捉，是人对声音的生理反应，是人的本能，带有被动的特征。倾听必须以听为基础，但它是一种特殊形态的听。第一，它是人主动参与的听，人必须对声音有所反应，即在这个过程中必须思考、接受、理解，并做出必要的反馈。第二，它必须是有视觉器官参与的听。没有视觉的参与，闭上眼睛听、只有耳朵参与的听不能称为倾听。在倾听的过程中，必须理解别人在言语之外的手势、面部表情，特别是眼神等感情表达方式。

因此，倾听是在对方讲话的过程中，听者通过视觉和听觉的同时作用，接受和理解对方思想、信息及情感的过程。

二、倾听的意义

倾听是通向心灵的道路，是人际沟通与交流的基石，是人际关系的润滑剂。在人际交往中，倾听有着十分重要的意义和作用。

1. 倾听是对别人最好的尊重

倾听是接收口头及非语言声音信息，确定其含义并对此做出反应的过程。在人际交往中，倾听不仅是了解自己不知道的信息，更是对别人的礼貌与尊重，甚至是对讲话者的高度赞美与恭维。

每个人都希望获得别人的尊重，受到别人的重视。当我们专心致志地听对方讲话时，对方一定会被你的全神贯注所感染，由此产生被尊重和重视的感受，双方的距离必然会拉近。倾听有利于获得友谊和信任。

2. 倾听能够产生激励作用

善于倾听的人能及时发现他人的长处，并使其发挥作用。倾听本身也是一种激励方式，能提高说话者的自信心和自尊心，加深彼此之间的理解和感情，因而也就激发了对方的谈话热情与沟通诚意。在很多情况下，倾听者的目的就是倾诉，即"一吐为快"，而并没有更多的要求。甚至有些时候，只要你倾听了，问题也就解决了。

3. 倾听是说服对方的关键

如果沟通的目的是为了说服别人，那么交谈中多听他人的意见会有助于你的说服。

因为,通过倾听你能从中发现他的出发点和弱点,即是什么让他坚持己见,这就为你说服对方提供了契机。同时,你又向别人传递了一种信息,即你的意见已充分考虑了他的需要和见解,这样他们会更愿意接受。

4. 倾听能给人留下良好的印象

一般来说,人们都喜欢发表自己的意见,如果你愿意给他们一个机会,他们会觉得你和蔼可亲、值得信赖。戴尔·卡耐基曾举过这样一个例子:在一个宴会上,他坐在一位植物学家旁边,专注地听着植物学家跟他谈论各种有关植物的趣事,几乎没有说什么话。但分手时那位植物学家却对别人说"卡耐基先生是一个最有意思的谈话家"。可见,学会倾听,实际上已踏上了成功之路。

三、倾听的五个层次

有效的倾听方法是可以通过学习获取的。分析并认清自己的倾听技巧所处的层次,将有助于你成为一名高效的倾听者。从低到高,可以把倾听分为五个层次:

1. 第一层次——心不在焉地听

倾听者看似正在听,实际上心里考虑着其他与谈话内容毫无关系的事情,几乎没有注意对方所说的话。这种层次的听,不会取得很好的沟通效果,甚至导致人际关系破裂,是一种极其危险的倾听方式。

2. 第二层次——被动消极地听

倾听者竖起耳朵听,被动消极地听,没有敞开心扉。讲话者以为所说的话对方完全听懂了,实际上,倾听者听到多少、理解多少未知。这种倾听,容易导致误解,失去真正交流的机会。

3. 第三层次——有选择性地听

倾听者对自己感兴趣的话题认真地听,对于不感兴趣的话题会忽略掉,容易先入为主,喜欢与自己的观点做比较,这样的倾听很容易导致偏听偏信的后果。

4. 第四层次——认真专注地听

倾听者认真专注地听对方说话,专心地注意对方,聆听对方的话语内容,但能否解读对方话语背后的含义,明白说话者的本意、真意,却很难说。

5. 第五层次——同理心倾听

同理心(Empathy)是一个心理学概念,最早由人本主义大师卡尔·罗杰斯于1951年提出。同理心是在人际交往过程中,能够体会他人的情绪和想法、理解他人的立场和感受并站在他人的角度思考和处理问题的能力。拥有良好的同理心才是高效倾听的关键。

同理心倾听,是说倾听者能站在对方的角度、立场,带着理解和尊重,积极主动地听对方讲话。倾听者能认真地去观察、去感受,能做到真正地理解对方。这种倾听方式在人际交往方面起着极其重要的作用。

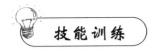

职场中同理心倾听训练

训练目标

准确掌握同理心倾听要领,能将同理心倾听自然地、准确地运用到职场中。

训练要领

1. 静静地坐在说话者身旁或对面,表情自然,目光柔和,态度诚恳。

2. 把自己当成对方,认真听,感同身受。

3. 需要时,适当做好记录。

4. 倾听时,适当给予语言回应。

课堂训练

请朗读下列故事情境,并做出选择。

你的同事小张,是个很优秀的教师,业务能力很强。但她最近有点消沉。下班以后,在办公室,她找你聊天。

情境一:

小张说:“我用了整整一个月的时间做家访,但家长主动辅导孩子作业的还是不多。”小张的意思是(　　)。

A. 抱怨　　B. 无奈　　C. 表达建议　　D. 征求建议　　E. 希望指导

情境二:

小张说:“唉,我用了整整一个月的时间,辛辛苦苦地家访,也不知道怎么搞的,家长主动辅导作业的情况还是不好。”小张的意思是(　　)。

A. 抱怨　　B. 无奈　　C. 表达建议　　D. 征求建议　　三. 希望指导

情境三:

小张说:“看来是糟糕了,我用了整整一个月的时间做家访,家长主动辅导作业的情况还是不好。”小张的意思是(　　)。

A. 抱怨　　B. 无奈　　C. 表达建议　　D. 征求建议　　E. 希望指导

运用同理心倾听原理,倾听“小张”的内心。

训练评价

1. 是否能做到“同理心沟通三要素”:辨识,抓住当事人的内心世界;反馈,将此辨识反馈给当事人;引导,引导解决问题。

2. 是否能做到“同理心准则”——尊重:先处理心情,再处理事情;立场要坚定,态度要坚决。

拓展练习

如果你是图中的毛毛虫妈妈,你会怎么与小毛毛虫沟通呢?

妈妈:孩子,为什么不高兴啦?(辨识)

小毛毛虫:妈妈,我不想洗手。

妈妈:是不是觉得手太多,洗起来太麻烦,花的时间太多,怕被爸爸责怪呀?

小毛毛虫:是的。(反馈)

妈妈:那我们下次吃饭之前早点去洗手好吗?这样就有足够的时间把每一只小手手都洗得干干净净的。(引导)

我就弄不明白,让你洗个手手怎么就那么难!

小毛毛虫:好的。

妈妈:下次妈妈陪你一起去洗手,一直到你能自己快速完成洗手这件事情,好吗?(鼓励)

小毛毛虫:好!

➢ 可扫描本项目二维码进行更多技能训练。

任务 18　倾听能力训练

你与他人交流中,是否经常打断别人讲话,或者被对方打断?或在别人讲话时容易走神,去想自己的事情?抑或在与对方交流时,你手头上在忙着一些自己的事情,没有全身心地关注到对方,使自己错过一些重要的信息和机会。

沟通是一种双向交流,而非单向灌输。在沟通过程中,倾听是互动交流的前提和条件,是连接双方思想和情感的纽带与桥梁。因此,我们有必要掌握倾听的方法和技巧,提高自己倾听的能力和素养。本次,就重点进行倾听能力的训练。

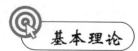

基本理论

我们每个人都应该重视倾听,提高自身的倾听技巧,做一个优秀的倾听者。通过有效的倾听方法可以表示出对他人所说内容的兴趣,还可以表示对他人的看重和尊重,从而享受一种积极、双赢的沟通过程,做一个倾听的高手。

一、倾听应适应环境

倾听者,一定要注意到,人们平常的说话都是在一定社会环境中进行的。特定的环境、特定的氛围,对说话者的情绪、表达的内容产生直接的影响。说话的效果,也是在特定的场合中获得的。因此,说话时,要考虑到不同对象、不同场合;倾听时,也要准确定位,主动适应交谈语境,从而营造良好的沟通氛围。

二、倾听应做好"五力"

一是倾听时的注意力。想听得准确,必须排除干扰。要善于在嘈杂、外来干扰的情况下保持注意力集中。

二是倾听时的理解力。在人际交流中,要善于捕捉说话者语言里的关键词,不仅要知道对方表达的信息,更要理解其话语背后的语义和情感。

三是倾听时的记忆力。要学会边听边记,快速归纳对方说话的内容要点,记住重要的语句、事实和数据。

四是倾听时的辨析力。即迅速分辨出说话内容的真伪、虚实,对说话者情感倾向,或是争论各方的不同观点和逻辑关系等,加以判断分析。

五是倾听时的灵敏力。即能很好地在各种场合倾听,与各种对象交谈。根据不同的交流环境与对象,调整自我状态。

三、倾听应做到"七步"

真正的倾听指的是有效地倾听。有效地倾听能捕捉完整的信息,能理解对方说话的真正含义和体会到说话者要表达的情感。而要做到有效地倾听,需要我们体谅他人,运用同理心去倾听。下面就谈谈掌握同理心倾听的步骤和技巧。

第一,用自己的话语重述对方的观点。

第二,重述对方观点时,可在句首使用"你觉得……""你认为……""你的想法是……""听起来你好像……"等引导语,也可直接重述对方话语中的关键词。

第三,以陈述句而非提问句的方式组织语言,清楚地表达自己的反应。

第四,如果对方在表达过程中有短暂的停顿,不要急着插话。

第五,如果对方表达了多种情绪和想法,应该只对其最后表达的情绪做出回应。

第六,只针对对方确切表达出来的意思做出回应,不要擅自引申对方的意图,即使你自认为理解无误。

第七,当对方前后两次讲话有矛盾时,应只对最近一次的话做出回应。这些前后不一致的地方有可能是讲话人情绪发展或自我反省而造成的。

如果你想帮对方弄清自己的情绪与想法,就应该避免给他(她)"赞成"或"反对"的暗示。特别是当对方焦躁不安时,应该避免向对方提问、求证,不要责备和做解释,不要向他(她)提建议或进行劝说,也不要向对方打包票和表示同情。重要的是:应认可他(她)的情绪。

四、倾听应有的体态

体态语言亦称为"身体语言表现""态势语"等,是人际交往传情达意的一种方式,不仅有助于理解别人的意图,而且能够使自己的表达方式更丰富,表达效果更加直接,使人与人的沟通更有效。常见的体态语言主要有表情语言、肢体语言和空间语言。

1. 表情语言

如眼神、表情等，在倾听时，我们应当用真诚的目光，告诉对方"我在认真地听"；用微笑的表情告诉对方"我愿意听你讲话"。这样的表情语言才会让对方感受到亲切、感到尊重，从而敞开心扉愿意与你交流。

2. 肢体语言

肢体语言是指人们做出传达某种情绪和含义的动作，包括手势、身体姿态等。可以表达说话者自信、乐观、豁达、庄重、矜持、积极向上、感兴趣、尊敬等或与其相反的语义。人的动作与姿态是人的思想感情和文化教养的外在体现。

3. 空间语言

空间语言是指交流时人与人之间所保持的距离。空间语言是无声的，对人际交往具有潜在的影响和作用，有时候决定着人际交往的成败。根据交流对象的亲疏，空间距离可分为亲密距离（0～0.45 米）、个人距离（0.45～1.2 米）、社交距离（1.2～3.6 米）、公众距离（3.6～8 米）。

总体来说，倾听应做到"五到"。耳到，用耳朵听；口到，声音应答；手到，用手示意；眼到，注视对方；心到，用心倾听。

五、倾听应做到"七不要"

不要在别人说话时想你自己的事；不要边听边与自己的不同观点比较；不要经常打断别人的谈话；不要为说话者结束他的说话；不要忽略过程只要结果；不要仅仅听自己想听或愿听的东西；不要精力不集中，被其他东西干扰。

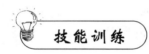 技能训练

听辨能力的训练

训练目标

让学生领会倾听中存在的倾听障碍，提高辨析能力。

训练要领

1. 老师把故事讲给学生听一遍，然后请各小组学生抢答选择题。
2. 老师再把故事讲一遍，边讲边做一些必要的提示，然后再请同学修改答案。

课堂训练

一个商人刚关上店里的灯，一男子来到店堂并索要钱款。店主打开收款机，收款机内的东西被倒了出来，而那个男子逃走了。一位警察很快接到报案。

请针对上面这个故事，用"对""错"和"不确定"回答以下提问。

1. 店主将店堂内的灯关掉后，一男子到达。
2. 抢劫者是一男子。

3. 来的那个男子没有索要钱款。

4. 打开收款机的那个男子是店主。

5. 店主倒出收款机中的东西后逃走了。

6. 故事中提到了收款机,但没有说里面具体有多少钱。

7. 抢劫者向店主索要钱款。

8. 抢劫者打开了收款机。

9. 索要钱款的男子倒出收款机中的东西后,急忙离开。

10. 店堂的灯关掉后,一个男子来了。

11. 抢劫者没有把钱带走。

12. 故事涉及了 3 个人物,店主、一个索要钱款的男子和一个警察。

| 训练评价 |

1. 准确回答 10～12 题,辨析能力较强。

2. 准确回答 7～9 题,辨析能力良好。

3. 准确回答 6 题以下,辨析能力较弱。

| 拓展练习 |

听语音,回答问题。

请你告诉张老师,周三下午去南校区行政楼 504 开会,需要带上四年级数学教材和备课本。顺便告诉王老师,让她帮我把水杯带到我们班。

请回答下列问题:

1. 语音中出现了几位老师?（两位老师）

2. "你"是老师吗?（不确定）

3. 张老师周三上午开会。（错）

4. 张老师是去南校区开教研会吗?（不确定）

5. 我是老师。（不确定）

6. 张老师开会需要带教材和备课本。（对）

7. "我"和王老师一个班。（对）

8. "我"想请王老师帮我代课。（错）

9. "你"是学生。（不确定）

10. 王老师会帮我把水杯带到教室。（不确定）

项目六
态势语训练

微信扫码获取

微课视频
实训表及训练案例

在日常言语交际中,有一种语言,它先于有声语言出现,能辅助有声语言更准确、更形象、更直观地表达意图和情感,这就是态势语,又叫体态语、身体语或行为语。

态势语是人类三大语言形态之一,是一种"无声的语言",是口语交际过程中伴随言语交流或非言语交流,通过身姿、手势、表情、目光等配合有声语言来传递信息的一种形式。根据无声语言是否有明显的动态过程,态势语可以分为静态态势语和动态态势语。

思维导图

任务 19　静态态势语

一小学的王老师年轻漂亮,喜欢把自己打扮得漂漂亮亮的。尤其是夏天,她喜欢穿上超短裙、露背装,觉得好看又凉快。但是时间长了后,她发现大家看她的眼神有些不对。后来,连领导也来找她,委婉地指出她的着装问题。王老师这才意识到问题的严重性。

王老师到底哪里做得不妥呢?显然,她的着装和她所处的环境——小学校园,以及她的身份——小学老师有些不符。服饰也是一种语言。下面重点训练包含服饰语在内的静态态势语。

基本理论

在口语交流中,没有明显的动态发展过程,能够传达信息、交流感情的态势语,称之为静态态势语。静态态势语主要包括身姿语、服饰语、界域语。它们虽没有明显的动态发展过程,但能对有声语言起到辅助、补充、强调和渲染的作用。

一、身姿语

身姿语主要指站姿、坐姿、行姿。身姿不仅可以强化口语信息的表达效果,还可以反映一个人的气质、风度、素养和内心活动。中国有句老话叫作"站如松、坐如钟、行如风"。这也是中国传统文化对风度修养的外部表达。

1. 站姿

站姿分为两种:一是自然式,两脚基本平行,与肩同宽;一是前进式,两脚一前一后,相距适中。无论哪种站姿,都应肩平、腰直、身正、立稳,形如笔直挺立的苍松。身体重心均衡分布在两脚之间,或根据表达需要落在前脚。上身可略微前倾,给人以亲切、进取的印象。男子站立时,双脚可开与肩同宽,双手亦可在后腰处交叉搭放,以体现男性的阳刚之气。女子站立最优美的姿态为身体微侧,自然呈 45 度,斜对前方,面部朝向正前方,脚成丁字步。

站立时不要上身后仰,重心落在后脚,也不要左右摇晃、两腿弯曲或轮流抖动,不要倚肩靠背,双手不要放在衣兜里或插在腰间,这些站姿都很不雅观,容易给人轻率、傲慢之感。

2. 坐姿

坐姿分严肃坐姿和随意坐姿两大类。严肃坐姿,落座在座位的前半部分,两腿平行,两脚落地,腰板挺直。这种姿势说明说话人和听话人都十分严肃认真。

当然,不同的坐姿也表现出不同的心理状态、适用于不同的气氛。抬头仰身靠在座位上,深深坐入椅内,显出自己的优越感,很有信心,一定程度上反映出居高临下、倨傲不恭的心理;欠身或侧身坐在座位前缘,上身前倾,头部侧向说话者,重心落在两只脚上,是洗耳恭听的态势,既表示谦恭,又表示一定程度上的畏惧和紧张等。

但一般以面正对而膝侧向一方为宜,这样,姿势才显得优雅动人。

另外,上身后仰并把脚放在面前的茶几或桌子上,是放纵失礼的表现。跷二郎腿,或随意抖腿的坐姿,表现了听话人有些随意或心不在焉。不断变化坐姿,则流露了疲倦、不耐烦或想发表意见的心态。

3. 行姿

行走是一种动态美,凡是步履稳健协调、轻松敏捷的步态都会给人以美感。行走时要步履稳健而轻捷,不要摇摇晃晃、拖拖沓沓。正确的步态可以表现出一个人朝气蓬勃、积极向上的精神状态,呈现出一种健美的姿态,给人留下美好的印象。

二、服饰语

服饰语是指通过服装、发型、饰物、妆容等传递出来的信息。服饰,可以展现人的内在精神面貌、生活情趣和审美追求,在言语交际活动中,能更好地赢得别人的信任和尊重,树立形象,使人的形象更富有魅力。

在运用服饰语的时候,特别要注意以下原则:

一是要符合职业和环境。作为小学教师,在校园,在单纯的孩子们面前,着装应以大方得体为主,不宜短、露,也不宜太过花哨。

二是要符合年龄和身份。服饰语应和年龄、身份相配。年轻人以活泼俏皮为主,年长者则以稳重大方为宜。

三是要符合体型和肤色。服饰语应与自身体型、肤色相协调,以达到更好的着装效果。例如肤色较深者,最好不穿明度太高,反光强烈的浅色衣服,尽量选择冷色调。如果体型较胖,应尽量避免贴身、面料柔软的服装,而以挺括的面料为宜。如此种种,是要借助于服饰的选择在一定程度上掩盖体形、肤色上的某些不足,而不是放大自己的不足。

另外,在不同的场合应选择不同的服装。上课的时候以美观大方为主,运动会时以运动装为主,带孩子们去郊游时则以休闲装为主。如果不顾场合着装,不仅会让各种教学活动的效果大打折扣,还可能贻笑大方,落下笑柄。

总之,作为一名教师,应该注意自己的个人形象,根据自己的特点,用心地去选择适合自己的服饰,使自己的着装得体大方又美观。

三、界域语

在言语交际的过程中,与交际对象的距离也可以作为信号来传递一定思想,表达一定感情。与交际对象之间保持什么样的距离,是亲近/疏远、热情/冷淡等多种意义的表示。这种根据交际对象和交流场合不同而进行调控的距离叫界域语。口语交际双方空间距离的远近,往往反映了谈话双方的人际关系、谈话内容和效果等。而人们在心理上的距离,往往也会反映在空间距离上。

一般来说,这种距离主要有以下几种:

一是亲密距离。这是一种接触性的界域语,它表达的含义是热烈、亲密,也就是人们通常所说的"亲密无间"。只有关系非常亲密的人才能进入这一空间。如果一个不属于这个亲密距离圈子里的人随意闯入这一空间,这是很不礼貌的,会引起别人的不悦,甚至反抗,自讨没趣。这个空间的语言特点是亲切随意。

二是个人距离。这是一种接近性的界域语,它表达的含义是亲切、友好,是与熟悉的人交往的空间。这是很舒适的人际空间,双方不会太靠近,但又保持着手能够接触到的距离。这个空间的语言特点是温和坦诚。

三是社交距离。这是一种交际性的界域语,适宜处理非私人的社交活动或商务活动等,如洽谈生意,接见来访者。它表达的含义是严肃、庄重。这个空间的语言特点是声音平和、措辞客气。

四是公众距离。这是一种没有特殊心理联系的界域语,一般适用于群体交往活动中,如做报告、讲课、表演等。它表达的含义是自由、开放。这个空间的语言特点为声音洪亮、措辞规范。

因此,我们要根据特定谈话对象和情境,保持适中的距离。距离过近,会使对方受到"空间侵犯"而产生不适及反感的情绪;距离过远,又会使对方受到冷落,削弱谈话效果。所以,在日常交际生活中,应该学会根据与人的亲疏远近把握好彼此间的空间距离。

在教学中,上课是一种公共距离,一般教师都会站在讲台上,但有时也应根据具体情况改变界域语,缩短和学生的空间距离,向学生传达出关注、提醒等信息。在教育学生的过程中,也需把握好界域语,根据学生的实际情况和具体需要来调整与学生的空间距离。另外,在进行其他人际交往活动中,也应注意把握好界域语,如学生家长来访时,既不能靠得太近,给人太过亲密之感,也不能离得太远,给人高高在上之感。

总的来说,在日常工作和生活中,我们应该有得体的着装、适宜的身姿语、合理的空间距离。合理得体地运用好静态态势语将会帮助我们取得更好的交际效果,更有效地沟通思想感情。

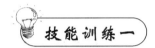

身姿语训练

训练目标

掌握身姿语的标准,在生活和职场中能够运用规范的站姿、坐姿、行姿。

训练要领

1. 站立时笔直挺拔,肩平、腰直、身正、立稳。

2. 端坐时以面正对,而膝侧向一方。

3. 行走时步幅适中,步态稳健轻松,不拖沓。

课堂训练

每两个同学一组,以一定距离相对而立,先在座椅旁站好,再相向而行,到达对方的座椅,坐下。

训练评价

1. 站姿是否挺拔。

2. 行走是否轻松稳健,不拖沓。

3. 坐姿是否标准、优雅。

拓展练习

如果你是一名小学老师,练习以下场合的站姿、坐姿、行姿。

(1) 站在讲台上上课;(2) 在办公室接待个别家长,交流学生情况;(3) 在校长办公室汇报工作;(4) 在教室巡视学生做练习。

【练习提示】　练习时,可以借助一定的环境和人物,假设场景,来帮助自己进入情境,从而进行坐姿、站姿、行姿的练习。

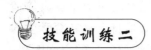

服饰语训练

训练目标

掌握服饰语的标准,在生活和职场中能够恰当选择服装、发型、饰物、妆容。

训练要领

1. 要了解自己或他人的年龄、性别、身份、职业、体型、肤色。
2. 要明确在不同的时间和场合合理运用服饰语。
3. 根据自己现有的条件进行装扮。

课堂训练

请根据右图提供的服饰语对人物职业、性格、场合等进行合理虚构。

训练评价

1. 你(或他)是否能根据图片合理虚构出人物的职业、性格、场合。

2. 你(或他)是否能够清晰地表达出判断的理由。

拓展练习

如果你是一名小学老师,练习在以下场合,你会怎样装扮自己呢?

	服装	发型	饰物	妆容
上公开课				
家访				
带学生春游				
外出培训开会				

【练习提示】 以你自己为例,根据上表确定不同场合下你认为最为适宜的装扮。

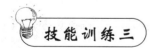

界域语训练

训练目标

掌握界域语的空间距离,并能合理运用。

反复练习、感知界域语的空间距离,体会不同空间距离带来的不同心理感受。

课堂训练

八个同学一组,现场进行情景剧表演,时长不超过 3 分钟,要求在情节发展中必须有界域语的变化。

训练评价

1. 情节设计是否合理。
2. 界域语运用是否恰当。

拓展练习

如果你是一名小学老师,在批评学生的时候,用怎样的界域语较为合适?

【练习提示】　老师在批评学生时,你认为以哪种姿态对待学生为宜,以此来决定界域语的选择。

任务 20　动态态势语

在课堂上,有的老师看到学生不认真听课,往往一句话不说,只是表情严肃地盯着那位同学,学生就会立即明白老师的意思,意识到自己的错误。"此时无声胜有声",有些场合确实不需要说话,一样能起到有声语言的作用,效果可能还更好。这就是人际交往过程中的一种非常重要的辅助性语言——动态态势语。动态态势语也广泛运用于教育教学工作中。下面重点训练动态态势语。

基本理论

动态态势语是人们使用得最多的一种态势语,它能独立地发挥表情达意的作用。和静态态势语不一样的是,它在交际过程中有一定的动态发展。

常用的动态态势语主要包括目光语、手势语和表情语。

一、目光语

1. 目光语的含义

目光语,是指运用眼神、目光来传递信息、表达感情、参与言语交际。在所有的态势语中,目光语是一种更复杂、更深刻、更微妙、更富有表现力的语言。目光亦属于面部表情的一部分,如微笑、愤怒等,都必须有目光的参与。但由于目光一向被人们认为是最能够表达情感和明确传递信息的手段,在面部表情中占据主要地位,因此将目光语从面部表情中

95

独立出来，单独进行研究和分析。

人们常说，眼睛是人类心灵的窗户。人类的眼睛除了具有接受外界信息的功能外，还能表达人们的内心世界。在言语交际中，人们常常通过眼神将内心的情绪、学识、品德、情操、审美情趣等信息传递给对方。不同的眼神，可以给人不同的印象。眼神坚定明澈，使人感到坦荡、善良、天真；眼神阴暗狡黠，给人虚伪、狭隘、奸猾之感；左顾右盼，显得心慌意乱；翘首仰视，露出凝思高傲；低头俯视，表示胆怯、羞涩。总之，眼神会透露出人们内心的真意和隐秘。

眼神不仅可以辅助有声语言表达思想感情，有时甚至还能直接代替语言。例如导入案例中讲的，课堂上老师用眼神盯视不专心听讲的学生，就是眼神代替了有声语言，起到了很好的控场作用。

2. 目光语运用的方法

运用不同的目光语，可以传递出不同的信息。在语言交际的过程中，目光语的运用，主要有以下几种方法：

（1）前视法。视线平直向前流转，统摄全场。这样可以使听众感受到说话者的指令性，也有利于说话者随时注意会场的气氛和听众的情绪。

（2）环视法。环视是指有节奏地或不时来回环顾所有听众。在前视法的基础上运用环视法，能收到良好的表达效果。值得注意的是，运用环视法时，要防止头部摆动过分有规律，或者眼睛滴溜溜四处乱转，从而影响交流效果。

（3）点视法。点视法是指偶尔进行的，有重点地把视线集中到某一局部的方法。这样可以根据听众的不同情况进行有针对性的交流。

（4）虚视法。虚视法是指运用一种没有具体指向的目光似看非看的方法。这种方法可以用来克服怯场心理，也可以把思想集中到讲述的内容上来。

3. 使用目光语要注意的问题

（1）目光注视的部位。在个体交谈中，可注视对方额头，或眼部至唇部；如果是群体谈话，可以用环顾法、点视法和虚拟法等相互配合。

（2）注视时间的长短。一般来说，在言语交际活动中，说话者的视线接触听话者面部的时间应该占全部谈话时间的 30%～60%，过短或过长都是不合适的，或显得不够尊重他人，或显得另有企图。

（3）注视的角度。视线向上，一般表示尊敬、敬畏或撒娇等情感或情绪。视线向下，一般表示爱护、宽容或忧伤的情绪。平视往往是基于理性和冷静思考或对等评价的成人心理状态。

二、手势语

1. 手势语的含义

手势语是指表达者用手指、手掌、拳头、手臂的动作变化来辅助有声语言表情达意的一种态势语。手势语十分丰富，我们可以通过手势语的方向及区域来传达不同的信息。在所有的态势语中，手势语的表现力仅次于面部表情，但手势的使用频率是最高的，因为手势使用起来灵活方便,变化形态多种多样,表达的内容也丰富多彩。

在口语表达的过程中,它可以弥补有声语言的不足,加强有声语言的语势,建构表达者的人格形象,增强话语的说服力和感染力,使静态的语言富有动态的活力,使表达变得有声有色。因此,善于表达的人十分注意手势的运用,以此保持良好的表达效果及优雅的风度。

2. 手势活动区域

手势活动区域是指手臂活动或停留在人体的部位,大致可以分为上中下三个区域。

肩部以上称为上区,一般表示积极肯定的意思;腰部和肩部之间称为中区,一般表示叙述、说理和比较平静的情绪;腰部以下是下区,多半传递出消极否定的意思。向上向前的手势,一般表示积极、赞美、高兴的情绪;向下、向后的手势,则表示消极、指责和悲痛的情绪。

同样的手势,在不同的区域活动,表达的意思也会有所不同。比如搓手,在上区搓手,表达跃跃欲试的内容;在下区搓手,表达出的含义却是害羞、扭捏、不好意思等。

3. 手势语的分类

手势表达的含义非常丰富,从表达内容上看,大致可以分为四种:

(1)情感手势。用来表达或强调某种情感,带有强烈的感情色彩,应伴随表达内容的内在感情基调自然流露。比如捶打胸口表示悲痛,跷起大拇指表示赞许。

(2)象形手势。多半用来模拟事物形状,使听者如睹其形,如临其境,很能渲染烘托有声语言要表达的内容。比如模拟物体的大小、高低。

(3)指示手势。主要用来指明言语交际中涉及的人或事物及其所在的位置,从而增强真实感和亲切感。比如用手示意上下左右的概念。

(4)象征手势。用来表示一些复杂情感或抽象概念,使听者对抽象事物有一种具体感。比如"V""OK"的手势。

4. 手势语运用的原则

(1)适度:频率不要太高,也不要太低;幅度不要太大,也不要太小。

(2)准确:手势与说话的内容要一致,不能让听众产生费解、误解。

(3)自然:手势不要太机械、太僵硬,要能准确地起到表情达意的作用,也要给人一定美感。

三、表情语

表情,是面部流露出的思想感情,是内心情感在脸上的表现,是情绪的外化。表情包括面部肌肉、眉、唇等的变化,它以最敏感的特点,把具有各种复杂变化的内心世界,如高兴、悲哀、痛苦、畏惧、愤怒、疑惑、失望等最迅速、最敏捷、最充分地反映出来。表情不仅能给人直观的印象,还能给人以情绪感染。所以,在言语交际中,我们不仅要注意自身表情的明朗、真挚、有分寸,还应该对他人"听其言而观其色",观察对方面部表情的变化,准确把握对方的心态。

作为一名教师,应注意观察学生的表情语,读懂学生的表情语能帮助教师在教育教学过程中,采取相应手段,有效地促进教学。同时,自己也应做好表情语的管理,表情不宜太过严肃,应多保持温和的微笑,既使学生产生亲近感,又能在学生中形成教师的威信。

总而言之,如果一名教师在教学中能准确、自然、得体、适度地运用动态态势语,就可以更好地与学生交流思想、表达感情、传递信息,有助于建立起良好的师生关系,更好地传授知识。

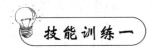

目光语训练

训练目标

能掌握目光语的要求,并能根据不同场合与对象,熟练运用目光语,增强表达效果。

训练要领

1. 目光注视的部位。
2. 目光注视的角度。
3. 目光注视的时间长短。

课堂训练

假设你是一名小学老师,在以下情形下,你会怎样运用目光语?

(1) 在上课中发现有学生不认真听课;

(2) 开家长会发言时;

(3) 学生受到委屈,来到你面前。

训练评价

1. 你(或他)能否根据不同场合选择目光语的部位、角度及时间长短。
2. 你(或他)能否运用目光语,准确、自然地表情达意。

拓展练习

如果你是一名小学老师,一些同学在下课时随意推搡低年级同学,你打算以这个主题举行一次主题班会。请你在这次班会上进行一次主题发言,请思考你可能会运用到哪些目光语?

【练习提示】 在练习时,可借助教室及讲台,假设情境。先把主题发言拟好,再根据发言内容考虑目光语的运用。

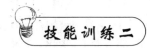

手势语训练

训练目标

能掌握手势语的要求,并能根据不同场合与对象熟练运用手势语,增强表达效果。

训练要领

1. 了解手势语的活动区域。
2. 了解不同手势语表达的不同含义。
3. 手势语的使用要适度、准确、自然,手势要和目光、语言配合。

课堂训练

朗诵舒婷的《致橡树》,并给这首诗歌的朗诵设计相应的手势语。

训练评价

1. 手势语的设计是否准确恰当,是否有助于诗歌思想内容的表达。
2. 朗诵时手势语的运用是否自然得体。
3. 手势语的运用是否适度。

拓展练习

请以"师德"为主题进行一次演讲,并为这次演讲设计合适的手势语。

【练习提示】　在演讲中,手势语不宜过多。手势语的设计要依演讲内容而定,在某些需要借助手势语表情达意的句段加上手势语的运用,同时考虑用哪种类型的手势语及手势语的哪个活动区域更合适等。另外,设计好手势语后,还应该对手势语进行反复练习,以保证手势语运用得自然得体又大方。

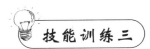

技能训练三

表情语训练

训练目标

能掌握表情语的要求,并能根据不同场合与对象熟练运用表情语,增强表达效果。

训练要领

1. 学会基本的微笑表情。
2. 表情要尽可能丰富。
3. 唤起内心的情感,学会控制自己的表情。

课堂训练

请根据下面的语言内容进行表情语的训练。

我吃颗糖,甜,甜,甜;

我嚼块姜,辣,辣,辣;

我喝杯醋,酸,酸,酸;

我夹块臭豆腐,臭,臭,臭。

训练评价

1. 表情是否符合语言表达的内容。
2. 表情是否自然。
3. 表情是否生动、丰富。

拓展练习

请朗读小学语文课文《丑小鸭》,注意在朗读课文时根据课文的内容运用适当的表情语。

太阳暖烘烘的。鸭妈妈卧在稻草堆里,等她的孩子出世。

一只只毛茸茸的小鸭子从蛋壳里钻出来了,最后只剩下一个特别大的蛋。过了好几天,这个蛋才慢慢裂开,钻出一只又大又丑的鸭子。他的毛灰灰的,嘴巴大大的,身子瘦瘦的,大家都叫他"丑小鸭"。

丑小鸭来到世界上,除了鸭妈妈疼爱他,谁都欺负他。哥哥、姐姐咬他,公鸡啄他,猫吓唬他。丑小鸭感到非常孤单,就钻出篱笆,伤心地离开了家。

丑小鸭来到树林里,小鸟讥笑他,猎狗追赶他。他没有朋友,只好继续流浪。秋风瑟瑟地吹着,树叶飘落在丑小鸭身上,他孤零零地走着,走着,泪珠扑嗒扑嗒往下掉。

有一天,丑小鸭看见一个大湖,他跑过去,在湖水中自由自在地游起来。虽然湖水很凉,但丑小鸭却游得十分高兴,忘记了烦恼。忽然,他看见一群雪白的天鹅掠过湖面,向南方飞去。他们的样子那么高贵,姿态那么优雅,丑小鸭又惊奇又羡慕。

冬天到了,湖面上结了厚厚的冰。丑小鸭不能再游泳了,他又冷又饿,趴在湖边的芦苇丛中,昏睡过去,被一个农民救走了。

第二年春天,丑小鸭离开了农民的家,又来到湖边。有几只天鹅落在了他的周围,关切地看着他。"连你们也要嘲笑我么?"丑小鸭心里想着,难为情地低下头。这一低头,让他大吃一惊。湖水中自己的影子,竟是雪白的羽毛,长长的脖子。原来自己变成了一只美丽的天鹅!

周围的几只天鹅起飞了,丑小鸭也张开宽阔的翅膀,向远方发出"呜——呜——"的鸣叫,跟着自己的同伴,飞向高高的天空。

这时,鸭子、猫、公鸡仰望着天空,发出一声声赞叹:"啊,多美的天鹅!""瞧,他们飞得多高!"大家不知道,在这群天鹅中,有一只,就是那曾被大家百般嘲笑过的丑小鸭。

【练习提示】　练习时要注意把握丑小鸭的遭遇及心情的变化,根据语言表达的具体内容决定表情变化。比如读"丑小鸭感到非常孤单,就钻出篱笆,伤心地离开了家"时,应辅之以难过伤心的表情。总之,先体会作品表达的思想感情,在准确把握思想感情的基础上再加上表情练习。

项目七
心理素质训练

受沟通者自身心理素质的影响,沟通失败或造成误解是常有的事,有的人见到生人就脸红,与领导讲话就结巴,甚至千不怕万不怕,就怕当众讲话,这些都是缺乏自信心的表现。在生活中,越是没有自信的人,越怕沟通,越是不敢沟通,沟通能力就越差。可见,有效的沟通很大程度上依赖于良好的心理素质,要有效地沟通,就要克服这些障碍。

 思维导图

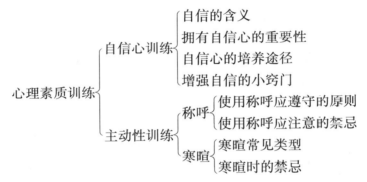

任务21 自信心训练

同学们,你经常参加学校组织的大型活动,竞选过班干部吗? 在接触陌生人和处于陌生环境时,你能否将人际交往的双方置于平等的地位,自然、直接地向他人表达你的想法和感受? 你能否坚定自己的观点,向他人寻求帮助,参与社会活动? 如果面对陌生人与陌生环境,往往会出现害怕、胆怯心理,那么,我们需要培养自信心。

 基本理论

当我们一事无成时,会怀疑自己的能力,甚至觉得生活痛苦、暗淡无光;当我们建立起自信时,就会变得乐观、豁达,生活也随之变得美好。自信心会激发生命力量,这种力量如同火,可以焚烧困难,照亮智慧。人不能失去自信,否则生活的重担就无法挑起,前进的路

上就会寸步难行，心中的希望就会暗淡无光。自信是一种信念，也是一种力量，它是我们走向成功的基石。在职场中，自信是成功的必要条件，是成功的源泉。拥有自信心能使人更好地表现自己，让他人接受自己，更快地融入集体中。

一、自信的含义

自信是个人对自己所做各种准备的感性评估。换句话说就是相信自己。自信是一种健康的心理状态，快乐、率真、谦卑、宽容、和谐、淡泊等都是自信心理的表现。自信使我们能够按照自己的最佳状态行事，维护自己的权利而不过度焦虑，行使自己的权利而不践踏他人的权利，并真诚、自在地表达自己的各种情绪。例如：喜爱、失望、烦恼、愤怒、后悔、悲伤等。

二、拥有自信心的重要性

第一，自信心是健康的心理状态。自信心是相信自己有能力实现目标的心理倾向，是推动人们进行活动的一种强大动力，也是人们完成活动的有力保证，它是一种健康的心理状态。

第二，自信心是成功的保证。美国教育家戴尔·卡耐尔在调查了很多名人的经历后指出："一个人事业上成功的因素，其中学识和专业技术只占 15％，而良好的心理素质要占 85％。"自信是成功的保证，是相信自己有力量克服困难，实现一定愿望的一种情感。

有自信心的人能够正确地、实事求是地估价自己的知识、能力，能虚心接受他人的正确意见，对自己所从事的事业充满信心。

第三，自信心是承受挫折、克服困难的保证。自信心是一种内在的精神力量，它能鼓舞人们去克服困难，不断进步。高尔基指出："只有满怀信心的人，才能在任何地方都把自己沉浸在生活中，并实现自己的理想。"战胜逆境最重要的是树立坚定的信心，自信心可以使人藐视困难，战胜邪恶，集中全部智慧和精力去迎接各种挑战。

每个人不可能天生拥有自信，自信心是在成长过程中逐渐建立起来的。要从根本上建立自信心理，就要重视自己的成长经历，重新为自己定位，接受自己，通过各种手段训练自己，让自己的心理力量更强大。

那么，在口语交际中，我们如何做到自信地沟通呢？

三、自信心的培养途径

自信心的培养，可以从下面几点入手：

1. 我能行

自卑心理容易使人孤独、离群，抑制自信心和荣誉感。当人的某种能力缺陷受到周围人的轻视、嘲笑或侮辱时，这种自卑心理往往会被放大，甚至以畸形的方式表现出来。调节和克服自卑感的方法主要有以下几种：

（1）培养自我意识。形成自我意识可以通过认识他人来认识自己，通过直接和间接的自我认识以及自我监督和自我教育，个人对自己心理和身体特征进行研究而形成自我意识。自我意识的强化有利于增强主体能动意识，也有利于更好地认识自身。

（2）自我强化。通过自己的行为结果来控制自己的行为，不断地重复心中渴望的目标以调动自己行动的积极性。如想获得这个面试机会，就应当不断用目标来督促自己，克服不良的心理影响。

（3）自我暗示和自我激励。说话者应不断在心里提醒自己不要自卑，要相信自己并不比别人差，"别人行，我更行！"即使处于不利的地位，也要鼓励自己，增强自信心。

2. 调节心境

在口语交际活动中，说话是人们传情达意、交流思想的手段，如果缺乏自信就会造成交际障碍。表现为口语交际中心跳加速、两腿发软、浑身哆嗦，说话变调等。这时要学会放松，善于调节自我心境，不要把事情看得过重，可通过听舒缓的轻音乐、跟别人说笑话或专注于一个操作性较强的小游戏等，转移自己的注意力；也可以深呼吸、闭目养神，保持平静心态。

3. 精心准备

在口语交际中要想自信、自如地与他人交流，充分的准备很重要。比如在面试中，要对对方单位的情况、面试要求等提前知晓，对面试中可能会问到的问题做好思想准备，那么，说话者就会胸有成竹，就不会因自卑而导致沟通失败。

4. 多开口

多与陌生人主动开口交谈，尤其在人多的时候。这是提高自己表达能力最重要的途径之一。如果与陌生人交谈都很自如的话，表达能力也能得到提高。不过，与陌生人开口交谈要找共同点。如何找到共同点呢？首先，要留心观察。从一个人的服饰、举止、谈吐可以看出他的心情、精神状态和生活习惯。开始谈话前首先看对方有何与自己相同之处。例如对方和你一样都穿了一双耐克气垫运动鞋，你可以耐克鞋为话题开始你们的谈话。其次，以话试探。两个陌生人相对无言，为了打破沉默的局面，自己要先开口讲话，可以自言自语。例如"天太热了"，对方听到这句话便可能会主动回答，将谈话进行下去。也可以发现对方口音特点，例如听出对方的武汉口音，说："您是武汉人吧？"等等，以此便可展开话题。总之，我们要以积极的心态多参加集体活动，创造更多的机会与人交流。

5. 多积累

除了以积极的心态去沟通以外，我们还要注意汲取"营养"，厚积薄发。平时养成看书或看新闻的习惯，多了解时事政治以及时尚信息等多方面的资讯，这样可以开阔思路，积累知识，提高自己的内在修养，在与人交往的时候就可以自如地展开话题。

四、增强自信的小窍门

① 上课、开会、听讲座挑前排的位子坐；② 注意行为举止的姿态；③ 与人交谈时正视别人；④ 养成微笑的习惯；⑤ 练习当众发言，而且尽量大声说话；⑥ 改变说话的口头禅；⑦ 经常与比自己优秀、能力强的人交谈。

树立自信心，这是迈出当众说话的第一步，也是最为关键的一步。任何人要锻炼口才，都必须迈过这道坎儿。相信自己，按照克服当众说话恐惧心理的五大途径，运用增强自信的七个小窍门，消除自卑，克服羞怯，不怕出丑，勤学苦练，有意识也训练自信的心理素质,就一定能成功,成为当众讲话的能手。

 **技能训练**

说说自己的优点

训练目标

通过小组活动,客观认识自己的优缺点,树立科学的自信观。

训练要领

1. 在纸上写出自己的优点。

2. 找身边的同学询问自己还有哪些优点。

3. 将这些优点进行归纳,相同、相似的合为一点。

4. 向别人说自己优点时,注意条理清晰,表达状态流畅自信。可以用上"我会""我能""我擅长"这样的句式。

课堂训练

向小组成员说一说自己的优点,并举例说明。

训练评价

1. 你(或他)能否发现自己的优点。

2. 你(或他)说出自己优点时,是否做到落落大方、声音响亮、有条有理。

3. 你(或他)能否用欣赏、接纳的心态聆听别人的表达。

拓展练习

请你边大声说出口号,边做出自信的动作。

1. 我充满正能量！　　　　2. 我很强大！　　　　3. 我像花儿一样美丽！

4. 我什么都不怕！　　　　5. 我是最棒的！

➢ 可扫描本项目二维码进行更多技能训练。

任务 22　主动性训练

在生活中,你是一个喜欢主动联系朋友,还是等待朋友来联系你的人？

你是一个主动帮助他人,还是等别人来寻求帮助的人？

你是一个主动沟通的人,还是一个被动沟通的人？

在人际交往中,你是不是也想主动沟通,但是不知道怎样避免尴尬,不知道从哪里开始?

下面将介绍两种主动沟通的方法。

主动沟通是构建人生的必要条件,是建立良好人际关系的首要方式,在和谐的人际环境中使双方受益。主动沟通可以开阔视野,增长见识。在信息化社会中,主动沟通就意味着信息流动,意味着比别人更快地了解重要信息。主动沟通是让别人了解自己、发现自己的有效方式,主动分享,主动表达观点,使自己在社会中找到属于自己的位置。培养主动沟通的意识,我们要跨越心理障碍,学会与陌生人交往,常交友;对待朋友要真诚,常联络;尊敬领导,要常请教;关爱家人,要常交流。要培养主动沟通的积极心态,养成以沟通为主的思维习惯,并持之以恒地坚持主动沟通。

语言是沟通的主要形式,沟通通过语言来实现。在人际交往中良好的语言沟通胜过百万之师,不恰当的语言会让我们失去本该拥有的机会。学会沟通中的语言技巧,将如虎添翼,助我们在人生路上取得成功。下面介绍两种主动沟通的语言技巧。

一、称呼

社会交往往往先从称呼开始,见面时我们怎样称呼对方呢?称呼不恰当会直接影响到双方关系的发展,称呼也能反映个人修养的高低。

【示例】 在小学上班的李荣与学校门卫大爷关系很好,平时进出学校时,李荣都会叫一声"王大爷",王大爷也会热情地回应"闺女,上(下)班啦!"李荣觉得这种称呼很亲切,也没有太介意。有一天,市教育局的领导来学校检查,李荣送他们走到校门口,王大爷见李荣一行人,又热情地招呼道:"闺女,下班啦!"李荣连忙点头回应,教育局领导感到很诧异,面面相觑,弄得李荣尴尬不已。

上述案例中的门卫大爷虽然很主动地和对方打招呼,称呼的"闺女"也显得很亲切,但没有考虑场合的问题。单独相处或私下是可以称呼"闺女",但在职场中,在正式场合我们还是要慎重选择称呼。叫"闺女"显然在职场中是非常不合适的。这也正是案例中领导"面面相觑"和李荣"尴尬不已"的原因。

1. 使用称呼应遵守的原则

(1)尊重他人。职场中的称呼往往能直接反映一个人的地位和身份。因此,在职场中,恰当的称呼就是对人的尊重。所以,尊重他人是运用称呼的首要原则。

(2)分清对象。和陌生人交往时,必须观察对方的性别、年龄、衣着、神态、行为等因素,根据这些因素初步判断出符合特点的职场称呼,因此职场称呼的运用要看对象。

(3)合乎习惯。在公众交际场合,职场人员较多,我们在称呼时要符合交际礼仪的习惯,由尊而卑,由疏到亲,由远至近,或者统一称呼,如诸位、女士们、先生们等。在不同的文化背景下,我们的称呼也是随之变化的,例如:对于公司里总经理职位的称呼,欧美外企人员习惯称为"CEO",日本公司称为"社长",中国就称为"总经理",称呼也需要入乡随俗。

（4）区分场合。同样的交流对象，在不同的场合，对其称呼应不同。当教师的母亲，在家里可以叫妈妈，在课堂上就必须称之为老师，职场称呼要区分场合。

【示例】 有一次，演讲家曲啸同志应邀到一所监狱对犯人讲话，遇到了一个难题，那就是怎么称呼的问题，如果叫"同志"吧，好像不大合适，叫"罪犯们"吧，好像会伤害到对方的自尊。经过考虑，曲啸同志在称呼他们时，说的是"触犯了国家法律的年轻的朋友们"，谁知这句称呼一出，全体罪犯热烈鼓掌，有人当场落下热泪。

越是重要的场合，对人的称呼越要考虑周到，首要考虑的就是对人的尊重，哪怕是监狱里的罪犯。曲啸老师为我们做了一个非常好的示范。"触犯了国家法律"说明你我的不同之处，但即使这样你也依然是我"年轻的朋友"，很显然在场的所有人都感受到了久违的问候和尊敬之情，才使得一些囚犯潸然泪下，拉近了彼此心的距离。可想而知，曲啸老师接下来的演讲效果也会事半功倍了。

（5）就高避低。对于职位的高低，在称呼上一律就高避低。例如：王校长、黄主任，避免称别人王副校长、黄副主任，以免尴尬。

2. 使用称呼应注意的禁忌

（1）不用"哎"称呼。无论在职场还是在日常生活中，用"哎"称呼别人是非常不礼貌的，是不尊重对方的表现。当然，打招呼时，更不能不使用称呼。

（2）不能错误称呼。把甲称为乙，错误地称呼他人不仅会使自己很尴尬，也会让对方感到不悦，无形中拉开了彼此的心理距离，尤其是在职场中出席重大活动时，万不可使用错误的称呼。

（3）不用低俗称呼。职场是严肃的正式的环境，每个职场人士都应该时刻尊重对方，即使是熟人，也不能使用不高雅的称呼（如绰号、简称等）失礼于对方，也尽量不要使用不通行的称呼。如"胖子""麻子""饭桶"等称呼。

（4）不能乱称呼。要把握好人际交往的距离恰当使用称呼。例如对只见过一面的人，热情称之为"哥们儿"，这种"自来熟"会使人有种虚情假意之感。

二、寒暄

在生活、工作中，不管是熟人还是陌生人，见面时都需要与对方主动寒暄几句，这不仅是一种礼节，更是人情往来的互动行为。其实我们会发现，寒暄话语本身没有表达太确切的含义，但在人际交往中却不能少。因为寒暄可以使不认识的人相互认识，使不熟悉的人相互熟悉，使沉闷的气氛变得活跃。尤其是初次见面，几句得体的寒暄会使气氛变得融洽，从而顺利地进入正式的交谈。可见，寒暄语可以联络感情，是主动沟通的标志，它同样是沟通的一门语言艺术。

1. 寒暄常见类型

（1）问候式。常见的问候式有："你好""您好""早上好""晚安""最近身体好吗？""最近忙吗？"等，一般用于熟人之间，表示关怀和礼貌。

（2）聊天式。常见的聊天式寒暄有："今天天气不错""今天街上好多车，堵死了"等，不太熟悉的人见面可以采取此种寒暄方式。

（3）赞美式。在与人交流时，就对方衣着、气色、学业、工作、孩子等话题开始赞美，可以拉近彼此的距离，如："你的裙子真漂亮""贵公司真是细心又周到""你的办事能力是我见过最强的"等。

（4）应景式。应景式寒暄是结合此时此景发出的寒暄，例如王阿姨提着菜篮子出门碰到你，你就可以说"阿姨，您去买菜呀？"教学楼走廊里碰到拿着教案本的老师："下课了？"去食堂路上看到拿着饭碗的同学："去吃饭？"等等。

（5）谦敬式。谦敬式寒暄常常用于比较正式的场合，例如公司领导会晤、单位宴请贵宾等，大家都会说："见到您不胜荣幸！""请多关照！""承蒙关照！""百闻不如一见！"等等。

（6）攀认式。通过与交往对象的交谈，从姓氏、年龄、专业、爱好等信息中找到共同点，引起共鸣，从情感上靠拢对方。如同姓可以说"五百年前是一家"，来自一个地方可以说"老乡见老乡，两眼泪汪汪"，同一学校毕业可以说"我们同属一个母校，师兄弟呀！"等等。

2. 寒暄时的禁忌

（1）不注意场合。在什么场合说什么话，这是人际交往中最基本的原则。在生活中熟人见面可以问"吃了吗？""买菜呢？""最近身体可好？"此寒暄的目的是更加增进熟人间的亲切感。但在职场中，在商务场合就不适合问对方"你吃了吗？"显得太随意，我们应该选择一些符合场合的寒暄语，例如"久闻大名""请多关照""好久不见，最近在忙什么？"等等。尽量让彼此的寒暄在两三个回合结束，不宜过长。

（2）态度冷漠。寒暄是为了增进彼此的感情，使人际交往更加顺利。主动问候是普遍准则。售货员对顾客应当主动打招呼；晚辈主动向长辈问候；多人一起时，要关注到所有人。总而言之，寒暄需要主动，需要热情，切勿态度冷漠。

（3）涉及隐私。既然寒暄是为了促进双方感情的融洽，那么寒暄所涉及的话题应是使双方愉悦，使对方感到温暖。职场中，同事、客户、搭档之间并不是很全面地了解，在寒暄时尽量避免涉及个人婚姻、家庭、收入、宗教、信仰、政治等隐私或敏感话题，避免因寒暄不当而产生尴尬。

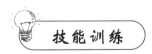

主动沟通训练

训练目标

通过指定情景的展示，让同学们挖掘在职场中如何主动沟通，以及主动沟通可采取的方式方法，发现存在问题并进一步探讨，更好地掌握沟通的要领。

训练要领

1. 人人参与，明确自己的角色定位。

2．积极主动地沟通，准确运用沟通中称呼、寒暄的原则，注意禁忌。

3．进入角色，用合适的语气语调表达。

课堂训练

作为一名小学班主任老师组织家长会，当家长们陆陆续续到来时，你会怎么说？怎样做？

训练评价

1．你（或他）能否主动沟通，先打招呼，运用正确的称呼语。

2．你（或他）能否在打招呼后进行适宜寒暄。

3．你（或他）的状态能否让人感到亲切。

拓展练习

学校接受市教育局领导检查，你作为接待人员之一，你会怎么说？怎样做？

【练习示例】　各位领导，上午好！一路辛苦了！欢迎大家来到我校指导工作。我们今天上午的安排是这样的。（略）现在还有点时间，要不，大家先到接待室休息一下，喝点水吧！

➢ 可扫描本项目二维码进行更多技能训练。

项目八
思维训练

古人说"言为心生",这里的"心"指的就是思维活动。思维是人脑的机能,是对客观现实的能动反映。语言是传达思维成果的工具。口语表达的过程实际上就是把思维的结果表述出来的过程。当然,口语对思维也有加工提高的作用。口语交际中思维的品质和水平很大程度上制约着口语交际的质量,因此,口语表达离不开思维训练。

 思维导图

思维训练
- 发散思维训练
  - 材料发散、功能发散、结构发散、形态发散
  - 组合发散、方法发散、因果发散、关系发散
- 聚合思维训练
  - 求同法、求异法
  - 共变法、剩余法
- 形象思维训练
  - 想象思维、联想思维
  - 直觉思维、灵感思维
- 逻辑思维训练
  - 分析、综合
  - 归纳、演绎
- 创新思维训练
  - 主体的主动性、空间的多样性
  - 方式的变通性、成果的独特性、程度的深刻性

任务23 发散思维训练

在口语表达的过程中,你会遇到这些烦恼吗?

"我在很多时候,因为准备时间不够,想不全,说话时总觉得有遗漏。"

"有时我想到的,别人也想到了,并且先说了,轮到我说时,不知道说什么了。"

"在公共场合讲话,我经常会出现头脑一片空白的情形,怎么能够避免呢?"

其实,这些口语表达上的烦恼都和思维有关。想清楚了才可能说明白,想得好才可能说得好。作为未来的教师,师范生不仅要提高自己的思维和表达能力,还承担着训练和培养儿童语言表达能力和思维能力的责任呢!本次任务是训练发散思维。

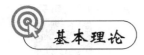 **基本理论**

一、发散思维的概念与意义

　　发散思维又称求异思维、扩散思维、分散思维、辐射思维,是"从一点向四面八方想开去的思维"(游国经《创造性思维与方法》)。它是思维主体,针对某一思维对象,充分发挥自己的想象力,从一个目标或思维起点出发,突破原有的知识圈,重组眼前的信息和记忆系统中的信息,从不同的角度、不同的方向、不同的关系去思考问题,提出各种设想,寻找各种途径,多方面、多层次地寻求解决问题的答案和方法。美国心理学家 J. P. 吉尔福特认为:"发散思维是从给定的信息中产生,其着重点是从同一的来源中产生各种各样的为数众多的输出,很可能会发生转换作用。"

　　运用发散思维思考问题,不因循守旧,不墨守成规,不死守统一,无一定的范围和方向,是开放的、标新立异的。它可以让我们拥有更大的思维空间,可以使我们根据一个点或一个方面发散出很多新的论据,支撑自己的论证,还可以让我们更全面地思考问题,更准确地认识问题,并找出解决问题的新思路、新方法。例如,数学中的"一题多解",科学研究中某一问题解决的多种设想、教育改革的多种方案的提出,这些都是发散思维在人们工作和生活中的运用。因此,有人这样说:创造能力=知识×发散思维能力。发散思维是一种非常可贵的思维品质,常常把人们带入一个广阔的天地,使人的思维趋向灵活、多变,激发"异想天开",促进发明创造。

二、发散思维的特点

　　从思维科学上讲,发散思维具有以下特点:

1. 发散性

　　所谓发散,是由一点向四面八方散开,如凹透镜的原理就是发散性的,平行光透过凹透镜以后,光线向四周散射。思维的发散性,其实质是迁移,迁移是指整个思维起点、思维指向、思维标准、思维结果之间的跨越流动、变化,主要涵盖:① 顺向思维,即顺着问题的直接指向去思考。这是最常用,而且比较稳健的一种方法。② 逆向思维,即从与问题相反的角度提出质疑。从逆向思维立论,常常会得出新意。例如,几个男孩把垃圾桶当球踢,吵得老人受不了,老人没有直接谈判,而是运用了逆向思维,奖励他们踢垃圾桶,每隔几天,就减少奖金,让男孩们主动放弃踢垃圾桶,从而达到恢复安静的效果。③ 纵向思维,即在原材料已知内容的基础上,对原材料做合理的推想和引申,从而得出新意。④ 横向思维,也叫侧向思维,即通过联想把材料内的已知内容要素同材料外的其他内容要素联系起来思考。例如,曹冲称象,就体现了侧向思维方式,他用大石头,化整为零,解决了远古时期没有地磅的疑难问题。⑤ 立体思维,指思考问题跳出点、线、面的限制,有意识地"立"起来思考。在教学中,教师的教学方法要灵活多样,努力设计多种教学方法,引导学生进行正向、逆向、横向、纵向、立体等思维活动,提高学生的发散思维能力。

110

2. 流畅性

流畅性就是观念的自由发挥,指在尽可能短的时间内生成并表达出尽可能多的思维观念,以及较快地适应消化新的思想观念。流畅性是发散思维低层次的特点,是思维发散的最基本要求。譬如一个人说话迟缓停顿,词不达意,这至少说明他的思维不流畅。保持思维的流畅性,不仅是提高学习和工作效率的需要,更是激励创意的必要保证。流畅性反映的是发散思维的速度和数量特征。

3. 变通性

变通性又称灵活性,就是克服人们头脑中某些自己设置的、僵化的思维框架,按照某一新的方向来思索问题的过程。它与"死脑筋"和脑子不转弯是相对立的。古时候有一则寓言,讲的是一个乡下农夫进城买鞋的故事。他事先用线绳量出了自己脚的长度,但出门时又偏偏忘了把量好脚长的线绳带在身上,到了城里的鞋店后,找不着那根线绳,于是又跑回家去找。这虽然是笑话,但讥笑的恰恰是脑子不转弯。自己的脚不是买鞋的最好标尺吗?为什么要用线绳量脚长,又为什么要回家去寻找那根线绳呢?如果具有良好的思维变通的素质,不仅会排除工作中的许多难题,而且还会助你从事发明创造。

4. 独创性

独特性指人们在发散思维中做出不同寻常的、异于他人的新奇反应的能力,这是发散思维最高层次的特点。这种思维能力使人们突破常规和经验的束缚,促使人们获得创造性的成果。运用发散思维时要求人们想得快,想得多,想得奇,想得新,这是许多发明家共同的特点。爱迪生运用发散思维,从设计的 7 600 种方案中进行筛选,终于在 1879 年发明了世界上第一盏白炽灯。

三、发散思维的训练

虽然发散思维具有十分重要的作用,但绝大多数人都不善于运用这种思维方式。究其原因主要是思想懒惰,得过且过,不思进取;循规蹈矩,怕犯错误,追求标准答案;从众心理,随波逐流。发散思维不是先天的,每个人都有潜在的这种能力,只要通过训练是可以得到开发的。那么,怎样训练自己的发散思维呢?

以材料、功能、结构、形态、组合、方法、因果、关系 8 个方面为发散点进行灵活、新颖的发散训练,拓展思维的广度。

1. 材料发散

以某个物品作为材料,以其为发散点设想它的多种用途。

【示例】　尽可能多地说出红砖的各种用途。

砖头是建筑材料:盖房子(包括盖大楼、宾馆、教室、仓库、猪圈、厕所……)、铺路面、修烟囱等;从砖头的重量:压纸、腌菜、凶器、砝码、哑铃练身体等;从砖头的固定形状:尺子、多米诺骨牌、垫脚等;从砖头的颜色:水泥地上当笔、画画、压碎成红粉做指示牌、磨碎掺进水泥做颜料等;从砖头的硬度:凳子、锤子、支书架、磨刀等;还可以从红砖的化学性质(如吸水):刻成一颗红心献给心爱的人、在砖上制成自己的手、脚印变成工艺品留念;等等。

2. 功能发散

以某事物的功能为发散点设想出获得该功能的各种可能性。

【示例】 怎样才能达到照明的目的?

开电灯、点蜡烛、用镜子反射太阳光、用手电筒、划火柴、点火把、燃篝火、点油灯、烧纸片,等等。

3. 结构发散

以某事物的结构为发散点,设想出利用该结构的各种性能。

【示例】 尽可能地说出包含圆形结构的东西。

太阳、车轮、脸盆、盘子、水珠、戒指、手镯、山洞、眼珠、鼻孔、莲蓬、方向盘、红绿灯、伞、酒杯,等等。

4. 形态发散

以事物的形态(如形状、颜色、音响、味道、气味、明暗等)为发散点,设想出利用某种形态的各种可能性。

【示例】 尽可能多地想想利用红颜色可以做什么或办什么事。

红旗、红灯笼、红喜报、红领巾、红袖章、红星、红头绳、红墨水、红指甲油,等等。

5. 组合发散

从某一事物出发,以此为发散点,尽可能多地设想与另一事物(或一些事情)联结成具有新价值(或附加值)的新事物的各种可能性。

【示例】 尽可能多地说说钥匙圈可以同哪些东西组合在一起。

可同小剪刀组合;可同指甲剪组合;可同图章组合;可同微型手电筒组合;可同啤酒瓶扳手组合;可同开罐头的刀组合;可同微型圆珠笔组合;可同小工艺品组合;可同 U 盘组合;等等。

6. 方法发散

以人们解决问题或制造物品的某种方法为发散点,设想利用该种方法的各种可能性。

【示例】 尽可能多地说出用"吹"的方法可以办成哪些事情或解决哪些问题。

吹气球、吹灰、吹疼痛的伤口;吹泡泡糖;吹塑料袋;吹去眼里的灰;吹玩具风车;吹口哨;吹喇叭;等等。

7. 因果发散

以某个事物发展的结果为发散点,推测造成该结果的各种原因;或以某个事物发展的起因为发散点,推测可能发生的各种结果。

【示例】 尽可能多地说出造成玻璃杯破碎的各种可能的原因。

手没拿稳,掉在地上碰碎了;被敲碎了;冬天冲开水时爆裂了;杯里水结冰胀裂了;撞了坚硬的东西;被弹弓的子弹击碎;发怒摔碎玻璃杯;被火烧裂;等等。

8. 关系发散

从某一事物出发,以此为发散点,尽可能多地说出与其他事物之间的各种联系。

【示例】 "我是谁?"尽可能多地说出你与社会各个方面及各种人物的关系。

我是学生、我是市民、我是青年志愿者、我是图书馆的读者、我是"喜马拉雅"的听众、我是共产党员、我是公园的游客、我是低年级的同学的学姐(长)、我是商场的顾客,等等。

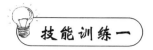

一物多用训练

训练目标

通过尽可能多地说出同一物品(物质)的用途,打破常规,广泛发散、变通、创新,激活思维,增加思维的广度。

训练要领

1. 提供的物品(物质)是大家熟悉的、生活中常见的。
2. 其他同学回答时,认真聆听;表达时不允许重复前面同学回答过的用途。
3. 语言表达要清晰,如＊＊可以用来＊＊＊,＊＊能够＊＊＊。
4. 做好记录。

课堂训练

请说出杯子的用途,看谁说得多。

训练评价

1. 你(或他)是否能独立思考,清晰地、一次性说出至少 10 种用途。
2. 你(或他)觉得自己能否想到一种与众不同的用途。
3. 你是否能认真听别人的回答,不插嘴、不开小差。
4. 你是否能够有条理、有层次地表达。

拓展练习

看到"水",你能想到些什么?

水,无处不在:沟渠、江河、海洋,乃至云雾、霓虹、雨雪、冰霜都是水。水,形态不定:或潺潺淙淙,或滚滚滔滔,或浩浩荡荡。水极其平凡,但又十分宝贵:动植物缺了它,生命就无法延续;工业农业少了它,生产就只有停顿。水比棉柔软,比钢坚硬;坚持不懈,滴水可以穿石;团结一致,涓滴可以成海。

评析:这位同学从水的处所、形态、作用、质地和精神多方位进行思考,不拘泥于任何一点上,因此才有那么多的内容可说。既是从水的"处所"思考,也是从地上和空中两个层面出发;思考"形态"有"静"有"动";思考"作用",从表面的"平凡"到实质的"宝贵";思考"质地",看到它的"柔软",也看到它的"坚强",看到它的"个别"力量和精神,又看到它的"集体"力量。他用发散的思维、灵活的语言营造了一个富有深刻内涵和哲理的意境,给人启迪,令人深思。

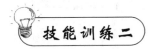 技能训练二

思维导图训练

训练目标

学会设计并画出思维导图,用思维导图清晰地呈现自己发散思维的结果。

训练要领

1. 从一张白纸的中心开始绘制,周围留出空白。（建议纸张横向放置）
2. 用一幅图像或主题词来表示中心思想。
3. 在绘制中使用颜色。有几条思维分支就使用几种不同的颜色。
4. 将中心图像（主题词）和主要分支连接起来,然后把主要分支和二级分支连接起来,以此类推。
5. 在每条线上使用一个关键词。

课堂训练

将"技能训练一"练习过的"杯子的用途",画出思维导图。

训练评价

1. 思维导图是否能呈现出发散思维的不同方面、不同角度,呈现出至少 3 个层次。
2. 思维导图中关键词的设计是否简洁明了。
3. 思维导图构图配色是否美观、协调。
4. 介绍这幅思维导图时表达是否有序、清晰。

拓展练习

选择一个中国传统节日,画一幅思维导图,并向同学说说这幅图。

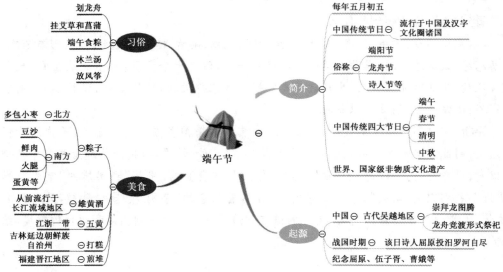

➤ 可扫描本项目二维码进行更多思维训练。

任务 24 聚合思维训练

在课堂教学中,你会遇到这些情况吗?

语文课堂上,"刚才同学们都说了他的一些特点,谁能归纳大家的看法,说说他究竟是个怎样的人呢?"

数学课堂上,"从刚才做的这几道计算题,同学们看看,有什么规律吗?"

当你提出这些问题时,往往只有寥寥几位同学能回答,或者会出现短暂的课堂寂静。其实,这些问题和学生的聚合思维能力有关。作为教师,既要有较强的聚合思维能力,也需要通过各科教学培养学生的聚合思维能力。那么,本次任务就着重训练聚合思维。

一、聚合思维的概念

聚合思维又叫求同思维、收敛思维、集中思维、辐合思维,是由多到一或百里挑一的思维方式,是思维主体从不同来源、不同材料、不同方向聚集与问题有关的信息,在思考和解答问题时,进行重新组织和推理,以求得唯一正确答案的思维过程和方法。思维方向集中于同一方面,即向着一个相同目标去思考。聚合的关键在于思维指向具体和专一。例如,学生从书本的各种定论中筛选一种方法,或寻找问题的一种答案;科学家在科学试验中,要从已知的各种资料、数据和信息中归纳出科学的结论;企事业的合理化改革,要从许许多多方案中选取出最佳方案;公安人员破案时,要从各种迹象、各类被怀疑人员中发现作案人和作案事实;等等,这些都是聚合思维的具体应用。

二、聚合思维的特点

一是同一性。同一性是指它是一种求同思维,即通过求同找到解决问题的办法或答案。

二是程序性。程序性是指在解决问题的过程中,先做什么,后做什么,按照一定的顺序或程序,使问题的解决有章可循。

三是比较性。比较性是指对寻求到的几种解决问题的途径、方案、措施或答案,通过比较,找出最佳。

三、聚合思维与发散思维

虽然发散思维和聚合思维是两种不同方向、不同作用的思维方法,但是在实际思维过程中,它们往往结合运用,并互相补充。因为人们要完成某项任务、解决某个问题,开始都有一个思维基点（即已知信息、思维出发），然后经过发散、联想得出许多新的信息的解释，这是一个发散的过程。这许多新信息、新解释本身并不能马上完成任务、解决问题，而是为完成任务、解决问题提供了各种各样的可能。所以，对这些发散所得出的新信息、新解释必须进行清理、筛选得出一个正确的思维结果。这时就需要运用聚合思维了。如果离开发散思维，就不可能得到可供比较、分析、选择的多种答案，思维就只能沿着一个方向进行，因思路狭窄而答案缺乏创造性。如果离开聚合思维，思维便会漫无边际地发散，尽管其中含有正确的新颖的答案，也会因为不能集中，从而寻找不到最佳解决方案。聚合思维是在发散思维的前提下，在多角度基础上的定向，在比较多种思路后的选择，在多种启悟点、阶段性成果基础上的集中。

在未来的教育教学岗位中，发散思维和聚合思维将被广泛使用。课堂上教师设置一个有价值的问题，同学们进行发散思维，会有各种各样的答案；教师再运用聚合思维，引导学生自主分析，选择出最贴切的答案。遵循着聚合思维—发散思维—聚合思维……经过多次循环逐步深化发展。比如，小学语文课本中关于狼的寓言有4则，即《一只狼》《狼和小羊》《会摇尾巴的狼》《东郭先生和狼》，这4篇的寓意分开看大不相同，但如果让小学生归纳一下狼的特性，如残忍凶狠，又不失狡猾，这就是简单的聚合思维训练。复杂一点的，如《买椟还珠》《南辕北辙》《我要的是葫芦》《掩耳盗铃》，分开看，这4篇寓意似乎大相径庭，但合起来看却可以说明一个共同的道理：目的和手段或途径必须统一，否则将一事无成，这是从较深的层次上进行聚合思维训练。在创造性活动中，很多时候也都要经过从发散思维到聚合思维，再从聚合思维到发散思维，多次循环完成。

四、应用聚合思维的步骤

在应用聚合思维方法时，一般要注意三个步骤：

第一步是收集掌握各种有关信息。采取各种方法和途径，收集和掌握与思维目标有关的信息，而资料信息愈多愈好，这是选用聚合思维的前提，有了这个前提，才有可能得出正确结论。

第二步是对掌握的各种信息进行分析清理和筛选。这是聚合思维的关键步骤。通过对所收集到的各种资料进行分析，区分出它们与思维目标的相关程度，以便把重要的信息保留下来，把无关的或关系不大的信息淘汰。经过清理和选择后，还要对各种相关信息进行抽象、概括、比较、归纳，从而找出它们的共同特性和本质。

第三步是客观地、以信息为证据得出科学结论，从而获得思维目标。

五、聚合思维的技巧与训练

聚合思维包括一些具体思维技巧，如求同法、求异法、共变法、剩余法等。

聚合思维是创造思维的基本方法之一，它派生出一些具体的思维方法和技巧，对这些具体方法的运用与训练能够有助于聚合思维的掌握和运用。现将聚合思维的一些具体方法介绍如下：

1. 求同法

也叫求同除异法,就是从多种不同的情况中,排除不相干的因素,找出共同的因素。寻找这个共同条件的方法就叫求同法。

【示例】 以前许多地方甲状腺肿大盛行,人们不知道是何原因,卫生保健人员进行了多方面调查比较发现,这些地区的人口、气候、风俗民情等各有特点,但是有一个共同的情况,那就是土壤和水流中缺碘,居民的饮食和饮水也缺碘。经过各种分析比较和验证发现,缺碘是引起甲状腺肿大的原因。

求同法是形式逻辑思维中寻求因果关系的一种方法。它有一定的局限性,不适用多种因果联系的分析。如果与寻求原因的其他方法结合运用,就能提高可靠性。

2. 求异法

也叫差异法,就是排除相同的条件找出不同的因素,从两个或多个场合的差异中寻找原因的方法。如果某种现象在第一种场合出现,在另一种场合不出现,而这两个场合只有一个条件不同,那么这个条件就是这一现象的原因。差异法也是一种很有用的思维方法,不少科研人员运用差异法获得了新的研究成果。

【示例】 某山区,有人发现了一个"怪洞",狗、猫、老鼠等动物走进去,很快就会倒地而死,而人与马牛在洞内却不受影响。用求同法分析,得出共同条件,凡头部靠近地面的动物就会死亡。科研人员将狗、猫、老鼠抱进洞内,这些动物也不受影响。由狗、猫自己进洞会死亡,由人抱进去不会死,用求异法分析,这两种场合的差异也是头部离地面近会造成死亡。进一步考察发现,岩洞内的地下冒出许多二氧化碳气体,而二氧化碳比空气的密度大,洞内又不通风,所以靠近地面之处没有氧气,动物头部靠近地面,故因缺氧而死亡。怪洞之谜就这样解决了。

求异法也有局限性。通常若能将求同法与求异法结合使用,得出的结论就可靠得多。这两种方法联合起来也可以称为同异并用法。在学习过程中使用求同法、求异法和同异并用法,将有助于提高聚合思维能力。

3. 共变法

所谓共变法就是当某一因素发生变化时,另一因素也随之发生变化。由此可推知,这两个因素之间可能存在着因果关系,前一因素是后一因素变化的原因。这种分析两类现象共同发生变化的思维方法就称为共变法。

【示例】 温度计就是这种共变思维的产物。在其他条件不变的情况下,气温变化能引起水银体积的变化。气温升高,水银体积增大,温度降低,水银体积则缩小,温度变化与水银体积变化之间存在着共变关系,而温度变化是引起水银体积变化的原因。

4. 剩余法

也叫排除法,其思考过程是这样的:先考察某个复合现象,找出引起这个复合现象的复合原因,而其中有些具体现象的具体原因确定了,而另一些现象的原因不能确定,然后把已经确定了原因的现象一一排除,那么剩余的部分就可能有因果关系。

【示例】 公安人员常常使用这种方法来逐步缩小怀疑的范围。案发时间被科学确定后,逐个将没有作案时间的人排除,剩余的人就与案件产生了可能的因果关系。

以上几种聚合思维方法各有优劣,应用时要依据具体情况,采用相应的方法。一般来说都是将这几种方法综合运用。要想使用好这些方法,就要在实际中不断加强有意识的训练。经过训练并经常自觉运用,将会大大提高思维能力。

重新组合训练

训练目标

通过不同物品的组合,构成新的物品,使新物品具有综合功能或新的功能,并通过清晰的表达呈现出思维的过程与方法。

训练要领

1. 提供的物品(物质)是大家熟悉的、生活中常见的,也可以现场由同学们提供物品名称。

2. 其他同学回答时,认真聆听;表达时不允许重复前面同学的组合。

3. 语言表达要清晰,如:＊＊可以用来……(或＊＊能够……),＊＊＊可以用来……(或＊＊＊能够……),我将＊＊和＊＊＊组合在一起,就是＊＊＊＊(就构成了＊＊＊＊,就组成了＊＊＊＊),它能够……。

4. 做好记录。

课堂训练

一把瑞士军刀里包括了小刀、起子、剪刀、锉子等,体现了聚合思维的结果。下列物品中,请选择两个以上进行重新组合,构成新的物品,并说说你的组合思路和创意吧。

手表、杯子、手提包、乘车卡、照相机、图书、笔盒、手电筒、钢笔、眼镜、衬衣、雨伞、笔记本、U盘、充电器、指甲刀、键盘、钥匙扣、花瓶、自行车、笔记本……(尽量多提供一些物品名称)

训练评价

1. 你(或他)是否能独立思考,迅速将至少两个物品进行组合。

2. 你是否能够有条理、有层次、声音洪亮地表达。

3. 你是否能认真听别人的回答,不插嘴、不开小差。

4. 当别人没有听清楚时,你是否能补充完整,让人听明白。

拓展练习

能举例说说现实生活中的哪些物品是运用聚合思维进行的发明创造。

【练习示例】 智能手机,聚合了电话、计算器、收音机、照相机、电视机、报纸、书籍、游戏机、银行卡等物品的功能,极大方便了人们的生活,让生活更便捷、更丰富、更高效、更美好。

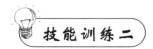

归纳概括训练

善于运用聚合思维,提高归纳、概括、总结的口语表达能力。

训练要领

1. 认真聆听,了解他人的各种想法或观点。
2. 用合适的方式记录要点。
3. 对相似想法(观点)进行合并,不同想法分点罗列。
4. 用语言归纳概括,提出自己的想法。

课堂训练

关于全班是否做班服,选什么样的款式、颜色、风格等,同学们各抒己见,众口难调。假如你是班长,该怎样运用聚合思维,归纳大家的意见,形成共识呢?试说一段话。

训练评价

1. 是否认真聆听不同的意见,做好记录。
2. 是否在有限的时间里梳理总结出大家的共识要点。
3. 是否在表达时,有条理、有重点地表达大家的思维成果及自己聚合后的基本观点。

拓展练习

在小学实习中,由你主持一次教研活动。听完研究课后,老师们都展开了评课。快结束时,你将如何总结这次的活动呢?

【练习示例】　刚才,老师们各抒己见,大家从不同角度,谈了自己的教学观察。有的老师从课堂调控的角度,有的老师从课堂评价的角度,有的老师从教学目标达成的角度,也有的老师从信息化运用的角度,对这节课进行了点评和分析。总之,这节课抓住了语文教学的特点,运用以读代讲的方式,充分调动学生学习的积极性、主动性,恰当运用信息化教学手段,是一节优秀的研究课。也希望更多的老师参与到课程教学的改革中,提高课堂教学质量,培养学生热爱语文学习。

➢ 可扫描本项目二维码进行"求同求异训练"。

任务 25　形象思维训练

　　从不同的角度,思维方式有不同的分类。从思维的凭借物和解决问题的方式,可以把思维分为动作思维、形象思维和逻辑思维。与口语表达联系得更为紧密的是形象思维和逻辑思维。

　　作为师范生或教师的你,在教育教学实践中,是否遇到过这样的情况:当你用自认为很清晰的语言讲解一个知识点,或向学生提出一些要求、指令时,发现有的同学一脸茫然,并没有理解。这是怎么回事儿? 是学生的问题,还是教师的表达有问题? 可见,作为教育工作者,教师的表达不仅要自己觉得准确,还要让学生能够理解。表达的语言与思维有着密切的关系。因此,教师需要针对学生思维特点,展开思维训练和语言表达训练。那么,本次任务着重训练学生最常用的思维方法——形象思维。

一、形象思维的概念与作用

　　形象思维,又称艺术思维,主要是指用直观形象和表象解决问题的思维。形象思维的基本单位是表象。它是借助表象来进行联想、想象,通过抽象、概括,塑造艺术形象、表达思想感情的过程,具有形象性、概括性、情感性、创造性的特点。如:在文学作品中典型形象的创造,画家的艺术作品,建筑师设计规划建筑蓝图等都是形象思维的结果。

　　形象思维,不仅存在于文学艺术创作领域,而且在科学研究、发明创造、技术运用,乃至日常生活中都被广泛运用。例如,在科学研究过程中,物理学家观察、识别并描述光和电的物理现象;化学家想象并设计复杂的分子模型;天文学家观测满天繁星的夜空,想象银河星系的形态;动物学家解剖动物的肢体,在显微镜下观察细胞的结构等。在工程技术和生产过程中,工程师构思设计建筑物或机器零件的模型;炼钢工人从钢水的色彩变化中识别判断转炉的温度;火车司机用小锤敲打车轮,从声音中判断车轮的好坏等。在医疗工作中,医生通过察言观色、搭脉、看舌苔、听心音等诊断疾病,这属于复杂的形象判断,也离不开形象思维。形象思维始终伴随着形象,是通过“象”来构成思维流程的。

　　进行形象思维时,离不开想象和联想。因此,形象思维又具体地体现为想象思维,联想思维、直觉思维、灵感思维等思维形式。

二、想象思维

1. 想象思维的概念及作用
　　想象,是人脑对记忆中的表象进行加工和改造以后,组合成新形象的过程。

想象思维,是人脑通过形象化的概括作用,对脑内已有的记忆表象进行加工改造或重组的思维活动。它是形象思维的具体化,是人脑借助表象进行加工的最主要形式。想象力是创新思维的重要品质,它能使我们超越已有的知识和经验,使思维插上翅膀,达到新的境界。

【示例】　一次,一位老师做了一个测试。他问高中学生:花儿为什么会开? 得到的是异口同声的回答:因为天气暖和了。可当他拿同样的问题去问幼儿园的小朋友时,却得到了几十种不同的答案。有的孩子说:花儿睡醒了,想来看太阳。有的孩子说:花儿一伸懒腰,就把花朵顶开了。有的孩子说:花儿想跟小朋友比一比,看看哪一个穿的衣服更漂亮。有的孩子说:花儿想看一看,有没有小朋友把它摘走。还有的孩子说:花儿也有耳朵,它想出来听听小朋友们在唱什么歌。

很显然,高中生的思维趋向理性,但缺乏了创造性。幼儿园小朋友想象力丰富,更具有童趣和创造性。不少教师感慨万千:我们的教育在使学生学会实事求是的同时,也扼杀了他们的大部分想象力。

2. 想象思维的分类

想象思维,可分为无意想象和有意想象,有意想象又包括再造性想象、创造性想象和幻想。

(1)无意想象。无意想象是不受意识主体支配的想象,思维主体没有特定的目的性,可以让思维的翅膀任意飞翔,达到一种非常自由的状态,如做梦、走神等。

无意想象,虽然是无法控制的,但是有时候也会产生积极的结果,使日思夜想未能解决的问题,突然在梦中得到解决。

(2)再造性想象。再造性想象的形象是曾经存在过的,或者现在还存在着的,但是思维主体在实践中没有遇到过它们,而是根据他人语言或文字、图样的描述,在头脑中形成相应的新形象的心理过程。

例如,在学习历史的时候,头脑中就会构想出种种历史场景;阅读文学作品的时候,眼前便会浮现出各种人物形象;电影演员根据剧本的剧情对白及导演的启示,想象出该角色当时的心理状态;警察根据受害者的陈述,想象出犯罪嫌疑人的长相特征;等等,这都是再造性想象。

(3)创造性想象。创造性想象是根据一定的目的和任务,在头脑中创造出新形象的心理过程。创造新技术、新产品、新形象之前,在创造者头脑中已经形成构成这种新事物的形象。例如,作家在头脑中构成新的典型人物形象就属于创造性想象。

【示例】　1923年的诺贝尔医学奖颁给了加拿大医生班丁,原因是他和助手一起发现了能控制糖尿病的胰岛素。他的这个发现源于他的一个想象,他在研究中发现糖尿病患者的胰腺暗点比正常人要小得多,于是他就想这会不会是患者体内糖分成倍增长形成糖尿病的原因呢?

(4)幻想。幻想也叫憧憬性想象,它是一种对美好的未来、对希望的事物、对某种成功的向往,是创造想象的一种特殊形式,由个人愿望或社会需要引起。积极的符合现实生活发展规律的幻想,反映了人们美好的理想境界,往往是人的正确思想行为的先行。

【示例】　19世纪法国著名科幻作家儒勒·凡尔纳(1828—1905)一生中运用憧憬性想象写出了104部科幻小说和探险小说。书中写的霓虹灯、直升机、导弹、雷达、电视台等,当时虽都不存在,但在 20 世纪都已实现。这足以证明憧憬性想象的确是科学创造发明的前导。

三、联想思维

1. 联想思维的概念及特点

联想思维,就是根据当前感知到的事物、概念或现象,想到与之相关的事物、概念或现象的思维活动,也就是通常所说的由此及彼、举一反三、触类旁通。

联想具有形象性和连续性两个特点。联想思维属于形象思维范畴,因为它的思维过程要借助于一个个表象得以完成;联想思维一般是由某事或某物引起的其他思考,即从某一事物的表象、动作或特征,联想到其他事物的表象、动作或特征。

2. 联想思维的分类

联想思维可分为相关联想、相似联想、类比联想、对称联想和因果联想。

(1)相关联想。相关联想是由给定事物联想到经常与之同时出现或在某方面有内在联系的事物的思维活动。苏联心理学家哥洛万提议进行的实验表明,任何两个概念(语词)都可以经过四五个阶段建立起相关联想的联系。

【示例】 木质和皮球是两个离得很远的概念,但是只要经过四步中间联想(每个联想都是很自然的)就可以从"木质"联想到"皮球"。其环节是木质——树林,树林——田野,田野——足球场,足球场——皮球。

(2)相似联想。相似联想是从给定事物想到与之相似的事物(形状、功能、性质等方面)的思维活动。例如,从油炸元宵可以联想到与之形状相似的乒乓球,从飞鸟可以联想到与之功能相似的飞机,从香味可以联想到与之气味属性相似的花香。相似联想能促进人们产生创造性的设想和成果。

【示例】 1903 年两位美国发明家莱特兄弟制造飞机成功,当时飞机虽然上了天,可是还有一个难题没有解决,就是怎样使飞机在空中拐弯的时候能够保持机身平衡,当他们观察到老鹰飞行的时候问题迎刃而解,他们仿照老鹰的羽翼制作了后缘能够弯折的机翼。现代飞机的机翼正是从莱特兄弟发明的这种机翼发展而来的。

(3)类比联想。类比联想是指对一件事物的认识引起对和该事物在形态或性质上相似的另一事物的联想。由于这种联想是借助于对某一事物的认识,通过比较它与另一类事物的某些相似,达到对另一事物的推测理解。

【示例】 古埃及人用不断地转动链条来运输水桶的方法灌溉田地。1783 年英国人埃文斯把这个方法运用到磨坊里去传送谷粒。他根据类比完成了从运送液体到运送固体的经验转移。

(4)对称联想。对称联想是由给定事物联想到在空间、时间、形状、特性等方面与之对称的事物的思维活动。例如,由左联想到右,由上联想到下,由光明联想到黑暗,由放大联想到缩小。对称联想也能促使人们产生创造性的设想和成果。

【示例】 牛顿发现天体运动的原因,据说是在花园里,碰巧一个苹果从树上掉下来,他因此突然想到,苹果落地和天体运动,是因为同一种力(后来被称为万有引力)。其具体过程是这样的：苹果的落地使他想到既然在最深的矿井和最高的山上都这样感到地球的吸引力，那么，这种力能否达到月球？牛顿自己说，"就在这一年，我开始想到把重力引申到月球的轨道上"。

（5）因果联想。因果联想是指由事物的某种原因而联想到它的结果，或由一个事物的因果关系联想到另一事物的因果关系的联想。人们由冰想到冷，由风想到凉，由火想到热，由科技进步想到经济发展，运用的就是因果联想。

【示例】　美国工程师斯波塞在做雷达起振实验时，发现口袋里的巧克力融化了。原来是雷达发射时的微波造成的，找到因果关系就联想到用微波加热食品，发明了"微波烤炉"。

四、直觉思维与灵感思维

1. 直觉思维

直觉思维是一种未经逐步分析，而是凭借已有的知识与经验，便能对问题的答案做出迅速而合理的判断的一种思维方式。它是一种无意识的、非逻辑的思维活动。直觉思维具有直接性、快速性、跳跃性、理智性的特点。

人们可以依靠直觉进行优化选择，做出创造性预见，也可以借助直觉获得新的发明，依靠直觉提出新的科学思想。但直觉也容易让人局限在狭窄的观察范围里，也会使人把两个风马牛不相及的事件纳入虚假的联系之中。有时甚至经验丰富的研究者也常常根据范围有限、数量不足的观察事实，就凭直觉错误地提出假说和引出结论。因此直觉得出的发现或者猜测，应当由实践来检验它的正确性。

2. 灵感思维

灵感思维是一种在不知不觉中产生的突发的特殊思维形式，它既指突如其来的对事物规律的认识，也指突然闪现的解决问题的创造性设想。也就是人们常说的灵机一动、豁然开窍、"踏破铁鞋无觅处，得来全不费工夫"的经历。灵感思维具有突发性、瞬时性、飞跃性、情绪性的特点。

五、用形象生动的语言表达形象思维结果

形象思维不仅以具体表象为材料，而且也离不开鲜明生动语言的参与。

教师，应该具有形象思维的能力。在教育教学中，一方面教师应借助形象，唤起学生已有知识、经验，来理解重要的知识点；另一方面，教师要通过绘声绘色、形象化的语言去感知学习的内容，促进学生思维、想象，激发情感。

所谓形象化的语言，就是能够把事物、人物性格和情景等具体地、生动地表现出来的语言。运用这种语言，能够生动地刻画出栩栩如生的人物形象，绘声绘色地描绘出客观事物、景物的特点，淋漓尽致地抒发自己的某一种情感，生动逼真地再现某一生活画面。

怎样使语言生动形象起来呢？一是用含义具体而有形象感的词语。运用具体而有形象感的词语，会使语言自然流畅，优美动人。二是用"五觉法"，多角度进行表达。观察事物的角度不同，人物的感受就不同，而对同一对象的表达角度也不同。所谓"五觉法"，就是通过人们的感觉器官（即眼、耳、鼻、舌、皮肤等）充分地接受外界的信息，对物体进行多

重感知,并将感知到的表达出来,便会取得更好的表达效果。三是表达时恰当使用修辞手法,可以使语言生动、准确、鲜明,增强语势。对偶句整齐明快,朗朗上口;排比句内容广博,气势磅礴;反问句观点鲜明,铿锵有力;比喻句形象生动,可读性强;引用诗词、名句,可以增加文化底蕴。此外,句式的灵活运用和搭配也能使语言增色不少。肯定句与否定句、短句与长句、整句与散句、常式句与变式句、主动句与被动句,不同句式有序合理的组合,能使语言多姿多彩,富有韵味。

【示例】 比较下面两段话。

中年是一个繁杂丰富的人生阶段。它既有美好的一面,也有平庸的一面。我现在是身兼数职,既要照顾年迈的老人,又要照顾自己的孩子。学校里的事要忙,家务事也不能不管,自己还得学习进修,生活就是这样有苦有乐地进行着。有时候颇为感慨,生命就这样不知不觉地流逝了。

中年是一块色彩斑驳的画布,亮丽的色彩和平庸的线条在这里交织。中年的目光不能遗漏生活的任何一个角落:我既要关心妻子的血压是高还是低,儿子的考分是二位数还是三位数,又要关心文坛上最近有什么新名字,教育界近来有什么新花样。生活就是这样,在人民币和粉笔灰之间,在教师节的贺卡和厨房的抹布之间杂然展开。有时候难免感慨:生命就随着这日子,在一根根多起来的白发和一张张少下去的日历中悄然流逝了。

评析:两段话,都表达的是中年教师的忙碌、辛苦、不容易。第二段选用了具体可感的文字,巧妙运用了多种修辞方法,因此,显得更有文采,能给人留下深刻印象。

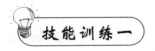

联想链训练

训练目标

通过联想链训练,提高学生的想象、联想速度与能力。

训练要领

1. 对起点词语与终点词语分别进行发散思维。

2. 在两个词语的发散思考中,寻找可能发生联系的点,由此找到联想链中的第二个词语。以此类推,说出第三个词语、第四个词语,越来越接近终点词语。

3. 表达准确、有条理,能让听众听明白词语之间的联结点。

课堂训练

从下面几组联想链中,选择一组,试着填写完整,并说一说你的联想过程。

1. 飞鸟——(　　　)——(　　　)——(　　　)——(　　　)——车站

2. 天空——(　　　)——(　　　)——(　　　)——(　　　)——茶

3. 粉笔——(　　　)——(　　　)——(　　　)——(　　　)——原子弹

训练评价

1. 你是否能顺利完成联想链。
2. 你是否能够清晰地向别人介绍你的联想链。
3. 你是否能认真听别人的发言。

拓展练习

在"飞鸟和车站""天空与茶""粉笔和原子弹"三个题目中,去掉联想链,选择一个,展开联想,进行表达。

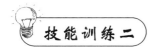 技能训练二

语言诗化训练

训练目标

通过形象化语言表达训练,提高形象思维能力和语言表达魅力。

训练要领

1. 运用想象和联想,展开形象思维。
2. 使用具体可感的词语和修辞手法。
3. 表达时要投入情感。

课堂训练

完成填空,说说幸福是什么?

对小草来说,幸福是享受风的轻拂,雨的滋润;

对父母来说,幸福是孩子健康成长,开心快乐;

对_____来说,幸福是_____;对_____来说,幸福是_____;

对_____来说,幸福是_____;对_____来说,幸福是_____。

训练评价

1. 你是否能顺利完成填空。
2. 你是否有感情地读出你的作品。
3. 你是否能认真听别人的发言,并给予肯定。

拓展练习

用形象化的语言描述:什么是生命?

【练习示例】 生命如同烹调菜肴一样,菜的味道完全取决于调料的齐备和火候的把握,你可以按照固定不变的食谱来烹调。

生命如同一条河,时而宽阔,时而狭窄,时而平静,时而湍急,变化无穷。

生命犹如一只万花筒,稍稍调整角度就能呈现出不一样的图案。

生命是一座你找不到出口的迷宫。

➤ 可扫描本项目二维码进行"音乐(或物品)描述训练"。

任务 26 逻辑思维训练

回顾一下,在课堂上,作为教师,你是不是会经常提出这样的问题:

"为什么呢?""你是怎么想的?""从这个条件(这个现象、这句话),你可以知道什么?""如果顺序(步骤)换一下,行不行? 为什么?"

这些问题的背后,体现着你对学生思维过程的关注,教师也在用这样的方式培养学生的逻辑思维能力。教师需要掌握逻辑思维训练的方法,提高自身及学生的逻辑思维能力,并做到语言表达中言之有理、言之有序。那么,本次任务就着重训练逻辑思维。

 基本理论

一、逻辑思维的概念与作用

1. 什么是逻辑思维

逻辑思维,也称为抽象思维,就是利用概念、判断、推理等形式进行的思维方式。这种思维方式具有规范、严谨、精确、可重复等属性。它将思维主体对客观事物的感性认识抽象成各种各样的概念,再通过这些概念进行价值判断,根据某种逻辑关系进行逻辑推理,从而对客观事物产生新的理性认识。由此可见,概念是逻辑思维的基本单位。概念、判断、推理是逻辑思维最重要的思维工具。

逻辑思维通过分析、综合、抽象、概括等基本方法协调运用,从而揭露事物的本质和规律性联系,进而认识客观世界,这是人类特有的思维形式。在学习生活和工作中,人们大量地使用逻辑思维判断和解决各种问题。在创造发明的过程中,如果离开了逻辑思维活动,就无法揭示出事物的本质和规律,创造和发明也就成了空话。同样在学习活动中也离不开逻辑思维活动,否则就无法掌握事物的本质和规律,概念和原理也就无法建立起来。

2. 逻辑思维的作用

(1)逻辑思维能增强人们把握本质、辨别是非的能力。它可以帮助人们更容易透过表面,看清复杂事物的本质和脉络,从而更合理地调配资源,以最低的成本解决问题。互联网时代呈现的是各异的文化形态,如果缺乏逻辑修养,很难对其做出正确的比较、分析和评价。逻辑思维有助于人们独立思考,增强明辨是非的能力。

(2)逻辑思维能改善人们的表达能力。随着社会制度的改革,无论是考试还是面试,用人单位除了考察专业知识外,还会考察求职者分析、解决问题的能力,以及语言表达能

力等。语言表达准确必须做到以下两点，一是说话的前提是真实的，二是推理、论证的过程遵循逻辑规则。

（3）逻辑思维能够促进人们创新发展。逻辑思维既可以直接产生创新结果，还能检验创新结果正确与否；既对创新目标的实现有引导和调控作用，也在创新成果推广应用中发挥作用。

3. 逻辑思维与形象思维

逻辑思维与形象思维是依据思维的凭借物和解决问题的方式进行的分类。本质区别在于思维加工时所使用的基本单元不同。逻辑思维的基本单元是概念，而形象思维的基本单元是感性形象。例如：一个杯子＋一个杯子＝2个杯子，这是运用了形象思维；如果想到的是1＋1＝2，这就是运用了逻辑思维。

形象思维和逻辑思维这两种思维方式在教育教学实践及日常生活中被广泛使用。形象思维的使用能够更好地贴近学生，帮助学生（尤其是年龄较小的学生）更好地理解抽象的知识点；逻辑思维的运用能够提高教师的理论功底和认知水平，并能将经验上升为规律和理论。两种思维方式相互配合，助力教师的专业成长。

儿童的思维发展过程就是从形象思维向逻辑思维逐步发展、逐步转化的过程，因此，教师还承担着培养小学生形象思维能力与逻辑思维能力的任务。而思维水平是在掌握言语和经验的过程中实现的，这就要求教师要有计划、有步骤地发展学生的言语。

二、逻辑思维规律

逻辑思维的推理形式是多种多样的。但无论推理形式如何变化，都要遵循四大定律：同一律、矛盾律、排中律、充足理由律。

1. 同一律

指在同一个思维过程中，每一思维表达的内容的自身都具有同一性。其公式表述为："甲是甲"或"乙等于乙"。

2. 矛盾律

也称不矛盾律，指在同一个思维过程中，不能既否定又肯定同一事物。其公式表述为："甲不是非甲"或"甲不能既是乙又不是乙"。

3. 排中律

指某个命题为"真"或不为"真"，除此之外不存在其他可能。其公式表述为："甲是乙或不是乙"。

4. 充足理由律

指任何判断必须具备充足的理由。这包含了两层意思：所有事物都有一个成因，这个成因决定了该事物的本质；事物的感性存在与直观存在并不重要，只有那个决定事物本质的成因才是最重要、最真实的。

三、逻辑思维形式

逻辑思维形式包括概念、判断、推理。判断、推理往往用命题的形式呈现。

1. 逻辑思维的分子——概念

概念是一个表达了一定意义的词语。概念包括内涵与外延两个层面。内涵指的是某一概念的具体意义,即该概念的指代对象特有的属性,内涵表达一个事物的质。外延则描述了相关概念的指代对象涉及的范围,外延表达一个事物的量。

例如,"历史"这个概念的内涵指的是曾经发生过的事,其外延则包括了中国历史、外国历史、文明史、军事史、经济史、科技史等。

概念内涵与外延之间具有反变关系。即一个概念的外延越大,则它的内涵就越少;外延越小,内涵就越多。反之,一个概念的内涵越多,则它的外延越小;内涵越少,则外延越大。

我们对一个概念描述得越仔细,概念的定义也就越精确,概念的外延就越小,越不容易与其他概念混淆。

2. 逻辑推理的基石——命题

命题是由一个或多个概念集合而成的观点(或判断),主要用于描述各种事物之间的联系。例如,"女汉子"是一个概念,"女汉子形成的原因是没有男朋友,只能凡事靠自己"是一个命题。公式、定理、定律、法则都是命题。

(1)演绎推理

推理是一项从已知推及未知领域的思维活动。它对人们认识世界和传递信息具有非常重要的作用,它使人们走出直接知觉(直觉),走向间接直觉,探索未知世界,使人的理性作用范围更为广泛。

演绎推理:根据一般性的原理(如自然规律、物理定理等),推导出某个反映特殊情况的本质的结论。

演绎思维最常见的推理方式就是三段论(亚里士多德推理)。通过反映一般性规律的大前提,反映具体特殊情况的小前提,用逻辑推理的方式推出结论。

【示例】 所有金属都是导体,铁是金属;所以,铁是导体。

演绎思维最重要的构成部分就是"前提"与"结论"。假如能同时满足"前提真实"与"形式正确"两个条件,演绎推理就能必然地推出正确的结论。

演绎推理的思考过程就是"从一般到特殊"。

(2)归纳推理

归纳推理:以个别知识为前提,推导出一般性结论的推理。

【示例】 铁能导电,铜能导电,铝能导电,铅能导电,……,铁、铜、铝、铅……都是金属;所以,所有金属都能导电。

归纳推理的思考过程就是"从特殊到一般"。

归纳推理也有缺陷,就是它的结论是或然的。要提高归纳推理结论的可靠性程度,必须尽量多地考察个体对象。

(3)类比推理

类比推理是根据两个(或两类)对象在某些属性上相同(或相似),从而推知它们在另一属性上也相同(或相似)的推理,也称作类推或类比。类比推理的思维过程,是从特殊到特殊、从个别到个别。

【示例】 A对象具有属性a、b、c、d,B对象具有属性a、b、c,推出:B对象具有属性d。

富兰克林曾把天空中的闪电和地面上的电火花进行比较,发现它们有很多相同的特性:都能发出同样颜色的光,爆发时都有噪声,都有不规则放射,都是快速运动,都能射杀动物,都能引燃易燃物。同时又知地面上电机的电可以用导线传导,由此推知天空中的闪电也可以用导线传导。后来这一结论通过著名的风筝实验得到了证实。

怎样提高类比推理结论的可靠性呢?

第一,相类比的两个(或两类)对象相同属性越多,结论越可靠。

【示例】　科学家把疫苗应用于临床前,就要先在动物身上做试验。由于猴子与人的相同属性比小白鼠与人的相同属性更多一些,因此,在猴子身上做试验比在小白鼠身上做试验更可靠。

第二,相类比的两个(或两类)对象的共同属性与推出属性之间的联系越密切,结论可靠性越大。

【示例】　据说鲁班在一次爬山时碰到了杂草,手指被划破了。经过观察,他发现杂草叶片两边排列着锋利的小细齿,于是他想,如果把铁片两边打出很多小细齿,也会很锋利,就会很容易将树伐倒。鲁班就是运用了类比推理的方法发明了锯子。这里的共同属性"有小细齿"与推出属性"锋利"之间的联系就很密切,因此,结论可靠性比较大。

第三,注意防止"机械类比"的逻辑错误。所谓机械类比,就是指仅仅根据两个(或两类)对象的表面的非本质的属性相同或相似,强行类比。例如,太阳和地球都是星体,如果根据地球上有生命存在就推断太阳上也有生命存在,就犯了"机械类比"的逻辑错误。

(4)因果关系

① 分析主要原因和次要原因。因果关系推理中的主要原因,通常指的是与论点联系最紧密的原因,它可能会根据不同论点的转变而形成相应变化。因此我们应该依循原因与论点之间形成的各种有效联系,根据主要原因对结果进行论证。

针对次要原因,必须根据它们与论点之间形成的关系以及起到的作用,进行区别对待,对有作用的次要原因进行相关分析,没有具体作用的次要原因则一笔而过。

② 分析产生的原因。有些情况下,原因可以分为很多层次,有些现象在表面上看来是引发结果的原因,但其实不然,因为在它们背后还存在着引发它们的原因。对于拥有多个引发原因的结果,如果仅仅停留在某个单一层面上,将这一原因当作引发结果的最终因素,论点就会变得相对肤浅,并且很难将分析的问题理清楚,得出的结具所拥有的说服力必然不大。遇到这种情况,我们必须深究,找出引发结果的最终原因。

通常情况下,能够轻易找出并被大家熟知的原因,拥有的论证力也非常低;而不易被发现的原因,越能表明事物存在的实质问题,其具备的说服力就越高。

③ 分析因果关系的差异性。不同原因得出相同结果,表面上看来没有什么关联,但用联系的眼光分析问题,就会发现在这些不同的背后有着某些共同之处,这样就可以避免受到事物表面现象的迷惑,直接深入事物本质。

相同原因得出不同结果也是事物之间常见的相互联系。原因相同,但条件不同,就可能产生不一样的结果。

四、逻辑思维方法

常见的逻辑思维方法有分析、综合、归纳、演绎。

分析是指用思维把事物分解为各个部分分别加以考察,从而便于形成各个概念或便于确定概念间的关系的方法。

综合是指思维把事物的各个部分用形成的各个概念分别代表,形成原来的整体事物的概念或确定这些各个部分的概念的关系的思维过程。

归纳是指思维找出多个具有特殊性的具体事物的共同性的方法。

演绎是指思维从事物的一般性返回到事物的具体的个别性的方法。

五、如何提高思维的逻辑性

1. 提出观点时应当找准"已知前提"

"已知前提"就是推理的线索与论据。如果在这个环节发生错误,那么无论你的推理如何严丝合缝,都不会得出正确结论。若是"已知前提"本身不够明确,我们也无从进行有效论证。

2. 逻辑思考的方向应当具有唯一性

许多人提出观点后,可以这样解释,也可以那样解释。这就违背了逻辑思维的同一律。

3. 推理过程要能逻辑自洽

所谓"逻辑自洽",就是"自圆其说"。逻辑推理是一个闭合的环。通过若干"已知前提",顺着唯一符合条件的思考方向,形成一个严密的首尾衔接的观点。

六、教师语言的逻辑性

认识或叙述一个事物,要抓住基本的规律,让事物有序化;要把握部分与整体的关系,要把握主要与次要的关系;要找到事物之间的联系;要善于提炼要点。

教师在备课、上课、说课、评课、会议发言、论文写作、班级管理中,都需要用到逻辑思维,来体现观点、顺序、主次、联系。

思维的方式影响着言语的表达,言语表达表现出思维的能力。那么,教师怎样让自己的语言吻合思维,更能具有逻辑性呢?

第一,表达要有头有尾,每句话要完整,不要说半截话。

第二,表达要有序,在结构上可采用"总—分—总"的思路。

第三,表达要清晰,可以使用"第一、第二、第三"等表达方式,还可以使用关联词语,使句与句之间的关系更加明晰。

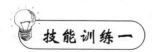
技能训练一

观点陈述训练

训练目标

自己提出一个观点,并用有序、有力的论据论证自己的观点,使人信服。

训练要领

1. 提出的观点要鲜明。
2. 为了证明观点,可以使用理论论据、事实论据、数据、名人名言等。
3. 各论据之间是并列关系,不能兼容或包含。
4. 结束时再次强调观点。
5. 语言表达要清晰,可以用上一些关联词。

课堂训练

你认为,成功源自什么? 请提炼出一个观点,并用两三个论据论证这个观点。

训练评价

1. 你(或他)是否能独立思考,提出一个鲜明的观点,并有条理、有层次地论证该观点。
2. 你(或他)是否能够完整地、声音洪亮地表达。
3. 你是否能认真听别人的回答,并根据他的表达,知道他的观点和论据。

拓展练习

外国的一个教育家说:"要认识学生,要学习学生",对这种说法你如何看?

【练习示例】　教育的本质就是为培养新生一代准备从事社会生活的整个过程,它是为学生成长服务的。每个学生都是不一样的,他们都有属于自己的个性和性格,而正是由于个性的差异使得每位学生都与众不同,因此每个人的成长路线也大相径庭。作为老师,为了更好地教育学生,我们必须做到"要认识学生,要学习学生"。

一方面是要认识学生。对于学生来说:学习的积极性主要取决于学习兴趣和克服学习困难的毅力。而老师的任务就是进行有针对性的引导,这个引导就需要对每一个学生有一个更加深入的了解,然后再根据每一个学生不同的特点制订出更有针对性的学习方案并提高学生的学习积极性,这样才能够让每个学生走出属于他自己的道路。

另一方面是善于发现和欣赏学生的优点和长处。我们应成为学生学习的引导者、激励者和点拨者,以平等的心态对待每一位学生,尤其要善于用期待的心理对待暂时处于弱势的学生。

正确解读"要认识学生,要学习学生"这句话对于老师以后的教学二作是大有益处的,这样不仅仅能够有针对性地培养学生,让学生有针对性地提高,更重要的是能够让学生有一种对于真理不断追求、不断挑战的信心,这对于学生的发展是非常有利的。

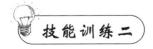

技能训练二

观点反驳训练

训练目标

在了解他人观点的基础上进行辨析,找到不足,进行反驳,以此提高辨析能力、逻辑思维能力和语言表达能力。

1. 认真聆听,了解他人的各种想法或观点,并用合适的方式记录他人表达的要点。
2. 辨析出他人观点不正确、不完整或论据不充分之处。
3. 整理出自己需要反驳的要点。
4. 清晰、有序地提出自己的想法看法。

课堂训练

我们是否应当学会放弃?

大家各抒己见,提出自己的想法,也可在别人想法的基础上进行补充,或反驳他人的观点。

训练评价

1. 是否认真聆听别人的陈述,并做好适当的记录。
2. 是否在有限的时间里找到别人观点或论据中的不足(或与你不同的部分)。
3. 是否能够有条理、有重点地表达出自己与别人不一样的观点。
4. 及时反驳别人时,是否能够做到有礼有节、具有风度。

拓展练习

你认为"顺境更有利于人的成长",还是"逆境更有利于人的成长"?

正方:顺境就是良好的境遇,逆境与之相对。人的成长指的是人从自然人转变为社会人,以及充分社会化的过程。以身心的健康发展和社会角色趋向成熟两个指标来显示,虽然顺境逆境都是人成长过程中必然面对的人生境遇,但比较而言,顺境更有利于人的成长。

首先,从人的身心发展来看,……

其次,从人的社会化进程来看,……

反方:在对方辩友的言论当中,对方辩友告诉大家,顺境等于顺利的境遇,但是她没有告诉大家,到底她谈的是过程中的顺利境遇,还是结果的顺利境遇,所以显然对于这一点,我方是存疑的。现在我们来理清辩题的一个基本概念,今天我方所指的逆境,其实所指的是一个人在追求目标的过程当中,他所付出的努力及遭遇的困难是高于一般所谓的预期。所以如果一个人,他要付出三分努力解决一些问题的时候,结果他付出了八分,甚至他付出了更多的努力,也没有办法完成的时候,我们说,这个人面对了一定的逆境。

我方认为所谓的成长,指的是一个人在知识、经验,以及能力及人格方面获得增进,所以简单来说,逆境更有利于人的成长。当人付出的努力,或者他遭遇的困难,高于他自己本身的预期的时候,我们人依然能够从这个过程当中获得更多知识上的发展。

我方说,逆境更有利于人的成长,是基于三个理由。……

➤ 可扫描本项目二维码进行"事件讲述训练"。

任务 27　创新思维训练

如今,社会生活更加丰富多彩,人们看待现象的观点和方法也是百艺齐放,教育教学中出现的各种情况也变得更加复杂多样。仅靠简单初级的模仿思维、常规思维已经不能满足人们的需求了。作为师范生或教师的你,是否会发现,学生经常会问一些非常奇怪的问题,还有不少奇怪的想法,比如司马光不需要砸缸也能救人等,让你不知道怎样回应他们。其实,这恰恰说明了学生的思维很具有创新性。作为教师,怎样让自己的思维更有创造性? 怎样面对和培养学生的创新思维? 现在就来进行创新思维的训练。

基本理论

一、创新思维的概念与作用

创新思维是对已知事物或未知事物进行前所未有的思考,从而创造新事物、获得新成果的思维活动,是一切具有崭新内容的思维形式的总和。对已知事物进行前所未有的思考是指对人们熟悉或已认识到的问题,从新的角度、新的途径重新进行思考,提出新颖、独特的见解;而对未知事物进行前所未有的思考是探索性的、创造性的。

创新思维是人类思维活动中最积极、最活跃和最富有成果的一种思维形式,它比模仿思维更能体现人的主观能动性。从钻燧取火到大规模使用火柴,从驾驭牲畜到驱使机械汽车,从农业经济社会到创意经济社会,人类能够一步步走到今天,不断认识世界、改造世界,靠的就是创新。在信息飞速发展的今天,人们更需要由模仿思维方式切换到创新思维方式。

教育教学就是一项创新实践活动。作为教师,将遇到各种各样的问题,甚至是意想不到、没有预设、不知答案的问题。只有具备创新思维,一切问题才能找到合适的解决办法。因此,需要学习创新思维、运用创新思维,并贯彻落实习近平总书记提出的"教师要做学生创新思维的引路人",培养学生的创新精神和创造能力。

创新思维并不是单一的思维形式,而是发散思维、形象思维、逆向思维、联想思维等各种思维方式综合优化的体现。

二、创新思维的特点

创新思维作为一种思维活动,既有一般思维的共同特点,又有不同于一般思维的独特之处。创新思维具有五个特点:

1. 思维主体的主动性

即对问题具有高度的敏感性。创新思维是创新主体的一种有目的、有意识的活动。对问题的敏感性也可称为问题意识,其中至少包含两方面的含义:一是很快就能注意到某一情境中存在的问题,例如,对待一个问题,他可能会问:"为什么不找一种新的方法(思路)去解

133

决""为什么不去发明一种新技术(设备)来处理这一问题";二是能够在貌似平淡无奇的事物中觉察到一些奇特的、不同寻常的事情,例如可以在一道试题中找到隐含着的不同问题。

2. 思维空间的多样性

多样性,又称非单一性、广阔性,它是以思维的量来衡量的,要求思维活动能在短时间内产生解决问题的许多想法或构想。因此,它既包含逻辑思维,又包含非逻辑思维;既包含发散思维,又包含聚合思维。创新思维实际上是各种思维形式的综合体。

3. 思维方式的变通性

变通性又称灵活性,是指思路开阔,善于根据时间、地点、条件的变化,从一个思路跳到另一个思路,从一种意境转入另一种意境,在"山重水复疑无路"时,能够发现"柳暗花明又一村"。创新性人才往往可以轻易地摆脱惯性、摆脱原有的思维定势,可以根据不同的信息修正自己对问题的认识,具有极强的适应性。思维的变通性是以多样性为前提的。

4. 思维成果的独特性

独特性又称新颖性,是指"与别人看同样的东西却能想出不同的事物",经常能够提出不同寻常且又可以被人们所接受、认可的观点。它以打破陈规、与众不同、独辟蹊径、别开生面为特点。思维的独特性是多样性和变通性的归宿,是创新思维的最高层次。

对于具有创新思维的人,一定要善于超越常规思维,以独特的视角,采用不同于他人的方法,选择独特的切入点,沿着独特的路径,对研究对象进行思维,从而得到新颖独特的有价值的思维成果,或形成新的设想,解决新的问题,创立新的学说和理论。

5. 思维程度的深刻性

深刻性是指创新思维的深度,创新思维能认识事物的本质,找准问题的症结,抓住解决问题的关键。即能从现象透视本质,从形象上升到抽象,由肤浅进入深刻,就个别认识一般。

三、思维创新的方法

1. 要不断克服不良的思维定势

思维定势就是在思考或解决某一问题时按一定的思维惯性,用过去同类或相似的办法来思考,简单地说就是"用过去的思维影响当前的思维"。例如:"1 加 1 等于多少?"思维定势会答"等于 2"。但是,如果是按照二进制计算就等于 10,另外如果是按照社会法则计算的话,不排除存在 1+1 等于 0 或大于 2 的可能性。

2. 需要有问题意识

各种各样、大大小小的,甚至是奇特怪异的问题构成了创新思维的训练环境。问题是创造的开始,对已有的经验提出疑问,进行深入探究,就会有更多新思想、新方法、新事物产生。因此,当学生提出奇怪问题时,应该充分肯定和鼓励。当学生根据以前学过的知识自己推导或通过实验得出了新的定理、定律,哪怕这个定理、定律早在几百年前就已被科学家证明了,我们说这仍然是了不起的创新,这种"经历"一遍的做法能有效提升学生的创新能力。

3. 需要进行训练,让思维旋转起来

对于创新思维而言,任何问题都存在着多个答案,这种多答案源于从多个角度看问题。可以通过发散思维、形象思维、跳跃联想、大胆想象、直觉思维、类比思维等各种思维方式的训练让思维更加广阔、灵活、敏捷。下面,介绍常用的 12 种创新方法。

（1）加一加。在原有基础上加大、加长、加高、加宽，进行创新。

【示例】 人没法长高,鞋底加高就增加销量;从早期14寸电视机到70寸电视机再到投影。

（2）减一减。在原有基础上省略不必要的(减少、减短、减窄、减轻、减薄),进行创新。

【示例】 移动硬盘是越小越方便携带,销路越好;大米改成小包装反倒卖得快;目前市面上不少多功能产品,其中90%的功能用户不会用到,这个时候减去很多没有必要的功能,就意味着成本的降低;企业管理有时要减少员工,进行末位淘汰,保持组织持续进步的活力。

（3）扩一扩。在原有基础上增加功能、用途,扩大使用领域,进行创新。

【示例】 有一个中学生在雨天与人合用一把雨伞,结果两人都淋湿了一个肩膀。他用"扩一扩"的办法,设计出了一把"情侣伞"——将伞面积扩大,并呈椭圆形,这种伞在市场上很畅销。早期的移动电话,增加了收音机、电视机、照相机、摄像机、计算器、GPS导航、信用卡等多项功能后就产生了现在的智能手机。

（4）变一变。改变原有事物的形状、尺寸、颜色、滋味、浓度、密度、顺序、场合、时间、对象、方式,音响等,进行创新。

【示例】 有些品牌油漆颜色多变,就能处处放光彩;有些葡萄的品种带有玫瑰的香味,销量很好。

（5）改一改。这种方法常常是在事物缺点暴露出来后,通过消除这种缺点的方式来进行创新创造。

【示例】 同一产品卖点改一改,销路就更好了,如王老吉、加多宝,把卖点改为预防上火的饮料就迅速火了起来。

（6）缩一缩。把原有产品的体积、分量进行压缩、缩小、降低,进行创新。

【示例】 掌中宝电脑、折叠自行车、压缩饼干、袖珍收音机、袖珍雨衣、书籍的缩印本、袖珍词典都是采用"缩"的创意。

（7）联一联。通过把某些东西或事物关联起来,寻找其中的联系进行创新。

【示例】 某牛奶品牌将航天载人火箭与牛奶联系在一起,借势提升了知名度和牛奶的品质。

（8）学一学。通过借鉴、综合、学习、模仿别的物品的原理、形状、结构、颜色、性能、规格、方法等,以求创新。

【示例】 淘米时,倒水很麻烦,一不小心,米就会流失。一位小发明家看了米筛做得密,不易漏米,学着做个半圆形的铁丝网,罩在淘米桶上就不会使米流失了。

（9）代一代。用别的工具、方法、材料尝试代替,实现创新。

【示例】 古代的阿基米德告诉我们称重不一定要秤,用浮力也可以;小学课本上的一则故事告诉我们,乌鸦喝水不一定非得打翻瓶子,把石子放入瓶中,水位升高,就能喝到水了。

（10）搬一搬。移动、转作他用或是把物品的某一部件搬动一下,产生一种新的物品,进行创新。

【示例】 有些产品在城里没销路,向边远农村转一转,可能又焕发新活力;有些商品在实体店面卖得不好,转向网络销售,销量骤增。

（11）反一反。将一件东西、事物的正反、上下、左右、前后、横竖、里外颠倒一下,会出现不同的结果,从而实现创新。

【示例】 田忌赛马的故事告诉我们,顺序颠倒,要素不变,却可以改变竞争的结局。

(12)定一定。对新产品或事物定出新的标准、型号、顺序,或者为改进某种东西以及提高工作效率和防止不良后果做出的一些新规定,从而实现创新。

【示例】 宝洁公司推出不同系列产品,各显神通,海飞丝去头屑,飘柔柔顺,潘婷护发等。

其实,不论是怎样的方法,只要做了前所未有的思考,就是创新思维。

 技能训练

创新方法训练——"未来的＊＊"

训练目标

运用介绍的创新方法,展开想象,进行创意,设计出未来的作品、产品或情景。

训练要领

1. 要了解现有的产品、作品、情景是怎样的。
2. 运用加一加、扩一扩、变一变等方法描述未来世界里的样子。
3. 表达时要清晰、流畅,重点说出创新点。
4. 认真聆听别人的发言,尊重别人的想法。

课堂训练

未来的课堂(或未来的手机)。

训练评价

1. 你(或他)的想法是否充满创意,与众不同。
2. 你(或他)在表达过程中是否有层次、有重点,能突出创新点。
3. 你是否能认真听别人的讲述,并给予积极的表情、动作或声音的回应。

拓展练习

未来的中国。

【练习示例】 几十年前,方志敏同志在《可爱的中国》中描绘了一幅美好中国的图景。经过几代人的努力,变成了现实。现在大家对未来中国的畅想,也许几十年后也能成为现实。因此,此处摘录《可爱的中国》,那是过去中国的"未来中国"。

朋友,我相信,到那时,到处都是活跃的创造,到处都是日新月异的进步,欢歌将代替了悲叹,笑脸将代替了哭脸,富裕将代替了贫穷,康健将代替了疾苦,智慧将代替了愚昧,友爱将代替了仇杀,生之快乐将代替了死之悲哀,明媚的花园,将代替了凄凉的荒地! 这时,我们民族就可以无愧色地立在人类的面前,而生育我们的母亲,也会最美丽地装饰起来,与世界上各位母亲平等地携手了。

➤ 可扫描本项目二维码进行"新奇观点训练"。

项目九
教学口语训练

教师在课堂教学中使用的语言表达就是教学口语。根据教学环节,教学口语分为导入语、讲授语、提问语、过渡语、评价语、结束语等。教学是严谨的,因此,教学口语需要准确、规范、严谨、科学。但体现在具体教学环节语的运用上,也有不同的特点。

 思维导图

教学口语训练
- 导入语训练
  - 直接、直观、故事、实验导入
  - 问题、情境、温故、悬念、经验、活动游戏导入
- 讲授语训练
  - 讲述语、讲解语
  - 归纳语、评点语
- 提问语训练
  - 探究性提问
  - 启发性提问
- 过渡语训练
  - 直引式、顺接式、归纳式、设问式、复述式
  - 评论式、引导式、黏连式
- 评价语训练
  - 赏识式评价语
  - 启发纠错式评价语
- 结束语训练
  - 激情式、点拨式
  - 预告式、归纳式

任务 28 导入语训练

在备课过程中,不少师范生或教师都会认真备好导入部分。活泼的教师,爱和学生聊天,一会儿就和学生融合,很快就能调动学生的学习情绪;文雅的老师,爱讲述故事,设置情境,很快就能动之以情。

"好的开始,就是成功的一半""万事开头难",这都表明了开课的重要与难度。你认为导入重要吗? 每次上课,你会怎样导入课程,让学生兴趣盎然,快速进入学习状态呢? 在导入课程时,又该怎样运用好语言呢? 本次,学习训练的任务是导入语。

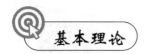 基本理论

一、导入语的定义

导入语也称导语,即通常所讲的"开场白",是课堂教学中的重要一环,是指教师在一项新的教学内容或教学活动开始前,引导学生做好心理准备和认知准备,并让学生明确学习目标、学习内容及学习方式的一种教学行为。

二、导入语的作用

1. 明确教学目的

教学有无明确的目的,以及学生是否明确目标,是衡量教学成功与否的重要标准。面对一堂新课,学生常常无从下手,有经验的教师就会在课堂导入过程中让学生预先明确学习目标,让学生知道本节课需要掌握的知识和技能。当学生的积极性调动起来、思维处于活跃状态时,教师适时地讲明学习的目的和意义,从而激发其学习动机,使学生保持旺盛长久的注意力,并自觉地控制和调节自己的学习活动,积极主动地参与课堂教学。

2. 激发学生兴趣

"兴趣是最好的老师",精彩的导入会使学生如沐春风,如饮甘露,进入一种美妙的境界。在导课过程中,教师风趣幽默的讲解、富有感情的朗诵、漂亮美观的板书、富有挑战性的提问都可以吸引学生注意,激发其学习新课的兴趣。

3. 展现教师魅力

良好的导入是展现教师魅力的关键,特别是对于新教师。教师的一个眼神、一个动作、一抹笑容、一句话语,如果一下子能打动学生,那便取得了通往学生心灵的通行证,为教与学之间的信息交流、情绪反馈打开了通道、铺平了道路,使教师的授课建筑在学生期待、信赖、尊重、理解的基础上。高明的教师总是善于运用独特的开场白来活跃气氛,以达到师生心理相容的目的。这种良好的教学氛围,既有利于教师的教,也有利于学生的学。

4. 巩固并拓展学生知识

课堂教学的每一个环节都是为教学、教育服务的,这就要求每一个环节使用的语言都必须承载饱满的信息量。导入语作为教学中的一个环节语,同样具有传递知识信息的作用。教材中每一篇目、单元都不是孤立的,各篇目、各单元之间,甚至各学科之间都存在着千丝万缕的联系。因此,在导入的时候可以针对讲解内容,将以前学习的知识与本课相结合,巩固学生学过的知识,将学生未知的知识或其他学科的知识与本课结合起来,拓展学生的知识面。

5. 开阔学生视野,拓展其思维

历史典故、寓言笑话、传说故事、演示实验等内容的课堂导入,可以增加学生的知识、开拓学生的视野、增长学生的智慧。问题情境的课堂导入,可以激发学生解决问题的欲望,促使其不断思考和探索。

6. 设置伏笔

优秀的课堂导入会为整节课甚至整个章节、学科的教学设置伏笔,整个课堂会围绕这个伏笔展开,开端、发展、高潮、结局依次有序且精彩地演绎下去。导入中的伏笔将引导学生去寻求答案,经过师生共同努力,最终豁然开朗,解决问题,令人回味无穷。

三、导入语的要求

导入语一般都是小语段,其话语构建既需要关注内容层面,也需要讲求形式表现。具体表现在以下几个方面:

1. 短小精悍,用意明确

导入语的作用主要是引起学生注意并导入正题,因此要精心设计,力争用最少的话语、最短的时间,迅速而巧妙地缩短师生间的距离,将学生的注意力集中到听课上,切忌拖沓冗长。

短小精悍是对导入语形式层面的要求,一方面要求教师在进行话语表达时尽量少用"嗯、啊、然后、后来、这个、那个"之类的与话题内容无关的指示词、语气词;另一方面要求教师在选词造句时尽量使用易于学生接受的词语和结构比较简单的、字数较少的短句。

用意明确是对导入语语义层面的要求。优秀的导入语在语义的构成上除了具有思维的定向性,让学生尽快围绕教学内容积极思考外,还应该包含以下几个语义内容:① 显示所要讲述内容的要旨,即本课所要解决的重点问题。② 传输一定的情感基调,让学生为全身心的情感投入做出准备和酝酿。③ 确立语言风格基调。每一节课,因为教授内容和主题的不同,教师所选用的语言表现风格会有差异。通过导入语可以确立全课的基本表述风格及方式,是叙述还是抒情,是说明还是议论,是高亢还是沉郁等都会让学生有一个整体的感知和把握,使整节课的教学在一个总体模式中井然有序、有条不紊地进行。

2. 话语关联,过渡自然

导入语是整个教学环节语的一部分,话语关联是对导入语逻辑性的要求,即要求导入语要与所要导入的内容相关联,甚至与最后的结束语相关联。话语表达的关联性是教师语言运用的要旨。教师要能够自始至终清楚地知道自己要表达什么,即使中间出现干扰,也要及时调整,让思维和表达都保持在一条主线上。

过渡自然是对导入语与整节课衔接方面的要求。至上的艺术多追求自然。导入语设计也应不露斧痕、浑然天成。切忌为巧求巧、为奇追奇,以致生拉硬扯、弄巧成拙。好的导入语应紧扣教学内容,自然、贴切地过渡到新课学习,没有生硬感和拼凑感。

3. 新颖别致,具有吸引力

新奇的东西能激发人的兴趣,因此导入语设计必须新奇有趣。导入语一旦激起学生的兴趣,学生就会主动地跟随教师去探讨知识的奥秘。

课堂教学导入语的新颖包括形式与内容两个层面。形式层面的新颖是指语言表达方式与众不同,让人耳目一新。内容层面的新颖是指语用者对事物的认知有独到的见解。教师与学生进行话语交际时,所说的话语有无个人独到的见解,对话语交际能否获得良好的效果影响甚大。一个既有深刻、丰富思想内涵,又有高超语言表达能力的教师,其实施

139

的话语行为新颖别致,具有吸引力,一定能获得学生的认同。

四、导入的类型与导入语的使用

导入语没有固定的模式,一节课如何开头也没有固定的方法。由于教学内容、教学对象不同,个人兴趣爱好和习惯不同,教师所设计的导入语也各不相同。常见的有以下几种类型:

1. 直接导入

直接导入是最简单和最常用的一种导入方式,上课伊始,教师直接阐明学习目标和要求,以及本节课的教学内容和教学安排,通过简短的语言叙述、设问等,引起学生的关注,使学生迅速地进入学习情境。

【示例】 "同学们,今天这节课,我们来学习正方体。"

2. 直观导入

直观导入是指教师通过实物、标本、挂图、模型、图表等直观教具或多媒体对与教学内容相关的信息进行演示的一种导入方式。这种导入方式以强烈的试听效果、逼真的现场感受吸引学生进入学习情境。

【示例】 出示桂林山水的宣传片,让学生观看。"同学们,这儿就是桂林,去过吗? 想去吗? 让我们一起走进《桂林山水》这篇课文吧。"

3. 故事导入

故事导入是指教师利用学生爱听故事、爱听趣闻轶事的心理,通过讲述与教学内容有关的具有科学性、哲理性的故事、寓言、传说等,激发学生兴趣,启迪学生思维,创造情境,引出新课,使学生自觉进行新知识学习的一种导入方式。采用故事导入新课,可以把相对枯燥的内容变得生动有趣,从而激发学生的学习兴趣,某种意义上也有利于使学生的思维从抽象思维过渡到直观性思维。

【示例】 "同学们,上课之前我先给大家讲一个我国外交史上著名的故事。20 世纪50 年代初期,周恩来总理接受一名美国记者的采访,那位美国记者见桌上放着一只美国派克钢笔,便问:'请问总理阁下,你们堂堂的中国人为什么还要用我们美国生产的钢笔呢?'周总理答道,'提起这支钢笔呀,那可说来话长了,这不是一只普通的笔,是一个朝鲜朋友在战场上得到的战利品,把它作为礼物送给我,我觉得有意义就收下了贵国的这支钢笔。'美国记者一听,顿时哑口无言。周总理这种以子之矛攻子之盾的谈话技巧,在《燕子使楚》中也有运用。让我们一起来学习《晏子使楚》。"

4. 实验导入

实验导入是指教师通过演示生动有趣的实验引导学生认真观察、积极思考实验中的各种现象,使学生进入学习情境的一种导入方式。实验导入能够有效地吸引学生的注意力,激发学生学习的兴趣和愿望,促进学生仔细观察、积极思考,培养学生科学研究的态度。采用直观的实验,能使抽象的知识具体化、形象化,为学生架起由形象向抽象过渡的桥梁。

【示例】 "同学们,仔细观察这个实验,你看到了哪些现象?"

5. 问题导入

问题导入是指教师提出富有挑战性的问题使学生顿生疑虑,引起学生的回忆、联想、思考,从而产生学习和探究欲望的一种导入方式。问题导入的形式多种多样,可以由教师提问,也可以由学生提问;可以单刀直入,直接提出问题,也可以从侧面提问,设置悬疑;可以由直接问句形式呈现,也可以由"谜语"等形式呈现。问题导入,开拓了学生的思维,激发了学生学习的兴趣,大大活跃了课堂氛围,并能使学生以最佳的思维状态进入学习。

【示例】"同学们,声音在空气里能传播,那么,声音在水里能传播吗?"

6. 情境导入

情境导入,是指教师通过音乐、图画、动画、录像或者满怀激情的语言创设新奇、生动、有趣的学习情境,使学生展开丰富的想象,产生如闻其声、如见其形、置身其中、身临其境的感受,从而唤起学生情感上的共鸣,使学生情不自禁地进入学习情境的一种导入方式。

【示例】(边播放音乐边朗诵)"同学们,诗歌中写了哪儿的景色,给你怎样的感受呢?"

7. 温故导入

温故导入是指教师通过帮助学生复习与即将学习的新知识有关的旧知识,从中找到新旧知识的联结点,从而合乎逻辑、顺理成章地引出新知识的一种导入方式。它由已知导向未知,过渡流畅自然,适用于导入前后连贯性和逻辑性较强的知识内容。

【示例】"前面我们学习了乘法运算,今天,我们来学习乘法的逆运算——除法。"

8. 悬念导入

悬念导入是指在教学中创设带有悬念性的问题,给学生造成一种神秘感,从而激起学生的好奇心和求知欲的一种导入方式。值得注意的是,制造悬念要从教材和学生实际出发,如果故弄玄虚,那就失去了悬念的意义,有的甚至会把学生弄糊涂。

【示例】"同学们,老师这里有一个难题,谁能帮助老师来解决一下。在很久很久以前,黄河发大水,冲断了天府城外的一座浮桥,河两岸拴浮桥的8只大铁牛也被大水冲走了,陷在河底的淤泥里,你们说用什么办法能把它们捞起来?"

9. 经验导入

经验导入是指教师以学生已有的生活、学习经验作为切入点,通过激活与将要学习的教学内容有关的学生的亲身经历,引导学生学习新知识的一种导入方式。任何知识都源于生活,又服务于生活,从生活实际出发,利用学生的成长经验导入新课,会使学生产生亲切感,更激起其学习兴趣。

【示例】"同学们,你们有没有发现,将重东西从低处运到高处时,人们往往不爱上楼梯,而是放一块板子,搭成一个斜面,将东西滚上去或拖上去。知道这是为什么吗?"

10. 活动游戏导入

活动游戏导入是指教师通过组织学生做与教学内容相关的活动或游戏,激发学生的学习兴趣,活跃课堂气氛,使学生在既紧张又兴奋的状态下,不知不觉地进入学习情境的一种导入方式。

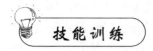

导入语训练

训练目标

能够运用不同的方式导入新课,学习并运用激发学生学习兴趣的导入语。

训练要领

1. 熟悉教学内容。
2. 了解学生心理年龄特点。
3. 进入情境,语言表达要准确、流畅、简明。
4. 把握好时间长度。

课堂训练

选择小学语文(或数学、科学、道德与法治、心理健康等)课本中的一课教学内容,设计一段导入语,并在小组或全班进行试讲。

训练评价

1. 你(或他)是否能结合本课内容,在导入环节集中学生注意力,激发学习兴趣。
2. 表达是否准确、流畅、简明。
3. 整个导入语环节不要超过三分钟。

拓展练习

为《圆的认识》和《匆匆》设计几种不同的导入语。

《圆的认识》导入语

例1 在我们周围,有很多物体的面是圆形的,因此,"圆"在人们的生活中有很多重要的价值。从古至今,不少数学家对圆进行了研究,使我们对它有了深刻的理解,这节课让我们也来认识圆。

例2 同学们,你们想知道车轮为什么做成圆的,车轴为什么装在中间吗? 学完了这一课,你们就会明白的。

《匆匆》导入语

例1 在我国现代文学史上有一位著名的作家,他一生勤奋,笔耕不辍,给我们留下190多万字的作品;他一生重病,宁可饿死,也不领美国的救济粮。毛主席曾赞扬他是"最有骨气的中国人"。你们知道他是谁吗?(朱自清)朱自清先生不仅是一位诗人、学者,而且还是一位杰出的散文大师,他为我们留下许多脍炙人口的散文佳作,他的散文被称作"美文的典范"。今天,就让我们一起来赏读他24岁时写下的一篇散文《匆匆》。

例2 出示钟表模型。(全班沉默1分钟,体验时间的流逝。)此时,1分钟又从我们身边溜走了,它轻轻地来(板书:来),又悄悄地去(板书:去),在我们不经意间,它无影无踪地消逝了。

　　请大家算算自己已经走过了多少日子？（生答：4 000 多个日子。）在这 4 000 多个日子里你们都做了些什么呢？由此我又想起了一句古诗：少壮不努力。（生接：老大徒伤悲。）今天我们就来学习课文《匆匆》（板书课题：匆匆），本文就是朱自清在走过 8 000 多个日子的时候写的，他在这 8 000 多个日子里又做了些什么呢？我们读了课文就知道了。

任务 29　讲授语训练

　　在课堂教学中，作为师范生或教师，你是否会遇到这些情形：讲得不足，怕学生没有弄懂相应的知识点；讲的内容过多，课堂又容易变成"填鸭式"教学，不利于学生独立思考。讲多久为宜、讲多少为宜、讲多难为宜，这些围绕着"讲"的问题时常会困扰着大家。那么，下面就来进行讲授语的训练。

基本理论

一、讲授语的定义

　　讲授语是指教师系统连贯地向学生讲解教材、传授知识和技能的教学语言形式，它是课堂教学中讲授法的语言体现，也是教师教学活动的中心用语。教学的内容主要是通过讲授语的形式传授给学生的。讲授法是教师通过口头语言向学生系统讲授有关知识和技能的一种教学方法，也是课堂教学中应用最为广泛的方法。它要求教师能够充分了解学科的特点，把握学科的科学性和思想性、规律性，了解学生的心理特征，用科学的方法和手段，将知识传授给学生。讲授中的语言运用直接关系到教学的成败。

二、讲授语的作用

　　讲授语作为一种古老的教学语言，至今已经拥有 2000 多年的历史。传授知识、培养能力、发展品德都是教学的主干，这都必须通过系统讲授来实现。讲授体现教师在教学过程中的主导地位和教学才能，展示教师的学术造诣和精深广博的学识，以突出的学科性和专业性，高质量地完成讲授和讲解知识的教学任务。

　　讲授语从诞生之日起，一直受到人们的争议，很多人把讲授语和"满堂灌"或者"填鸭式"的教学方法相提并论。其实，讲授语以内在的逻辑性和系统性，高效率地传递教学信息，有利于学生感知、理解和记忆，促进学生知识、技能和品德的发展。讲授语适用于各级各类学校各门学科的教学，是教师运用最广泛、最主要的教学语言类型。

　　（1）讲授语可以使学生能够迅速领会教师所要传授的教学内容。教师结合学生的学

143

习特点,经过精心策划,将知识的重点、难点剖析后展现在学生面前,使学生能够对学习的内容心领神会。

(2)讲授语可以使师生得到情感的交流、思想和行为上的互动。教师和学生可以通过讲授语进行质疑和解答;教师也可以通过和学生的接触、交流,达到对学生心理特点和学习情况的进一步了解,使师生关系得到巩固加深。

(3)讲授语可以迅速更新知识内容,跟上时代前进的步伐。现代社会科技文化发展迅猛,信息流通量大,单纯依靠已有的书本知识已难以与时代同步。而教师的讲授,可以随时弥补书本知识更新速度慢、内容涵盖有限的缺点,使教师和教材相辅相成,日臻完善知识的传授。

三、讲授语的要求

1. 提纲挈领,突出重点

教师讲授时应抓住要点,突出重点,突破难点,这是讲授成功的关键。教师要善于寻找教材中的重要概念、关键词语,做到画龙点睛。这样既有利于加深学生对教学内容的理解和记忆,又可以节省教学时间,收到事半功倍之效。在抓住关键词后,再来确定文章的重点与难点,这样教师的讲授就可以避免盲目性。

2. 语义畅达,严谨缜密

语义畅达,表现为语言组织的层次性和连贯性。严谨缜密,表现为词语选择的规范性与准确性。要做到清晰明确地讲授内容,要注意以下几点:

(1)话题集中。所有材料都应该为主旨服务,即使有时讲授受到意外因素的干扰,暂时偏离话题,教师也要善于调控,及时调整到正题上来。

(2)层次清楚。在一个话题之下,先讲什么,后讲什么,怎么讲,须有妥善的安排。

(3)衔接得当。在讲授过程中,层次之间、段落之间、语句之间要注意过渡衔接。

3. 启发诱导,重在点拨

新的教学观把教学过程理解为师生沟通、对话、交往,共建意义的过程,所以传统意义上的教和学应该让位于师生互教互学,彼此形成一个学习共同体。在这个学习共同体中,教师的角色发生了变化,由过去传授知识为主的"演员",变成了做学生学习、成长的促进者的"导演"。所以教师在教学时的讲授语要少而精,且重点应该是启发和诱导。

4. 通俗形象,深入浅出

对于教材中难懂的词句,深奥的道理,陌生的概念、定理、规则,学生初次接触时往往不易把握。教师的讲授必须善于化难为易,化深为浅,化抽象为具体,做到通俗明白、深入浅出,才能帮助学生有效地接受新的知识。

5. 把握讲授的时间

掌握好讲授的内容和时间的关系。因为学生连续注意的时间不长,在有意注意以后,就需要用无意注意来加以调节。教师要根据学生实际情况,把讲授的主要内容安排在学生注意力集中的时间内,如果要讲授的内容较多,则应按其内在的联系分成若干部分,中间注意加以调节。

四、讲授语的常见类型

1. 讲述语

讲述语是教师运用生动形象的语言对事物或事件进行系统的描述、措绘的语用形式。教学中，教师常用生动形象的语言描述事态，有声有色地讲述人、物、事、理，恰当地使用比喻、成语、典故、名言、警句等方法。讲述是课堂中使用频率最高，应用最广泛的一种讲授类型。

【示例】　有人说，诗是语言的艺术，词是精美的语言艺术。随着阅读的丰富，你们还会体会到更多。词发端于隋唐，大兴于宋朝，按照一定的词牌来安排句子的多少，还可以配乐演唱。我们的古人很了不起，表示词的节奏，不是用乐谱，如四二拍、四三拍的形式，而是用词牌。不同的词牌还有不同的意境，老师试着为"清平乐"配乐，请大家浏览这首词，体会这个词牌有什么特点。

2. 讲解语

讲解语是教师在启发学生探索知识的时候运用阐释、说明、分析、论证、概括等手段，揭示事物内部之间的联系、发展规律，帮助学生认识事物本质的语用形式。与讲述相比，讲解更加注重阐释、说明、分析、论证等方法的运用，注重对事物的解释和论证。而讲述则更倾向于对事物的介绍与描述。

【示例】　什么是标本呢？简单地说，标本就是把原来的实物加以整理，保存下来，供学习研究的物品。我们开学初上课时参观了仪器室，在那里我们看到了许多标本，有动物标本、矿物标本和植物标本。叶的标本只是植物标本中的一种，今天我们就要亲自动手来制作叶的标本。制作叶的标本，共分五步进行：采集；压制；上台纸；固定；贴标签。

3. 归纳语

归纳是从一系列具体的事实中概括出一般的原理。从思维进程看，讲解是由整体到局部，由抽象到具体，由深奥到浅显的分析、解疑；归纳则是由局部到整体，由具体到抽象，由感性到理性的综合和总结。在教学中教师精要简洁的归纳，能够在详尽分析的基础上，从整体上掌握事物的本质、知识的要领，使学生的思维发生质的飞跃。

【示例】　（逐一分析鲸、鳄鱼、泥鳅是否为鱼后）通过上面的分析、比较可以看出，用鳃呼吸是鱼的特有属性，在水中生活，有鳞、鳍、尾是鱼的一般属性，所以可以得出这样的结论：鱼是有鳞、鳍、尾，并用鳃呼吸的水生生物。像金鱼、鲤鱼等终生生活在水里，身体表面大多覆盖着鳞片，用鳃呼吸，用鳍游泳，心脏有一心房一心室的动物都属于鱼。

4. 评点语

评点语即画龙点睛式的评点分析语。在讲授过程中，对于重要的概念、关键词语或文章的中心句，往往需要教师集中进行评点分析来引导学生展开联想，引导学生积极思考，挖掘其内涵，理解其与整体内容之间的深层联系，以训练学生的思维。

【示例】　学习了龟兔赛跑，你们还有什么想法？（生答略）同学们说得都有自己的道理，老师尊重你们个人的理解，老师的理解是，这是个寓言故事，目的在于让大家明白一个道理，如果看不起别人，自己又不努力，什么结果都会发生。

145

五、讲授语训练中应遵循的原则

1. 科学性原则

科学性原则主要体现在内容、态度、语言三个方面：

(1)科学的内容。教师讲授的内容应该是准确的、经得起实践检验的知识，做到讲授概念准确，论证原理充分，逻辑推理严密，列举事实真实，训练技能严格。

(2)科学的态度。教师要以科学的认识论和方法论为指导，实事求是，从实际出发，树立尊重科学、严谨治学、去伪存真、求实创新的教风和学风。

(3)科学的语言。教师上课时要用严密的语言、精确的词汇表达概念，阐述定理公式，并结合分析、推理判断。如果教师用语模棱两可，其结果只能使学生思维混乱，甚至导致错误认识。

2. 启发性原则

讲授的主要特点是教师运用口语作为传递知识信息的载体。它为教师提供了主动权和控制权，但也容易使学生处于被动接受的学习状态，产生疲劳感，影响学习效果。因此，教师应根据学生的年龄和心理特点、认识水平和已有的认知结构来组织讲授的内容，明确讲授的目标，对不同的对象采用不同的讲授方法和顺序；讲究语言艺术，善于设疑，引导学生生"疑"，使学生产生认知冲动，激发学生的求知欲，调动学生积极的思维活动，使学生在教师的讲授过程中，积极地向教师学习，主动地同教师的讲授活动相配合，跟着教师讲授过程中的思维路线，积极主动地思考问题。

3. 阶段性原则

这一原则有两层含义：一是当讲授内容较多时，每次讲授的时间不能太长，可将其内容适当分段；应将板书、提问、演示、变化、强化、讨论等技能穿插在讲授之中，合理组合，适当调配，提高讲授效果。二是在讲授内容间形成连接。讲授结构中的系列化关键问题和相应的阶段性目标之间不是彼此孤立的，它们不仅有时间顺序，而且还有逻辑意义的联系。"形成连接"就是要注重讲授各部分之间的转折和过渡，将讲授中的各部分之间的逻辑意义的联系交代清楚。

4. 精通性原则

教师必须对课堂教学从内到外地精通，包括能科学地组织教学内容，熟悉和把握教学目的和要求，了解学生的知识与经验基础；对似是而非、容易混淆的概念能讲授得精细、到位，对抽象难懂的复杂问题能精辟分析，深入浅出；对那些核心内容、基本要素，能迅速抓住其精髓，反复提炼掌握要领，并能通晓专业知识，有广博的知识覆盖面。因此，教师要针对每节课题，广泛搜集有关信息，深入领会要点内容，吃透其精髓，让这些积累和储备作为讲授的根基，支撑起丰富的课堂。

5. 感染性原则

苏联著名教育家斯卡特金指出："未经过人的积极情感强化和加温的知识，将使人变得冷漠。由于它不能拨动人们的心弦，很快就会被遗忘。"教学不能是冷冰冰的知识传授，教师通过自己对所教学科的娴熟把握，游刃有余地抒发对知识的精辟见解和对科学、文化的热情关注。进入这样一种境界,学生可以在潜移默化中被真诚打动,产生的效果远远强于那些直接的说教。富有感染性的讲授更容易促进学生对内容的记忆和理解,进而培养起学习的主动性。

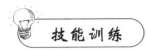

讲授语训练

训练目标

通过课堂讲授的训练,掌握讲授语的方法、技巧。

训练要领

1. 读懂读透教材内容,把握教学目标与教学重难点,并将教学重难点转换为教学中的问题与步骤。

2. 结合教学重难点设计问题,做好学生回答的教学预设。

3. 运用聚合思维和发散思维,不断聚合学生的想法,并启发学生深度思考。

课堂训练

选择小学语文(或数学、科学、道德与法治、心理健康等)课本中一课的相关教学内容,设计一段讲授语,并在小组或全班进行试讲。

训练评价

1. 讲授语是否讲出了本课的重难点。

2. 讲授语是否适合学生的年龄特点。

3. 讲授是否流畅。

拓展练习

观看王崧舟老师的《荷花》课堂实录(扫描本项目二维码获取视频及文字实录),找出王老师运用讲授语的地方,进行分析。

【练习提示】　王老师的课非常注重引导学生在潜心读文的过程中去发现、感悟荷花的美,进而用自己的情感和语言去创造荷花的美,使得语言学习与审美熏陶,既相得益彰又水乳交融。其中,讲授语的运用与引导学生的问题结合在一起。

任务30　　提问语训练

不少师范生或初上讲台的老师都会遇到这样的苦恼:备课时不知道怎样去设计问题,课程实施过程中不知道怎样引导启发学生回答好问题。问题难了,学生回答不了,问题简单了,没有思考的价值。每次设计教学和进行教学时,又离不开提问。而且问题与问题之间如何承接起来更为恰当? 下面将进行提问语训练。

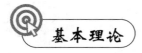

一、提问语的定义及特点

提问语是指教师根据教学要求和学生的实际提出问题,促使学生思考钻研以加深理解的教学语言形式。提问是教学过程中必不可少的手段。好的提问语常常具备以下特点:

1. 启发性

启发性指能激发学生的思维,能够将教师对学生智能的考察和训练紧密结合,既引导学生对知识进行深入的理解,又启发学生联想与想象的能力,使学生在学习知识的同时得到思维的锻炼。

2. 准确性

这里的准确包含两个方面:一是选"点"要准。课堂提问不能随意发问,必须紧紧围绕教学目标选好"点",提问的要点就是教学的重点和难点。二是提问不能含糊不清,似是而非。

3. 适宜性

即提问恰到好处。这里的适宜性有三方面的具体要求,即适时、适度、适量。

二、提问语的类型

根据不同的分类标准,课堂提问语可以分成不同的类型。这里主要介绍以下几种:

1. 根据答案层次分类

(1)判别类问题。主要是对事物加以判定。代表性词语:"是不是""对不对""行不行""好不好""能不能""会不会"等等。

(2)描述类问题。主要是对客观事物加以陈述和说明。代表性词语:"是不是""怎么样"等等。

(3)探索类问题。主要是对事物的原因、规律、内在联系加以阐释。代表性词语:"为什么""你从中能发现什么""你该如何"等等。

(4)发散类问题。主要是从多角度、多方面、多领域去认识客观事物。代表性词语:"除此之外,还有哪些方法""你从中体会到了什么""你是怎样理解的""说说你的看法"等等。

2. 根据提问技巧分类

(1)诱导提问。这是启发学生的学习积极性,创设问题情境,使学生形成问题意识,开展定向思维的提问。一般在某个新课题的起始阶段,教师为了引起学生的学习兴趣,进行定向思维训练,常常使用这一类型的提问,或为学生营造学习氛围,或将学生的注意力集中到某一特定内容。

【示例】　在教学"时、分的认识"时,有老师在课堂上问:"小朋友们,你们想一想古时候人们是如何计算时间的?""如果没有钟表,你还会看时间吗?"学生对此问题都争先恐后地互相讨论、提问、质疑。有的学生说,可以通过看太阳知道时间,立刻就有学生反驳说没有太阳时怎么办? 有的学生说可以看滴水,立刻就有学生说如果走路没法带着。有的……又如在教学退位减时,当数位上的数不够减时,怎么办? 教师先不说,鼓励学生自己质疑、自己来讨论解决。学生提的问题越多越好,越与众不同越好,在努力寻找答案的同时,其想象力和思维能力得到发展,学生质疑问难的能力也随之逐步提高。

（2）疏导提问。这是学生在学习过程中,思路受阻或是偏离正确方向时,教师进行点拨、疏导的提问。它是在难题的陡坡前面筑起台阶,降低坡度,或在学生思维的阻滞处予以点拨,进行攻克看似难以逾越的障碍。

【示例】　在教学"角的认识"概念时,教师启发学生问:"为什么角要有一个顶点,两条边?"在这一关键处设问,就揭示了这一概念的实质。

（3）台阶提问。这是将一组提问像阶梯一样由简到繁、由浅入深地进行排列,引导学生一阶一阶地攀登,以达到教学目标的提问。设计这种类型的提问,应层次递进,符合学生的认知规律,即由浅入深、由具体到抽象、由现象到本质、由局部到整体的认知规律。

【示例】　如讲《变色龙》时,某教师提问"奥楚蔑洛夫的基本性格是什么?"学生答:"善变"。接着问:"善变的明显特点是什么?"回答:"一是变得快,一瞬间对狗的态度变了 5 次;二是变得蠢,愚蠢的理由和荒唐的逻辑。"教师接着问:"奥楚蔑洛夫'善变',但万变不离其宗,这'宗'是什么呢?""见风使舵、趋炎附势、媚上欺下的奴才本质。"最后教师提问:是什么因素促使"变色龙"一变再变? 作者为什么要塑造"变色龙"这一形象? 经过短暂讨论,学生回答出"左右奥楚蔑洛夫反复无常的因素是将军的威势。作者讽刺的锋芒指向一般灵魂卑劣的'变色龙',而且也指向造成这种社会病态的根源——沙皇专制的反动统治。"这种提问,由浅入深,由易到难,有利于锻炼和培养学生的逻辑思维能力。

（4）迂回提问。也称作"曲问",即为了解决一个问题,折绕着提出另外一个或几个问题的提问。这种类型的提问旨在增加思维强度,引导学生自己去解决重点和难点,使学生处于主动学习的地位。

【示例】　如某教师讲"将相和"时,问学生"'和'是什么意思?"学生答"和好"。教师又问:"这说明他们以前曾经有过不和,对吗?"学生答"对"。教师再问:"为什么他们不和? 为什么后来又和好了呢?"寥寥数语,把学生的思维一下子给调动起来了。

3. 根据认知水平分类

按照美国心理学家布鲁姆的教学提问模式,不同的提问,对应不同的思维水平,对学生的要求也不同。

（1）知识水平的提问。知识水平的提问包括判断提问和回忆提问,是考察识记能力的提问。对于这类提问,学生只需凭记忆回答。知识水平的提问对发展学生的思维作用不大,因而不宜多用。一般用在课的开始,或对某一问题论证的初期,为学习新的知识提供材料。教师常用的关键词:是否、对吗、谁、什么、哪里、什么时候等。

149

（2）理解水平的提问。这一水平的提问是用来检查学生对已学的知识及技能的理解和掌握情况的提问方式，多用于某个概念、原理讲解之后，或阶段课程结束之后。学生要回答这类问题，必须对已学过的知识进行回忆、解释或重新组合，对学习材料进行内部处理，组织语言，然后表达出来，因此，相对于知识水平的问题，难度较大。教师常用的关键词：用你自己的话叙述、比较、对照、解释等。

（3）应用水平的提问。这一水平的提问，往往是建立一个简单的问题情境，让学生运用新旧知识来解决新的问题，以达到强化记忆、透彻理解、灵活运用的目的。它不仅要求学生将已知信息进行归纳分析，而且还要进行加工整理，达到透彻理解和系统掌握的目的，其心理过程主要是迁移。教师常用的关键词：应用、运用、分类、选择、举例等。

（4）分析水平的提问。要求学生通过要素分析、关系分析和原理分析，识别条件与成因，或找出条件之间、原因与结果之间的关系。学生仅靠记忆、仅凭教材并不能回答这类提问，必须通过认真的思考，组织自己的思想，运用批判思维，分析提供的材料，寻找根据，进行解释、鉴别或推论，确定原因。这种水平的提问可用来分析知识的结构、因素，弄清事物间的关系或事项的前因后果，是一种较高层次的思维活动。教师常用的关键词：是什么、为什么、怎么样、证明、分析等。

（5）综合水平的提问。综合水平的提问是要求学生发现知识之间的内在联系，并在此基础上使学生把教材内容的概念、规则等进行重新组合的提问方式。这类提问强调对内容的整体性理解和把握，要求学生能进行预见，把原先个别的、分散的内容以创造性方式综合起来进行思考，找出这些内容之间的内在联系，形成一种新的关系，从中得出一定的结论。它有利于培养学生的思维能力，发展学生的概括能力，尤其能刺激学生进行创造性思维，常用于书面作业和课堂讨论。教师常用的关键词：预见、创作、总结、如果……会……等。

（6）评价水平的提问。评价水平的提问是一种要求学生运用准则和标准，对观念、思想、作品、方法、资料等进行评判并给出评判的理由，或者进行比较和选择的提问方式。它需要学生运用所学内容和各方面的知识和经验，并融进自己的思想感受和价值观念，进行独立思考，才能做出回答。进行这类提问之前，必须让学生建立起正确的价值思想观念，或者给出判断评价的原则，以作为其评价的依据。最常见的评价型提问是要求学生答出对有争议问题的看法、评价他人的观点、判定历史价值，等等。教师常用的关键词：判断、评价、你对……有什么看法、证明等。

【示例】　如某教师在讲了《狐假虎威》之后，问学生："这则寓言故事告诉我们什么？"大多数学生都答道："狐狸太狡猾，老虎不该上它的当。"老师正做小结时，学生李强却站起来发表了与众不同的见解，他说："我说狐狸很聪明，它面对凶恶强大的老虎毫不畏惧，开动脑筋，利用老虎的弱点，保护了自己。"老师听后摇摇头："大家说得对，狐狸是坏蛋的形象，狡猾无比，老虎就上了它的当，我们可别上当。李强的奇谈怪论，该不是上了狐狸的当吧。"教师一席话说得李强面红耳赤，无地自容。其实李强从另一角度提出了与众不同的看法，言之有理，创新可喜，教师应充分肯定、褒奖才是。

以上六种水平的提问，又可分为两个层次：一是低级认知层次的提问，主要用来检测学生是否掌握了已学过的知识,理解程度如何,其答案通常只有一种。学生用所记忆的知识即可回答,不需要更深入的思考;教师判断学生的回答也较容易,只需要简单地分为正确或错误。该层次包括知识水平提问、理解水平提问和应用水平提问三种。二是高级认知层次的提问,是用来培养学生诸如创造性思维的高级思维的提问,其答案往往不是唯一确定的,学生须在原有知识的基础上,对所学对象进行分析、综合、概括等组织加工,才能得出正确的答案;教师对答案的评价也不是简单的对与错,主要根据提问的意图,判断答案是否有道理,有无独创,更侧重于答案的优与劣。该层次包括分析水平提问、综合水平提问和评价水平提问三种。

三、提问语的使用技巧

1. 巧设矛盾、激疑设问

各学科教材中隐含大量的各种各样的矛盾,教师要善于发现并通过提问解释这些矛盾,以引起学生的思考。

2. 由易到难、连环设问

一开始就提高难度的问题,容易把学生难倒,使他们失去兴趣。若先提一些浅显有趣的问题做铺垫,让学生尝到一点解决问题的乐趣,再加大难度,学生就不会觉得太难了。

3. 故布迷津、迂回设问

有些问题本可以照直提问,但那样往往缺少启发性,学生的印象也不深。若采取"迂回战术",改变提问的角度,有意布设迷津,让学生思路拐一个弯才能找到答案,这样就更能激发学生的思维兴趣,并加深印象。

4. 叩其两端、正反设问

这种提问方法能引导学生从不同的方面去分析问题,加深对问题的理解,能培养学生全面分析问题的思辨能力。

四、提问语应注意的问题

1. 提问要明确

首先,提问的目的性要明确。即为什么要提这个问题,通过提问要解决什么问题。其次,所提的问题本身要明确具体。如果问题不明确具体,学生就无法正确地回答问题。

2. 提问要能启思

陶行知说"智者问得巧,愚者问得笨。"这"巧"与"笨"的区别就在于能否启发思维。提问的"巧"主要通过形式和角度的创新来体现。没有启发性的提问表现为简单化、机械化,没有回味的余地。

3. 提问要适时

时,指发问的时机和解答的时机。提问过早,学生难以回答,达不到提问的目的;提问过迟,学生不需思考就能回答,所以发问要把握时机。解答问题也不能太早或太迟。太早了,学生来不及思考;太迟了,学生的思维易疲劳。经过学生一番思考和教师的逐步引导之后再来解答,是最合适的提问。总之,提问要与学生认知的进程相吻合,要在学生有疑、有思、欲问、欲解而又苦于不知如何表达之时提问。不讲究时机地乱问,难以收到好的效果。

4. 提问要适度

适度主要指问题的深度和难度要适当。所提的问题不能低于或过分高于学生的实际水平。问题太容易,学生会觉得没劲。问题太难,学生又回答不出。应该根据学生学习的"最近发展区"来设计问题,即"跳一跳,够得着"。另外,适度还指提问的数量要适当,不可无节制地"满堂问",这会使教学秩序散乱,学生厌答,影响教学效果。

5. 提问语要注意教学策略

一是面向全班。提问不可专注于某几个人,这样调动不了全班同学的思维。二是因人而问。要根据不同学生的接受能力,切合他们的实际。三是不可逼问,当学生回答不出问题时,教师可适当提示,留给学生思考的空间。四是问有沟通。教师应语气和蔼,以温和的目光注视学生,用语言鼓励学生。五是把握好语气,提问语速不宜过快,语音要清晰。可以运用追加和反复的技巧。

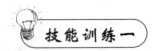

探究性提问训练

训练目标

让学生通过积极的思维活动,如比较、联想、推理等,自己去发现问题、分析问题,寻找知识的规律和解决问题的方法,这样能启发学生思维的灵活性,也有利于培养学生思维的深刻性,激发创新意识。

训练要领

1. 提问方向明确。
2. 提问语言精练。
3. 提问难度适当。

课堂训练

教学"小数点位置移动,引起数的大小变化"时,(1) 0.003 米＝3 毫米;(2) 0.03 米＝30 毫米;(3) 0.3 米＝300 毫米;(4) 3 米＝3 000 毫米。

如何组织学生进行探究性提问?

训练评价

1. 是否把握好提问的时机。
2. 是否掌握好提问的方法。
3. 是否组织好提问语言。

拓展练习

一年级学生学习"认图形"时,要求知道长方形、正方形、三角形和圆的形状,能够辨认和区分这些图形。为了达到教学目的,你如何安排探究活动?

【练习示例】 (1)找图形。老师用四种图形拼成一个机器人,要求学生从机器人身上把这四种图形分别找出来。

(2)说图形。让学生分别说一说,见到的哪些物品是长方形、正方形、三角形和圆形的。

(3)折图形。拿一张正方形的纸,对折一下,让学生发现这张纸被分成两个一样大的长方形;再将这张纸横着对折一下,让学生发现这张纸被分成了四个一样大的正方形;再将这张纸对角折一下,让学生发现这张纸被分成了八个一样大的三角形。

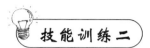
技能训练二

启发性提问训练

训练目标

通过创设提出问题的情境,引发学生提问并做多向性的思考和回答,而学生所提的问题,同时又能引发教师及其他学生的思考和回答,形成一种教师与学生、学生与学生之间互问互答的宽松的感情流动的氛围和状态。

训练要领

1. 紧扣教材,熟练“双基”。
2. 形象生动,激发兴趣。
3. 揭示关键,突破难点。

课堂训练

在学了《溶解食盐》后老师提出:“食盐能溶解在水中,你同不同意?”这样子的问题是封闭性的,没有了让学生思考的空间和广度,请你设计一个启发性的提问。

训练评价

1. 提问是否有让学生思考的宽度和广度。
2. 提问是否创设了问题情境。
3. 提问是否了解学生原有的知识水平。

拓展练习

一位教师教了整数减带分数后,要求学生做 $5-(2+1/4)$ 等于多少。有一个学生只把整数部分相减,得出 $3+1/4$;另一个学生从被减数中拿出 1 化成 4/4,相减时 5 又忘了减 1,得 $3+3/4$。请就此做一个启发性提问。

【练习示例】 可以提出:如果要使答案是 $3+1/4$ 或 $3+3/4$,那么这个题目应如何改动? 这一问,立即引起全班学生的兴趣,大家纷纷讨论。这一问题恰恰把整数减带分数中容易混淆或产生错误的地方暴露出来,这种以问题来自学生,又由学生自己来解决的方式,不仅对发展学生的思维能力大有裨益,而且能调动学生的学习积极性。

任务 31　过渡语训练

初上讲台的实习生或教师,往往更关注导入语、提问语的设计,注重教学环节的安排设计。但从一个环节进入另一个环节时,过渡语较为生硬。如:"同学们,刚才学习了第一段,下面,我们来学习第二段。""大家刚才学得很好,我们来看下一个问题。"其实,在课堂教学中,恰当地设计和使用过渡语,有利于激发学生的学习兴趣,让他们获得思想启迪。有效的过渡语应当具有艺术性,如行云流水,哀梨并剪,在课堂上起到巧妙的衔接组合作用。

基本理论

课堂教学中的过渡语是十分重要的。一堂课的成功,很大程度上取决于我们对过渡语的精心设计。苏霍姆林斯基指出:"教师的语言修养在很大程度上决定着课堂上学生的脑力劳动效率。"有魅力的过渡语,它是滋润学生心灵的甘泉,是教师指引学生走进文本的金钥匙。

一、过渡语的定义

过渡是指教学从一个环节到另一个环节的衔接,在教学过程中起着承前启后的作用。过渡语又称课堂衔接语、转换语等,指在教学从一个环节到另一个环节,由一个大问题到另一个大问题之间的过渡用语。巧妙的过渡语可以起到自然勾连、上下贯通、逻辑深化的作用。

教学过渡语是教师教学语言素质的一方面,是教学基本功范畴,是教学技能之一。过渡艺术表现为水到渠成,行云流水,自然流畅地到下一个环节。它通常是上个环节的逻辑延伸,是下一个环节的启发性开端。

二、过渡语的作用

课堂教学中,教师通常一堂课要讲述几方面的知识内容。为使各部分、各层之间衔接自然,连贯紧密,前后连成一体,教师的过渡语不可少。课堂教学过渡语的功能主要是串联功能和开启功能。即把课堂中的各环节上下内容串联起来,打开学生思维的大门,接受新的知识。过渡语通常具有以下几个作用:

1. 对各环节内容的"穿线"作用

即在一堂课中,运用教学过渡语把教师施教的各种手段、各程序的内容、方法等有机地串联起来,给学生一个完整的学习过程,使整个课堂上下贯通,结构紧密,浑然为一体,以整体形象感知学生。

2. 提醒学生注意、激发思维作用

课堂上运用过渡语,可以提醒学生下一环节所要学习的知识内容,可以引起学生注意,提高学生注意力;如运用质疑和设问方式过渡可以激发思维,让学生开动脑筋思考问题,为学生主动学习获取知识起一些引导作用。

3. 温故知新的作用

如果在教学过渡时,采用复述式或总结式过渡语,就等于让学生对前面所学的知识要点再重温一遍,这就会使学生加深印象,有利于巩固刚才所学知识;对不足的、不清楚的地方学生还可以立即向教师质疑,增加一定的新知识。

4. 给课堂教学增加美感的作用

课堂教学中,教学过渡语如果用得巧、用得妙,加上教者生动的表述,将会给课堂教学增添美感;学生对所学的知识印象更深,课堂教学效益将会得到进一步提高,教师的教学特色得到充分展现,使学生在美的熏陶中获取到知识。

三、常见的过渡方法

1. 直引式

即教者直接引入施教的内容。此类用语大多用于一堂课的开头。教师在上课时,直接说"今天本节课我们学习什么内容"的语言来过渡。当然课的开头方法千变万化,教师可依据内容的不同选择恰当的过渡方式。

2. 顺接式

此种类型的过渡语,是一种基本用语形式,可用于课堂教学的各环节。如用于课堂教学中间某环节,教师就说"刚才我们学习了什么内容,下面接着继续学习什么内容"之类的语言过渡。

【示例】　上"三位数乘两位数"(四年级上)一课时,某教师在教授三位数乘两位数的方法时,极力地让学生探讨"可以用两位数乘两位数的竖式方法解决三位数乘两位数的计算吗?"从而得出三位数乘两位数的具体方法。

如果要知道148×15的准确结果,你准备怎么算?

师:这么多同学怎么都想到用列竖式的方法?

生:以前学过的。

师:以前学过的是两位数乘两位数啊,可是我们今天学习的是——(指一指)

板书:三位数乘两位数

探讨一:用两位数乘两位数的方法能解决三位数乘两位数吗?

(1)请你在草稿纸上试一试。(不是用列竖式方法的同学也请你在纸上算一算)

请生板书:

$$
\begin{array}{r}
148 \\
\times\quad 15 \\
\hline
740 \\
148\quad \\
\hline
2220 \\
\end{array}
$$

（2）用列竖式方法的同学，你们算的结果跟他一样吗？那用这样的方法计算的结果会正确吗？

（3）我们用计算器验证一下。放回计算器，怎么样？

（4）看来这道题用这样的方法计算是可以的，那我们再来试一道看看行不行，请你用刚才的方法算一算我们班这学期可以免去多少钱？（148×54）

（算完的同学可以用计算器验证一下）

探讨二：看来这两道题都可以用这样的方法计算，那是不是所有的三位数乘两位数都可以用两位数乘两位数的方法计算呢？

（1）自己出题验证。　　　（2）请生汇报。　　　（3）分析算理。

以上设计中笔者追求用已知来探讨未知。把过去遇到的知识技能用到将来可能遇到的情景中去，关注了学生的已有经验和认知水平，让新授知识的环节在这些探讨性的衔接语言下变得更加紧凑严密，顺接得自然妥当。

3. 归纳式

这类过渡语一般用于教学环节之间或课堂教学环节之末。教师在上一环节教学内容结束后，用简明扼要的语言，择其重点做一小结，然后过渡到下一环节施教内容。这类过渡语的特点是，能把教学的重点再现出来，使学生加深印象，巩固教学效果。

【示例】　在设计《24时计时法》时就是让学生在环节小结中能清晰地掌握概念性的知识点，并在启发中加深理解。

（1）出示发生在冬冬家的一件事。

（2）那一天当中有几个9时？

（3）怎样表示才能把两个9时分清楚，不造成误会呢？

介绍普通计时法：

（1）在生活中这样表示时间的例子还有很多，谁能举例说说。

（2）老师今天也带来了一些例子（出示6幅图片）。

（3）同学们，看了这6幅图后，你能用时间的表示方法来分分类吗？

小结：像这样在时刻的前面加"上午""中午""晚上"这些表示时段的词语，这种表示方法我们统一把它叫作普通计时法。我们的钟面上最多只有12个数字，怎么会有"17：08"这样的时间表示法呢？

介绍24时计时法：

（1）一天的24个小时是从什么时候开始到什么时候结束的呢？

（2）0时又叫作晚上的12时，它既是旧的一天的结束，也是新的一天的开始！

（3）用图示介绍24时。

小结：像这样不用时间段的词语，采用从0时到24时的计时法，通常叫作24时计时法。

以上环节中笔者通过两次总结归纳，将普通计时法与24时计时法两个环节的知识衔接有序，通过"17：08怎么有这样的时间表示法呢？我们的钟面上最多只有12个数字？"这样的启发方法让知识点在环节中饱含深度。

4. 设问式

教师用一句话把上一环节内容说出来,然后提出问题,引入下一环节施教内容。这类过渡语可以提高学生注意力,启发学生思维,激发学习兴趣,是课堂教学中常用而又较好的一种过渡手段。如果教师能够深入研究问题的提出方式,把握问题的层次和梯度,配之以声情并茂的表述,将会给课堂教学润色不少。

【示例】　在教《赵州桥》时,晁明芳老师就准确捕捉了赵州桥的特点,明确课文主旨,实现巧妙过渡。在课堂教学之初,她先向学生概括说明赵州桥的情况:"在我国河北省赵县有一座历史悠久的石拱桥——赵州桥。赵州桥经历了 1300 多年的狂风骤雨的洗礼、洪水地震的侵袭,与它同时代的建筑几乎都不复存在了,可它依然岿然不动。"接下来,她通过设问:"为什么这座桥历经千百年仍然留存着当年的雄姿? 答案就在课文《赵州桥》之中。"这样的问题,有利于激发学生探究文本的兴趣。

5. 复述式

这类过渡语一般是把上一环节或几个环节所学主要内容,复述一遍或结合板书复述,然后过渡到下一环节施教内容上来。这种过渡方式既可以使学生加深印象,还可以帮助学生重温上一环节知识点,既有温故的作用,又为新授知识做铺垫。

【示例】　T：We have learn the seasons. It's a spring day, isn't it? Ss：Yes.

T：What's the weather like in spring? S1：It's sunny.

T：Good，do you like spring? S2：Yes.

T：Why? S2：Because I can fly a kite.

T：Let us go to mountain tomorrow. We can fly kites there. S：Well.

T：I don't know the way, can you tell me the way? S：Yes, you can take bus No. 8.

T：When will we meet? S：At 10：00.

T：Where? S：At school gate.

通过设计复述式过渡语,可让学生不知不觉在练习对话的过程中接受新的语法知识,教师可在交流对话中了解学生知识点的掌握情况,及时更正学生的语法错误。此外,可实现师生互动,将原本枯燥的外语学习变得乐趣无限,有助于构建良好的师生关系。

6. 评论式

这类过渡语是教师对上一环节或以前所学知识进行精要的简评,从而提出新授知识点的一种过渡方式。这类过渡方式的特点,一是让学生进一步认识上一环节知识的特点和作用;二是暗示学生学习下一环节内容的方法,以便把上一环节知识与下一环节施教知识进行比较教学。

【示例】　教学《雾凇》课文时,学生的感悟十分重要,如何知道学生感悟到雾凇的美感? 唯有通过朗读来表达。文中有这样一句:"每当夜幕降临,气温下降到零下 30 摄氏度左右时,这雾气便随风飘荡,涌向两岸,笼罩着十里长堤,树木被雾气淹没了,渐渐地,灯光、树影模糊了。"请学生来朗读。某教师通过这样的评价让学生一步步感受到雾气缭绕的情境:"我听出来了,大团大团的白雾滚滚而来,但还没有把树木淹没,谁再来读?""嗯,

157

沿江十里长堤,苍松林立,杨柳低垂,全都笼罩在白雾中了,谁还想读?""整个江面白雾腾腾,久不消散,灯光、树影也模糊了,谁还想读?"这样不仅不会打击学生的积极性,反而把要求融入过渡语中,对学生的朗读提出了期待性的要求。

7. 引导式

教学内容前后虽自成章节,但又各自相对独立。在起承转合中,教师需要把前一部分引导到后一部分,使教学节拍分明,层次清楚。对前一部分的归纳总结应是一种精简和梳理,以导出重点要讲的内容和问题,进而使课堂教学转入另一个部分或环节。这样的过渡语,常常会起到一种纲举目张的作用,显得自然有序。

【示例】 以《两个名字》课文教学为例,对于低年级的学生来说,理解"我有……你也有……哈哈,我们都有"这一句式是一个难点。而特级教师贾志敏在教这一课时,信步走入学生之中,轻松愉快地对话起来。贾老师左手举起一支铅笔,右手握住一位小朋友的手:"你好,我有一支铅笔。"小朋友随即站起来,同样高举手中铅笔,兴奋地说:"您好,我也有一支铅笔。"接着贾老师引导学生和自己一起说:"哈哈,我们都有一支铅笔。"顿时,课堂气氛活跃起来,学生们急切想与教师对话,贾老师却让学生先说,自己再做回答。同时,使用了这样的过渡语,引导学生积极思考和实践:"你们能不能说说摸不着、看不见的东西?"这是从具体到抽象的过渡,无疑增加了对话的难度。有一个学生略加思索,便脱口而出:"您好! 我有一颗爱心。"贾老师随即回应:"你好,我也有一颗爱心。"随后师生合说:"哈哈,我们都有一颗爱心!"设计、使用这样的过渡语,有利于突破教学重难点,充分发挥学生的主体性作用。

8. 黏连式

利用语言材料之间的内部外部联系,通过联想、类比,进行黏连,以起到紧密衔接的作用。

【示例】 王崧舟老师在教《我最爱故乡的杨梅》这篇课文时,所使用的一句过渡语是:"从刚才的片段中,我们可以知道作者通过写故乡的杨梅'可爱',表达自己热爱家乡的思想感情。那么,作者又是怎样写杨梅树和杨梅树果的可爱呢? 请同学们一起往下看课文。"在同一篇课文中,王老师将杨梅和杨梅树的写法进行类比黏连,一气呵成,达到了承上启下、紧密衔接的效果。

过渡语的种类还有很多,如悬念式、提示式等,具体选用哪种类型的过渡语,还要依据教学内容的特点和教学的目的灵活运用。

过渡语既是教育职业用语,又是一种语言艺术,作为一名教师应该注意研究这类职业语言的特点和作用,逐步达到会用、善用、巧用的程度。希望大家能在长期的教学实践中自觉地积累、锤炼教学过渡语,通过合理、巧妙地运用课堂过渡语去开启学生的思维,切实提高课堂的教学效率。

四、过渡语的一般运用原则

1. 要以情"煽"情,富有激趣性

教师要运用过渡语让学生对学习内容产生浓厚的兴趣,教师的导语应该充满情感,激

发学生的学习热情。

2. 要生动,富有感染力

教师课堂教学中的描述性语言同样应该成为学生学习语言的范例。教师声情并茂地叙述,抑扬顿挫地抒情,时而渲染诗情画意,拨动学生心弦;时而慷慨激昂,振奋人心;时而深沉悲怆,催人泪下。这些富有文采与情感的语言,总是能引起学生内心世界强烈的反响与共鸣,不知不觉成为学生学习语言的样本。

3. 要精炼明确,富有启发性

过渡语是课堂教学中师生交流的一条主要渠道,是教师促进学生思维、评价教学效果以及推动学生实现预期学习目标的重要手段。

过渡语应该简洁明确,可以采取设问的方式,但是问题宜少而精。教者应精心设计一两个主干问题串联课程内容,紧扣教学目标,突出教材重点、难点。问题要有一定的思考价值,所谓要言不烦。

4. 要适时适度,富有点拨性

教学过程中,教师的"提问"并非每个学生都能轻易回答,学生在自主学习中也常常会遇到疑难费解的问题。在学生疑而思、思而不解之际,教师要适时运用过渡语进行点拨,发挥其作为学生的促进者、帮助者的作用。同时,教师过渡语的使用也要适可而止,不能弱化了学生的思维训练。教师的过渡语应像一个路标,为学生指点迷津,提示思考的方向;教师的过渡语应像一个支点,使学生借助于这个"支点"能自主地深入探究,向文本知识的深处"潜游"。

5. 要自然,富有灵活性

过渡语犹如桥梁,能带领学生从这一个学习点转向下一个学习点,使教学环节前后贯通,使新知识与旧知识相互承接,使学生思维螺旋式深化。教者要依据课堂教学的具体情况安排过渡语,关注学生的思维现状,尊重学生的个人体验,适时引导学生,或切换思维点,或深入挖掘、感悟课文内容的价值取向。过渡语贵在自然妥帖,贵在灵活而不牵强,让学生思路如潺潺溪水,一路畅行,不觉突兀。

6. 要恰如其分,富有激励性

课堂教学中,对学生的学习动态与课堂表现,教师少不了要进行点评。过渡语也可以评价语的形式出现。一般说来,此时运用的过渡语应简洁明确,对错优劣恰如其分。同时,要带有激励性,表现好的固然要加以肯定、表扬,表现欠缺的也要找出其可肯定处,略做肯定,并指出需要更改、努力的方向。

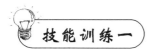

激趣式过渡训练

训练目标

激趣式过渡,就是以激发求知欲、发展学生思维为目标的过渡方法。它利用学生求知欲旺盛和好奇的心理,通过设置悬念激发兴趣,使学生产生对知识的关切和渴望心情,达到与教师心理同步,从而获得良好的教学效果。

训练要领

1. 巧用激趣过渡语,使教学行如流水般自然;
2. 用过渡语来激发学生的兴趣,使学生进入最佳的学习状态。

课堂训练

对于《盘古开天地》这篇神话故事,通过 PPT 在欣赏完一些中国古代神话故事图片揭题后,如何过渡到课文内容中来?请你设计一个激趣式过渡,使孩子们能够一下子被盘古的神奇而吸引,迫不及待地想去读课文。

训练评价

1. 过渡语是否自然,贴切。
2. 过渡语的情境设计是否符合文本内容及学生身心特点。
3. 过渡语的内容是否激发了学生的学习兴趣。

拓展练习

对于《掌声》这篇课文,孩子们已经了解到英子是一个非常忧郁、自卑的女孩子。请设计一个激趣过渡语,让孩子在了解英子的自卑后,也特别想去了解后来的英子,调动孩子们的积极性。

【练习示例】 教师过渡:是啊!英子因为自己身体的残疾,对自己失去了自信,难道我们英子的心灵从此就蒙上了这挥之不去的阴影了吗?

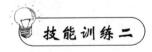

技能训练二

串联式过渡训练

训练目标

通过富有艺术情趣的问题创设,将教学内容用巧妙的过渡串联起来,以实现课堂教学内容的转换和课堂整体结构安排的天衣无缝。

训练要领

1. 用疑问与肯定,让环节回味无穷。
2. 用商榷与探讨,让环节紧凑严密。
3. 用总结与启发,让环节饱含深度。

课堂训练

对于二年级《四边形的认识》一课,在教授关于什么是四边形的概念时,如何通过串联式过渡不断地进入教学的下一环节。

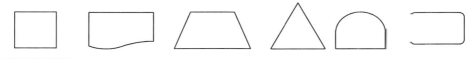

训练评价

1. 是否让课堂在一张一弛中变得生动,有生命力。
2. 是否让学生的思维一而再、再而三地接受挑战,推动下一环节的有序展开。
3. 是否过渡自然。

拓展练习

教学《小壁虎借尾巴》一课时,如何让低年级学生在串联式过渡引导下兴致勃勃地进行语言学习?

(一)自由读课文3—5自然段,同时思考:

1. 小壁虎去向谁借尾巴了?结果怎样?

2. 再读课文,想一想,为什么他们都不能把尾巴借给小壁虎,用"因为……所以……"的句式说一说。

师过渡:除了你们刚才说的原因外,我想可能是小壁虎借尾巴时不礼貌,所以他们不借,是不是呀?(学生:不是)他借尾巴时是怎么说的?找出那几句话来读一读,从哪里看出他有礼貌?(指导朗读小壁虎说的话,通过"称呼:您、姐姐、伯伯、阿姨,商量:行吗?"体会)

3. 出示小动物们说的话,指导朗读。要读出动物们有礼貌、无奈的语气,速度要慢一些。(先自由读,然后同桌互读,再指名读、分组读)

师过渡:老师发现小壁虎除了有礼貌,还有一个优点很值得我们学习,你们有没有发现?

4. 出示:小壁虎爬呀爬,爬到小河边。小壁虎爬呀爬,爬到大树上。小壁虎爬呀爬,爬到房檐下。(通过"爬呀爬"引导学生感悟发现小壁虎遇到困难不灰心、不放弃)

发现课堂纪律不太好。师过渡:小壁虎有这么多的优点,我发现我们班的小朋友,也有很多优点,你们看(指一上课认真听讲的学生)这位同学上课多认真,坐得多端正呀!我看谁会比他坐得更端正!

师过渡:同学们和小壁虎一样棒。那你们看小壁虎从小鱼姐姐、老牛伯伯、燕子阿姨那里没有借到尾巴,因为小动物们的尾巴都有各自的用处。借不到尾巴,多伤心啊!那你们帮小壁虎想想办法,他该怎么办呢?假如小壁虎还不放弃继续向其他动物借尾巴,他会来到什么地方,向谁借,怎样借,能借到吗?

5. 模仿说话。模仿课文说一段话(出示投影字幕),小壁虎爬呀爬,爬到_____他看见_____。小壁虎说:"_____,您把尾巴借给我行吗?"_____说:"不行啊,我要用尾巴_____。"

师:尽管小壁虎说话那么有礼貌,又那么不怕困难、不放弃,但由于别的动物的尾巴都有用,他还是没有借到尾巴。借不到尾巴小壁虎心里很难过,这时候他想起了谁?(生:妈妈）。可我听说,小壁虎见到妈妈后,发生了一件让他特别高兴的事,什么事呢?

（二）学习第7自然段。（小壁虎的尾巴有再生能力）

1. 指名读第7自然段。想一想:小壁虎高兴地叫起来,应当怎样读? 谁能试一试?

2. 拓展:假如小壁虎把这个好消息告诉小鱼姐姐、老牛伯伯和燕子阿姨,他会怎么说? 小鱼、老牛、燕子又会怎么说?

任务 32　评价语训练

在课堂上,要想学生最大限度地发挥学习的积极性和主动性,表现活跃,教师就要充分运用好对学生的评价语。作为课堂教学的重要组成部分,教师的课堂评价语可以为学生提供良好的可理解的语言输入,可以让学生在教师的话语中不知不觉地了解课程内容。因此教师应用丰富的表达方式对学生进行评价,尽量用一些描述性的语言体现语言的运用。评价语就像是教师和学生沟通的一座桥梁,要想架起这座桥梁,就得正确运用评价语。

基本理论

一、评价语的概念

评价语是教师评价学生学习和行为时使用的语言。在教学活动中,教师恰当的评价能创造良好的学习氛围和激发学生的学习兴趣,显著提高教学的有效性。了解教师评价语的相关知识,掌握教师评价语的技能,对学生做出正确、得体、有效的评价,对提高教育教学质量,营造融洽的师生关系,起到十分重要的作用。

关于评价语的认知,学者们主要针对课堂评价语从不同的角度做出了一些界定:

从评价语的内容和功能来看,"教师课堂评价语就是教师运用语言等对学生在课堂上的学习态度、方法、过程、效果等方面进行即兴点评之语,它主要起着反馈、激励、调控、导向以及推进学生后续学习的作用。"

从评价语的即时性来看,"课堂评价语是教师针对学生参与教学活动所反映出来的思想、情感、态度,或者语言表达、学习内容、方法效果与学生进行的即时对话。"

从评价语的功能性来看,"课堂评价语言主要指在课堂教学中,教师对学生的各种表现,如对问题的回答等进行的语言评价。"

从评价语的发展性来看,"课堂教学评价语是指教师以语言方式开展课堂教学评价,向学生传达带有情感意向的价值判断,从而激发学生学习兴趣,引导学生积极投入学习状态,激活课堂生成性资源等,并继而引发教师深入思考并提高课堂教学评价质量,创建能发挥'诊断、导向、激励'功能的评价语言,让学生感受到成长与提高。"

本书认为,教师评价语是指以教育、教学为语境,以课程教学目标、要求为宗旨,以学生学习、态度、方法、效果、行为等为特定评价对象实施言语行为时所使用的语言,主要起着诊断、导向、激励的作用。

教师评价语从课堂内外的语境上来看,可以分为课堂教学评价语、作业评价语与日常教育评价语。从评价内容上来看,可以分为知识评价语、能力评价语和情感态度评价语。知识评价主要是针对学生对知识的认识和掌握的评价,能力评价则主要是围绕学生的学习方式、方法等进行的评价,情感态度评价是对学生的情感和态度进行的评价。从评价的效能来看,可以分为正效应评价语和负效应评价语。正效应评价语常常是积极的评价语,是指教师的评价以赞赏、鼓励、认可等方式为主;负效应评价语常常是消极的评价语,如以批评、讽刺、贬损等方式进行评价。

二、教师评价语的特点

评价语是使用频率较高、对学生影响较大的教师工作用语,从本质来说,教师评价语具有以下几个方面的特点:

1. 学生价值判断的导向性

在教育中,评价语是一种具有价值导向性的语言,无论是赞扬式的正效应评价,还是批评式的负效应评价,都存在着某种价值观念的预设。赞扬式的评价预设是指受表扬者的行为是良性的,和受话人过去相比存在进步的、有益于他人或社会等任何值得肯定的行为。发话人在尊重事实的基础上,对受话人的行为价值观进行衡量后表示认同,尽量强调双方的一致性,并且作为向其他受话者推荐的榜样。批评式的负向评价同样存在价值观念的预设,即受批评者的行为是不好的,和受话人过去的行为相比存在着退步的、损害他人或社会等需要批评的行为。发话人在尊重事实的基础上,对受话人的行为价值观进行衡量后表示不认同,甚至是批判,并且让其他受话者引以为鉴。

因此,教师对学生评语的价值取向和审美取向应该符合社会的先进文化导向,培养学生勤奋、诚实、热爱祖国、热爱劳动、遵守纪律等品格,促进学生人格的健康发展。

2. 评价内容、方式及标准的多元性

评价的多元性,是指对学生进行评价的内容、方式、标准、主体是多样的,而不是单一的。传统教学评价强调评价的甄别、选拔功能,热衷于排名次、比高低。这样的结果是只有少数的优秀生能够体验到成功的快乐,大多数学生不可避免地成为“差生”。因此,教师应淡化分数与评比,重视发挥评价的激励、诊断和引导功能,改变过去过分强调甄别与选拔的做法,将目标定位于促进学生的全面发展。

现代教育理论研究表明:人有八种智能,即语言智能、逻辑—数理智能、空间智能、运动智能、音乐智能、人际交往智能、内省智能、自然观察智能。每个人都有自己擅长和不太擅长的智能,有的学生学习语文、音乐很轻松,但学数学和绘画时困难就多一些;有的学生不擅长体育运动,但人际交往能力和自然观察能力却很强。因此,对学生的评价也应该由单一的认知评价扩展为综合评价,注重对学生学习能力、态度、情感、创新精神、实践能力、价值观等综合全方位的评价。差异性评价在强调知识与技能评价的同时,将情感态度与

价值观的评价放到了同等重要的位置,并丰富其内涵,促进学生认知与情感的同步发展,从而真正实现"全面发展的人"的培养。

3. 评价态度的真诚性

"无爱无教育",教师对学生的评价要情真意切。教师的评价语言只有发自内心,其赞美或者批评、建议才能够让学生心甘情愿地接受。虚情假意、言不由衷的评价语不仅没有效果,而且会伤害学生的心灵。

情真意切的评价源于对学生的理解与尊重。尤其在小学教育中,教师是话语交际中的强势权威角色,这就更需要教师尊重学生的独立人格,呵护每颗幼小心灵的健康成长。每个学生都有自己的个性和闪光点,教师要善于发现他们的闪光点,就此激活他们的自信与勇气,使学生对自己有充分的了解,进而扬长避短。

只有饱含着关心和爱护的教师评价语言才会产生良好的效果,才会起到莎士比亚所说的"赞赏是照在人心灵上的阳光"的作用。在每个学生的成长过程中,哪怕是看似微不足道的优点,教师真诚的评价,不管是口头的赞扬、热情的喝彩,还是微笑着点头,都会对学生产生不可思议的积极作用,会使他增强自信心,在潜意识里肯定自己,认可自己,从而感受到喜悦和尊重。

三、评价语的运用

1. 准确得体,催生活力

课堂教学评价必须准确。准确性是课堂评价的灵魂,没有"灵魂",教师的课堂教学评价就没有了生命力。教师既不能一味地肯定评价,也不能一味地批评,要让学生知道哪是好的,哪是不好的;哪是对的,哪是错的,错在何处。准确的课堂教学评价还需教师关注课堂中生成的细节,及时提醒学生,有效地帮助学生纠正错误。

【**示例**】 在一次课堂上学习《金色的鱼钩》,一个老师问了一个问题:你有什么想对老班长说呢? 平常一个从不在课堂上发言的学生举起了手,回答了这个问题。虽然语言表达不是很确切,但是老师随口说了一句:"你的表现真棒,会大胆地表现自己了。说明你能行嘛! 真好!"虽然这句话老师自己早就已经忘记了,而这个从未被表扬过的学生却牢牢记住了。他在慢慢地增加自己上课举手的次数,也努力完成作业,教师的热情评价于不经意间启动了他学习的热情。

老师应该时常评价学生的课堂表现和日常表现,提醒、鼓励他们,提高他们的学习兴趣、对学习的激情和对生活的热爱。虽然例子中的学生回答得不是很到位,可是对这样平时举手不积极、不爱发言的学生给予正面的肯定是很重要的,能让他们增加信心,提高举手发言的兴趣。教师要根据学生的个体差异及其实际情况进行评价,使之对学习产生动力和兴趣。

2. 机智应对,化险为夷

苏联著名教育家思维特洛夫说过:"教育家最主要的,也是第一位的助手是幽默。"在进行课堂评价时,机智幽默、生动优美的语言更是不可或缺的。幽默诙谐,可以使它既不伤害学生的自尊心,又能达到匡正纠谬、明辨是非的目的。在课堂上,教师机智幽默、生动的评价语言,更是可以创造出一种轻松愉悦、和谐融洽的教学氛围,让学生能以愉悦的心情去主动、生动地学习,从而使课堂生花,为教学增色。

【示例】 特级教师支玉恒老师在教学《第一场雪》时,以风趣的语言暗示学生如何通过有声的语言把"雪的大"读出来。当第一个同学读时语气比较平直、轻短,老师风趣地问同学们:"这是什么雪呀?"大家笑着说:"这是小雪。"于是再请一学生读,读得稍好些,大家又笑道:"这是中雪。"又再请第三、第四位同学读,终于读出大雪,教师又幽默地激动道:"还有谁读得比他下的雪还要大的吗?"

课堂上笑声此起彼伏,学生在书声琅琅、语言交流、思想碰撞中获得求知的欢乐,真是"别有一番'趣味'在心头"!教学过程充满着各种变化、发展和始料不及的情况,这就要求教师在进行课堂教学评价时,灵活运用教学机智,将预设性语言和随机性语言结合起来,根据学生的反馈信息、突发情况、临时调整预设的流程,快速反应,巧妙应对,化险为夷。因此,教师课堂教学评价应因境、因事和因人而随机应变,用自己内在的魅力,创造性地对学生进行评价,激励学生积极地参与到课堂教学活动中。

【示例】 在教学"妈妈一共买了 8 个苹果,小明吃了 2 个,还剩几个苹果"一题时,一个学生列式计算:$8+2=10$,他还振振有词地说:"题中有'一共'就是用加法嘛!"老师没有立刻用"对"或"错"来做出判断,而是先表扬他听讲专心,记住了"一共"是表示求和的意思,接着问:"妈妈买了 8 个苹果,吃了两个变成 10 ,反而增多了,那老师买来几个苹果请大家都来吃,明天老师就变成卖苹果的了,为什么呀?因为老师的苹果越吃越多呀!"同学们哈哈大笑,这个学生自己忍不住也笑了起来,并随即修改了结果。在以后的学习中,类似的问题也难不倒他了。不难发现,老师一句善意风趣的话语犹如沁人心脾的春风,既达到了指正的目的,学生也不会反感,从而收到了意想不到的教学效果,可谓两全其美。

3. 捕捉亮点,学会赏识

德国教育家第斯多惠说"教学的艺术不在于传授本领,而在于激励、唤醒和鼓舞"。学生需要教师的激励,激励能激发人的潜能,能使人心智开启,灵感涌动。学生在宽松、和谐民主的自由空间里与老师、同学进行心灵的碰撞、生命的融合,不断获得成功的体验,并在成功中走向成功。

【示例】 在学习《找春天》课文中,一学生在朗读"树木吐出点点嫩芽,那是春天的音符吧!"这一自然段时,老师夸奖道:"你也是我们班里一个活跃的音符,请你再带领大家读读吧!"顿时她变得更自信,领读的同时自豪之感油然而生。同时,班里的学生也开始一个个争做活跃的音符了,可谓一举两得。在课堂教学中,教师应及时捕捉学生的闪光点,给予鼓励。

成功,哪怕只是一点点,对一个学生树立自信意识也是极为有益的。因此,教师在课堂上不要吝啬对学生参与教学活动的赏识与赞许,要及时送上充满激励的评价,让学生不断获得前进的动力,增强自信心,检验成功的快乐。也只有这样,我们的课堂才会折射出智慧的光芒,才会充满生机和活力。

4. 尊重差异,期待成长

教师的评价要做到因人而异,要针对不同的学生采用不同的评价标准。因此,教师要了解他们的基础,关注他们的发展状况和努力程度,尊重差异,为每个学生的发展创造宽松的环境,并给予具体指点和引导,耐心期待学生的一点点成长、进步。著名的教育评价家斯塔佛尔姆强调"评价不在于证明,而在于改进",因此,有效的课堂教学评价要求教师评价时不只是简单地判断或褒奖,而应注重具体引导,应更多地从内容、方法等方面去点拨和启发。

【示例】 有位老师在总结课文《兰兰过桥》时启发道:"请同学们想想,你头脑中神奇的桥是怎样的?"话音刚落,一个小男孩站起来一口气说了四种神奇的桥,教师评价说:"你真聪明。"仔细瞧瞧,那个学生一脸平静,不经意地坐了下去。显然,学生听多了这样泛化的评价,早已产生审美疲劳,不感兴趣了。

这样泛泛而又单一的评价缺乏针对性,已经无法满足学生发展的需要。久而久之,以直觉形象思维为主的小学生对如此的评价也会麻木不仁,心理效应为零,评价也就失去其应有的作用。"你真聪明",聪明在哪里?"你真棒",棒在何处?都应大声给出具体参数,让孩子感受到老师对于自己的关注和重视,获得学习方法和习惯的正确导向,并在此基础上有所发展和提升。上述例子中老师的评价若再具体形象些:"看来这位同学对桥特别感兴趣,等你学习掌握了更多的知识,长大后也会是一位会变魔术的桥梁专家。"这样能有效地激发学生的想象,把自己和"会变魔术的桥梁专家"联系起来,幻化出自己也是桥梁专家的美好形象,从而获得极大的心理满足,进入更加积极的思维状态,产生出奇思妙想,这也正是学习的最高境界。

教育,是一种温暖的抚爱,"没有爱就没有教育"。教师在课堂教学中评价学生时,心中要有"爱",要做到"每句话的背后都是一颗心"。从爱护学生的角度出发,不管是肯定的还是否定的评价,一定都是发自内心,真心实意,做到"动之以情,晓之以理"。教育家陶行知先生说:"教育是心心相印的活动,唯独从心里发出来的,才能打动心的深处。"学生感受到老师的真诚,才会接受老师的评价。总之,课堂教学评价是一门艺术,它植根于深厚的教学功底、良好的口语素养和正确的教学理念。相信教师在课堂上关注和体察学生的课堂表现,学会认真倾听,在反思中增强研究意识,在教学中不断实践探索,一定能步入这座有效评价的艺术殿堂。

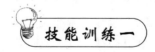
技能训练一

赏识式评价语训练

训练目标

对学生的日常表现,应以鼓励、表扬等积极性的评价为主,采用激励性的评语,尽量从正面引导。

训练要领

教师应采用多层次、多角度的肯定性评价语言,忌重复忌拖沓。

课堂训练

数学课上,教学生认识数字"0",当你提问:"数字'0'像什么?"

生1:"0"像橄榄球。　　　　　生2:"0"像个鸡蛋。

你做如何评价?

训练评价

1. 评价语是否及时。

2. 评价语是否有针对性。

3. 评价语是否具体,有激励作用。

拓展练习

　　班上有位学生,成绩很好,也很聪明。可是胆子特别小,总不爱举手。有几次你见到他想举手又不敢的样子,就点名他回答问题。当他回答完后,你如何评价他?

　　1. 当他回答正确后,便立刻表扬他"你的答案非常正确!老师真希望能再次听到你完整的答案。"如此几次之后,这位学生在课堂上回答问题时就变得又大方又积极了。

　　2. 对回答不完整或回答错误的学生,为人师者千万不能说"你答错了!""不对!""真笨!"等贬义语言。而应改变语气,换一种说法,可鼓励他:"你虽然只答对了一半,但已经非常不容易了。以后只要继续努力,老师相信你一定能赶上来!""你的答案虽然和正确答案有点不一样,不过没关系。你能勇敢站起来回答问题,已经很了不起了。"这样的语言真切、感人,让学生深受鼓舞,觉得自己能行,从而树立起上进的自信心。同时营造出轻松愉快的"教"与"学"氛围,利用孩子们亲其师信其道的心理,让他们喜欢上这门学科。

　　有时还可以这样评价学生的发言:"你的发言触动了我的思维,震撼了我的心灵!""你理解透彻,语言精当,表达流畅且自信满怀,我非常欣赏你!""我有听君一席话,胜读十年书的感觉了!""你懂得比老师还要多!""你说得比老师还要棒!"

　　大量的实践证明,教师对学生的赏识性语言,能激发学生更多的热情、更热烈的讨论,引领课堂走向高潮,师生共同享受创造的愉悦。

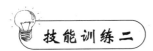

启发纠错式评价语训练

训练目标

对学生的错误,能以启发式评价引导学生,让学生易于接受并改正。

训练要领

1. 评价形式(内容)与教学内容相关。

2. 评价方法丰富多样。

3. 符合学生的年龄特点。

167

课堂训练

在英语课堂上,当学生犯错误时,教师要避免使用否定的评价语言,如:You are wrong. It's not correct. 对回答不出问题来的学生不要简单地使用"Sit down",要给他们可能获得成功的机会,鼓励他们,保护他们的学习积极性。请你设计至少 3 条启发纠错式的评价语。

训练评价

1. 评价语是否具有激励性。
2. 评价语是否能引导学生思维向正确方向发展。
3. 评价语是否兼具引领互助作用。

拓展练习

在教学 10 以内的减法时,老师让学生观察一幅挂图,然后提一个问题。图上内容:9 只蚂蚁抬一只大青虫,还有 3 只在"助威"。此时有一学生提问:"小蚂蚁要把青虫抬到哪里去呢?"你如何做启发纠错式评价?

师:你提了一个别人都想不到的问题,你的问题真独特,能不能再提一个数学问题呢?

此时,学生意识到自己提的问题"出格"了,没有围绕"数学"内容来提问题,马上又想出了新的数学问题。如果我们对学生的"错误"就像秋风扫落叶一样,缺乏冷静的思考,很容易造成师生之间的隔阂,用宽容去包容孩子的错误,并巧妙引导,以此沐浴孩子的心灵,学生的心灵将得到最大限度的展露。

任务 33　结束语训练

课堂的结束语和课堂的导入、课的讲授一样,是课堂教学不可或缺的重要一环。它不仅发生在一节课的结束,也发生在每一个教学环节之后。课堂教学是一门艺术,懂得运用恰当的课堂小结更是一门艺术。"编篓编筐,重在收口",良好的课堂小结可以激起学生的思维高潮,产生画龙点睛、余味无穷、启迪智慧的效果。

基本理论

课堂教学的完整性表现在对所学知识的启发引导、探究接受、拓展延伸等几个方面。作为课堂教学的一个环节,结束语承担着相应的教学职能。

一、结束语的定义

结束语又叫小结语、断课语、结尾语。它是课堂教学将要结束时,教师在进行引导学生对所学的知识与技能进行及时的总结、巩固、扩展、延伸与迁移的教学活动时所用的语言。

二、结束语的作用

一是整理概括，巩固记忆。一个巧妙的结束语要能强调重要的事实、概念，概括相关的知识形成知识网络，使学生更加清楚、明白、系统地掌握所学的知只。它能帮助学生整理概括，加深感受，深化认识，巩固记忆。

二是启发思维，开阔视野。一个精妙的结束，能够扣人心弦，开启学生的智慧之门。它不仅能帮助学生巩固课堂上所学的知识，还能激励学生将知识拓展延伸到课堂之外。

三是指导实践，培养能力。经过一节课前面几个环节的学习训练，学生对知识已经有了初步的理解，这时如果指导学生进行一些有针对性的练习，或者对课下的学习活动提出一些要求，对于巩固知识、培养学生能力是非常有益的。

三、结束语类型

1. 激情式结束语

结束语抒发激情，就像奏鸣曲的最后一部分，经过呈示和展开这两个阶段，宽广地抒情，形成全曲的高潮，给听众留下鲜明而深刻的印象。重视讲课艺术的教师在执教时常常这样：一节课有叙述、有沉思，感情随教材而激荡，情绪在学习过程中起伏，直至结束，感情的积蓄已经有了相当的张力，正是在这种情境下，教师以激情的抒发来结束全课，它会在学生的精神世界引起共鸣振荡，不但能激发美好情感，起到净化学生心灵的作用，而且可以疏导学生的心理，让他们在情感的回应、交流的过程中，以一种有别于教师的方式也把感情流露出来，从而体会到抒情的快乐。

一堂课结束时，出于对学生的激励，有必要以激情的抒发来结束教学。激情式结束语所抒发的感情主要源于教材，或受到教材的启发，有时激情可在课堂学习过程中酝酿产生；可在学生情绪高涨、思维敏捷、学习气氛热烈的情境下产生；也可在教与学两方面配合默契、进展迅速、教师灵感迭出、教学机智运用得当的情况下产生，选择激情式结束语，适时褒奖勉励学生，效果可能更明显，也更持久。

激情式结束语，措辞要有分寸感，感情的抒发要适度，如果"言"胜于"质"，形式脱离了内容，就会给学生留下夸大其词的印象，这会使感染力大打折扣。教师固然要发挥其主导作用，用美好的情感去熏陶、激励学生，但在必要时，也应把握学生的心理活动，保持师生心理变化的平衡与和谐，以免教师的抒情变成"自说自话"。

【示例】　"认识小数"的课堂小结

师：如果咱们用满分"1"来表示你对这节课自己表现的满意程度。你会给自己打多少分呢？

生：0.9分。师：比较满意，继续努力！你会更优秀。

生：0.8分。师：你的满意度稍微差一点儿。没关系，只要不断努力，你会更棒的！

生：1分。师：不错，很有自信！

将课堂评价与所学新知有效结合；将学生自评与教师评价结合。这样的课堂小结，既

169

体现了数学与生活的紧密联系，又让学生直观体验了数学学习的应用价值和现实意义，使之进一步增强学好数学、用好数学的信心。

2. 点拨式结束语

在新课标理念指导下的语文课堂教学过程中，构建生态开放式课堂，要求学生是主体，给予学生从事探讨或思考的时间较长，通常就需要教师在检查学生课前掌握重点内容实际状况的基础上，再做必要的点拨，帮助学生对重点知识认识到位。在这方面教师如感到基本满意，无须多讲，可以把注意力放到难点上来，引导学生运用已掌握的知识和方法，化繁为简，化难为易，最终突破难点，给予一个准确的答案。"点拨"也可以是有关方法运用上的指导，教师在这方面常常积累丰富的经验，往往能弥补教材的某些不足。语文课堂教学所使用的教材往往信息量较大，感性认识材料较多，学生可能会就事论事，停留在较狭小的境界里，认识也难以拓宽和深化。出现了这种情况，教师来做点拨，启发他们展开联想，结合生活中的实例，去认识教材中蕴含的人文因素、社会意义，也是很有必要的。

点拨式结束语要说得巧。学生对教材掌握到什么程度，认识的偏差是如何产生的，一些问题为何不能解决，症结在什么地方，教师对这些问题应该做到心中有数，有针对性地做出判断，提出切实可行的建议，使学生依照教师的点拨，确实能改进和提高。这样去点拨才能切中要害，方法对路，话不在长短，能说到点子上，可谓之巧妙。

【示例】《看云识天气》新课小结

本课典型地运用了分类别的说明方法，为了加强学生的识记效果，可以让学生给"人"和"鞋"做分类练习，要求学生从不同角度思考，最后教师给予总结。这样不仅激发了学生的学习兴趣，教师还能从练习中了解学生对知识的巩固程度，加强了对学生迁移能力的培养。

再者，点拨式结束语还应说得"活"，比方说，变换一下句式，就比"老一套"说话方式要"活"。设问句，一问一答，内容正中学生心坎，语气词有变化也能吸引学生注意力。反问句通常能激起情感的波澜，长短句交错，抑扬顿挫，也能造成很好的效果。变换一下说明的方法，场面也会活泼些。巧设比喻，不只是形象生动，更能把抽象费解的东西变得浅显易懂，有时还会带有幽默感。诙谐的语言有助于打破沉闷僵硬的局面，缓解学生的焦虑紧张感和受挫感。在阐释要点时，坚定的语调和语重心长的勉励，更有助于重鼓勇气，满怀信心地面对困难与挑战。

3. 预告式结束语

在我们一般使用的教材中，知识体系往往分成彼此联系又各自具有相对独立性的模块，课堂教学只能分阶段地讲解某具体模块或其中的一部分。知识体系虽被人为地分割开了，但其内部联系又总在制约着教师的教学活动，要求教师始终把不同模块的知识视为一个整体，坚持在教学中瞻前顾后，承前启后，这样才可能引导和指点学生把不同体系的知识融会贯通，形成较丰富的思想资源和较合理的知识网络。如果本模块教学与下一模块的教学联系极为密切，教师就可能乐于选择预告式结束语来暂时中止讲授。预告式结束语并不意味着三言两语布置预习，教师还应该说明前后两模块教学之间的联系，说明预习准备的意义，提示学生从哪些方面着手准备迎接下一模块学习，必要时，教师还应勉励学生巧妙合理地安排时间，发扬勤奋好学的精神，按照教师的要求，踏实地阅读思考，有时,也可以做些方法指导。

【示例1】 "平行四边形"新课小结

师:当把一个平行四边形的内角变成直角时,它又是一个什么样的图形呢?

生:这是长方形。

师:这就是我们下一节课所要学习的内容,希望大家做好预习。

【示例2】 "认识年、月、日"新课小结

师:小明6岁了,可他才过了两次生日,为什么呢? 他是几月几日出生的?

以此创设悬念,激发学生的好奇心,促使学生回忆今天所学新知,寻找答案。

以"预告"的方式来结束课堂教学,教师出语要从容不迫,语气声调应当疾徐得当,高低相宜,给学生的印象是入情入理,具有权威性、约束力,但又不是强人所难,随意支配他人的时间。如果教师匆匆忙忙,流露出拔腿要走但又不得不交代几句的意思,甚至人已离开了课堂,只在门口宣布几句,那很难使学生重视教师的"预告",部分学生可能会充耳不闻,拒绝配合。预告式结束语不应简单地仅仅依靠教师的威望来约束学生的行为,而应落到实处,保证行之有效的效果。

4. 归纳式结束语

课堂上所说的归纳常常就是"汇总"的意思,在一个模块的教学完成后,教师就可以把整个模块的知识要点汇集起来,提纲挈领地总结一下,以使学生接触到的知识系统化,成为一个互相联系的整体,便于他们理解消化和记忆。有时归纳也是指引导学生把接触到的现象、问题分门别类加以整理,从"个例"中抽象出"类"的特点,找出相同事物的共同本质和内在规律,从而使课堂学到的东西成为范例,通过延伸与拓宽性质的练习,达到触类旁通、举一反三的程度。

归纳式结束语的设计难度较大,对教师驾驭整个模块知识的能力要求较高。教师必须对所讲授的模块知识做到烂熟于心,同时,又能升华到"类"和"层"的认识层面,明晰地认识事物的本质特点,认识众多事物的彼此联系和区别,高屋建瓴地加以讲解。再者,归纳式结束语还必须以整个模块的讲析与练习为条件,水到渠成地总结整理,给人的印象是自然而然,火候已到。若归纳的条件不成熟,"归纳"可能会流于形式,做成"夹生饭",无助于深化学生的认识和提高类推能力。

归纳式结束语在表述时,格外讲究逻辑性,持论要有依据,使用概念要准确,语句组织要有条理性,不得不用书面语和术语时,要板书在黑板上,给予确切的解说。限于时间,归纳式结束语的容量不宜过大,让大多数学生感到可以接受即可。至于接受能力超群或较差的同学,可以另择时间分别指导。如果总是想不留一点遗憾,势必顾此失彼,难以避免拖沓松散之嫌。

【示例】 "连续两问的应用题"新课小结

师:今天我们学习了什么?

生:连续两问的应用题。

师:连续两问的应用题与以前学的应用题有什么不同的地方?

生:① 题中问题多了,解答步骤也多了;② 解答时要先解答第一问,然后解答第二

171

问;③ 解答第二问时,要利用前边计算出的结果作为一个条件来列式;④ 两问都写答话。

通过提问归纳小结,锻炼学生用准确、简练的语言将新课内容进行概括,同时帮助学生整理思维,对新知识加深理解。

综上所述,我们可以发现:课堂结束语仅仅是一种手段,它需要与其他教学口语形式相结合,才能产生理想的效果。课堂结束语多种多样,和教无定法一样,结束语的选用要因人因时因地因教材而定,不可拘泥一格,但任何一种结束语都要遵循启发原则,尊重学生的主体作用。

总之,课堂结束语不过三言两语,但方法是多种多样的,结束语运用的好坏,在一定程度上影响到当堂课的教学效果。如能运用自如,则讲者听者都会精神振奋;若运用不当,势必对教学效果产生不良影响。因此,要想取得教学的成功,就应在每个环节上都充分调动学生的学习积极性,切不可轻视课堂结束语这三言两语,我们应让课堂结束语真正发挥其应有的潜在功能。

四、结束语的要求

一是简明有力。结束语要求语言简洁、明了、清晰,要起到提纲挈领的作用。如果结束语小题大做、啰唆杂乱,用语不简洁、不明确,必然会让学生感到厌烦,影响教学效果。

二是准确明了。准确的结束语是对学习的主要内容、重点、要点的总结提示,起着帮助学生理解和巩固的作用。

三是生动有趣。成功的结束语会给人留下深刻的印象,如音乐般"余音绕梁",令人回味,课虽尽而意无穷。如果结束语很平淡,就不会给学生留下深刻印象,难以收到好的教学效果。

四是重点强化。结束语具有承上启下的作用,因此设计结束语时要着眼于知识的过渡和拓展,要举一反三,要着眼于情感的启迪和升华,要画龙点睛。教师在总结强调时,话语要慢些,语言要平稳。

五是有条有理。教师由于课前没有计划,或计划了而没把握好教学节奏,临下课时匆匆地讲几句话,草率收场,这样的结束语就不能起到总结、巩固、强化的作用。

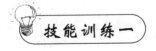

技能训练一

归纳总结式结束语训练

训练目标

归纳总结式结束语应便于学生提高认识,加强其记忆,帮助其巩固所学知识,并将总结内容纳入其原有的认知结构中去。

训练要领

讲究逻辑性,持论要有依据,使用概念要准确,语句组织要有条理。

课堂训练

针对语文学科的不同内容,选择识字、阅读和习作各一课,分别写出它们的结束语。先在小组里试讲,经修改后,再在全班讲。

训练评价

1. 结束语是否水到渠成,自然妥帖。
2. 结束语是否结构完整,首尾呼应。
3. 结束语是否语言精练,紧扣中心。

拓展练习

教《小虫和大船》一课时,请你抓住课文结尾句"小小蛀虫,竟毁了一艘大船。"中的"竟"做总结谈话。先在小组里试讲,经修改后,再在全班讲。

师:对船主来说"竟"是什么意见,他会怎样想?

生:船主会想:那么好的一艘大船竟被小小的蛀虫毁了,多可惜啊!

师:那么工人说这句话时对"竟"又会怎样想呢?

生:工人一定很气愤,因为他们知道,小虫会毁掉大船的,早就警告船主了,可船主不听。

师:作者写这句话时,又包含了什么意思?

生:作者要教育大家,小事不注意会闯大祸。

师:我们今天读这一句话,对"竟"字又会怎样理解?

生:我们读到这一句,感受很深,心里想一定要记住这个教训,有问题要赶快改。

师:大家都说得很对,我们就请四位同学分别以船主、工人、讲故事的人和我们小学生的不同体会来读读这句话,看能不能把不同的语气读出来。

(指名学生读,分别读出后悔、气愤、告诫、感动等不同思想感情。)这样充分利用阅读材料,师生共同总结概括,既生动形象,又富训练价值,其成效是十分显著的。

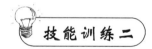 技能训练二

拓展延伸式结束语训练

训练目标

教师根据教材的内容特点和学生的认识基础,因势利导,将课内学习延伸到课外活动,把书本知识扩展到社会实践活动,从而扩大学生的知识面,开拓学生的思维,启发学生的创造力。

训练要领

要讲究联系性,将课内知识和课外知识联系起来、将已知知识和未知知识联系起来,教师运用的语言要有启发性。

课堂训练

结合学生的已有知识、学科知识等,针对《两个铁球同时着地》这一篇课文教学进行拓展延伸式结束语训练。

训练评价

1. 在课堂结尾时,教师是否提出一些富有启发性、趣味性的问题,不做解答,留给学生在课余时间去思考、印证,以造成悬念。

2. 总结语是否做到了简洁明快、灵活多变、新鲜有趣、耐人寻味。

拓展练习

请对"乘法的初步认识"教学,设计一段拓展延伸式结束语。

师:同学们,你们平时在生活中,遇到过乘法吗?

生:在超市买 3 桶果汁,每桶 10 元。可以列 $10+10+10=30$(元),也可列 $10×3=30$(元)或 $3×10=30$(元)。

屏幕出示图片:整箱矿泉水上的信息(600 毫升×24 瓶),小儿咳喘灵口服液上的信息(10 毫升×6 支),让学生描述两个乘法算式的意义。

师:在生活中我们经常运用乘法,只要我们留心观察就会发现数学源于生活。请同学们回家后记录生活中的乘法,然后与同学交流。

项目十
教育口语训练

教育语言从形式上看,包括口头教育语言与书面教育语言两种。本项目所阐述的是口头教育语言,简称教育口语。教育口语是教师依据培养目标在对学生进行教育时所运用的语言,其内容主要涉及思想道德情操、行为习惯规范等方面。它具有两个特征:其一,它是教师使用的一种职业语言;其二,它是教师运用的具有育人目的的语言。

 思维导图

教育口语训练
- 表扬训练
  - 善于发现孩子闪光点的表扬训练
  - 面向多数的表扬训练
- 批评训练
  - 故事隐喻式批评训练
  - 暗示式批评训练
  - 正面批评训练
- 说服训练
  - 正面说理说服训练
  - 劝导式说服训练
- 拒绝训练
  - 委婉式拒绝训练
  - 热情应对式拒绝训练
- 启迪训练
  - 设问引导启迪训练
  - 类比启迪法训练
  - 自我思考法训练
- 鼓动训练
  - 榜样鼓动法训练
  - 情感鼓动法训练
  - 荣誉鼓动法训练

任务 34 表扬训练

表扬是对学生良好品质与行为给予肯定评价的积极的教育形式。苏联著名教育家巴班斯基说:表扬学生的手法是用来支持和培养学生行为中和学习活动中的良好开端的。表扬能给学生以精神上的满足,增强自信心,进一步发扬自身的优点,克服缺点,奋发向上。恰当适度的表扬,对鼓励先进、鞭策后进、激发士气、培育学生的良好行为,推动良好风气的形成,是一种积极有效的动力。

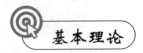

基本理论

一、表扬的作用

表扬学生是教师在教育活动中管理、教育学生必要和有效的手段。

表扬是一种非常好的教育方式,正确的表扬有助于培养学生的自我意识和独立能力。从行为心理学的角度上来说,表扬是一种强化手段,是使那些符合某种心愿的行为坚持下去的最好方式。虽然我们也可以对不正确的行为进行批评,但是它的作用远不如对正确做法的表扬。有人做过这样的比喻,孩子的心田是一块肥沃的土地,你播下思想的种子,就会获得行为的收获;你播下习惯的种子,就会获得品德的收获;你播下品德的种子,就会获得命运的收获。"表扬"作为一种艺术,在教育过程中有着不可忽略的作用。

二、表扬的基本要求

表扬语具有热情、高亢、激昂的特点,富于溢美性、鼓动性和感染力。教师对学生进行表扬时,要注意做到以下几个方面:

1. 把握时机

获得赞扬与赏识,是每一个人正常的心理需求,而青少年学生尤甚。因此,值得肯定的事和人,应该及时地表扬,明确点出什么事、什么人、什么行为产生了什么好的效果,这是一个通则。但是,表扬的方式和场合必须有所选择。把握时机的表扬,能够巩固学生良好的言行。

性格外向的学生,有较强的表现欲,可以用热情洋溢的赞美之词当众肯定他们的进步;对性格内向的学生,可用个别谈话或无意表扬的方式来鼓励,赞美要蕴藏在平稳与厚实的语言之中;对有逆反心理或长期处于压抑状态的学生,用间接暗示可取得意外效果。应当注意的是,对任何一个学生的表扬,都要避免以其家庭状况、生理缺陷、历史污点为背景来进行,否则会给学生造成不必要的心理压力和环境压力。此外,及时表扬有事半功倍的效果,特别是对于后进生,及时表扬将可能是个促进其转变的难得机会。

2. 客观公正

在一定场合,教师的表扬可以产生巨大的"现场效应",有时甚至影响一个学生今后的人生道路。因此,表扬一定要实事求是,客观公正。表扬的要义是激励,但要以真实、美好、进步的思想行为为依据。被表扬的人和事要具有先导性与可仿效性,这样才能表扬一个带动一群,赞扬一事推动一片。如果离开事实基础,名不副实,甚至弄虚作假,不仅起不到激励斗志、弘扬正气、鞭策后进的作用,反而会成为瓦解学生精神的腐蚀剂。

3. 面向多数

一般说来,在教育管理的过程中,应坚持以表扬为主的原则。坚持表扬比批评多一些,奖励比惩罚多一些,但表扬与奖励必须做到面向多数,恰当适度。

面向多数的含义,其一是所要表彰的行为具有倡导性,符合先进性和代表性,要求具有"涟漪"效应,能"一石激起千重浪",激发多数人的进步欲望;其二是表扬的面要广,尽可能地发现每一个学生的闪光点,使每一个有进步的学生都得到肯定与赞赏。而要做到这两点,教育者必须了解社会对学生的要求,熟悉所有的教育规范与教育目标,并且对学生有赏识的心态。只有这样,才会激发全体学生的上进心与荣誉感。

激励虽然必要,但溢美要适度,表扬要恰当。教师不对学生进行过分表扬,不随意拔高,不因言过其实而产生不真实感。不恰当的表扬,不仅不会有激励作用,而且还会让人感到表扬"贬值",甚至挫伤一部分人的积极性。

4. 防止片面

表扬的目的是帮助学生发扬成绩,不断进步,以先进促后进,达到共同进步。因此,表扬时要让学生明白事理,必须对好人好事进行理性分析。教师要讲明为什么要表扬,表扬的人和事的先进性表现在哪里,大家要从中学习些什么等,由此帮助学生认识一个人的行为价值,从而提高思想认识,达到榜样激励的效果。老师在表扬中的溢美之词不能泛滥成灾,要热中有冷,在热烈的情感表达之中有冷静的理性分析。除此之外,表扬中要体现出更高的要求。教师在表扬时,要有意识地提出新要求,调动学生内心向上的积极性,促其加速达成。如果对某一学生单纯从学习上提出更高要求并不一定奏效,而当他在其他方面有突出表现时,教师在给予表扬的同时不失时机地提出学习上的更高要求,往往会产生很好的效果。

三、表扬的技巧

表扬学生的目的是调动其自身的积极因素,发扬优点,激励上进,使之健康成长。同时,用公开的形式对学生的某些方面予以肯定评价,本身也是一种教育导向,是用榜样的力量影响集体中其他学生的有效教育手段。于是有的教师就认为只要学生表现好就表扬,这样就能激发学生向上的积极性,从而培养和塑造其形成良好的行为习惯。实际上情况并不这样简单。研究表明:表扬并不是在任何情况下都有积极的心理效应,使用不当就达不到预期的作用,甚至会产生消极的心理效应。表扬学生需要一定的技巧。

1. 善于发现学生的"闪光点",表扬要具体、真实而有效

所谓"闪光点"是指孩子身上容易被忽视的可贵之处。它一闪就过去了,教师这时要"热处理",要"助燃",要及时予以表扬和激励。这时候,话要说得直接、具体,让孩子们看到可贵在什么地方,并知道为什么值得表扬、值得鼓励。

2. 表扬学生要注意方式

每个人都希望被表扬,作为学生也不例外。对班主任而言,对学生适当的表扬,会激发学生学习的热情,满足学生被认可的精神需求,增强学生的归属感。但如果表扬不当,不但不能起到正面激励的效果,还会打击其他学生的学习积极性。

【示例】　一位带病上课的学生被班主任发现以后,在班会上大加表扬:"同学们,我们看看×××同学是什么样的态度,而我们又是一个什么样的态度? 有的学生有事没事随

便请假,经常迟到早退,小病大养,无病呻吟。与他相比,我们是不是感到羞愧?我建议我们应该向×××同学学习。"

评析:这位班主任对于该同学的表扬,旨在起到引导激励的作用,用该同学为全体学生树立榜样。然而,这位班主任在表扬该学生的同时,也贬低了其他学生,这样不但不能起到激励全体学生的目的,还会伤害到大部分学生的感情。而且,受表扬的学生也会倍感苦恼,因为班主任对他人的指责是因为自己而起,这可能会造成其他学生与自己的对立,从而使自己在同学面前陷入尴尬的境地。因此,班主任表扬学生时一定要注意表扬的方式,慎重斟酌自己的言辞,让表扬的对象感受到老师的肯定与赏识,也让其他学生在班主任表扬别人的过程中受到感染,促使自己向这位同学看齐。由此可见,班主任表扬的关注点应放在事件本身,让全体学生感受到班主任的公平、公正。

3. 表扬要公平、公正

公平公正的表扬更能赢得学生的尊重信赖,有助于树立教师威信。优等生常常受到表扬,这很正常,而后进生更渴望老师关注的目光。作为教师,要有一双慧眼,善于捕捉、善于发现后进生的闪光之处,及时表扬,引导他们向着预期目标努力。"用心"的表扬,哪怕只有一次,也比批评多次的效果好。

4. 表扬要因人而异

学生的性格各不相同,如果采取一成不变的方法,往往达不到教育目的,甚至还会适得其反,因此,班主任首先要了解每个学生的性格和心理,做到知己知彼,从而因人而异,采取灵活多样的教育方法。

【示例】 一位班主任在报上发现本班一位性格内向、不善言谈的学生的一篇文章,很是惊讶,经询问得知,这位学生每日坚持写学习反思,其论文多次发表在报纸杂志上。于是,班主任在主题班会上点名表扬了这位学生。然而这位学生却极不自在,表扬成了他的心理负担,因为每次面对同学"最近有没有发表文章呀"的调侃时,他都会有说不出的压力。

评析:班主任及时发现学生的闪光点,对其进行表扬,但表扬也应因人而异,并不是每位学生都希望得到班主任在公开场合的表扬。对于性格内向、做事谨慎的学生,他们渴望被人理解但不希望被别人过分关注,当众的表扬反而会使他们背上沉重的思想负担。因此,班主任需要拥有一双慧眼,深入了解每位学生的性格特点,在表扬学生之时,针对学生的性格特点采取灵活多样的形式。对性格张扬的学生可在公开场合赞扬,让他们在接受表扬的过程中收获成功的喜悦,而对于那些性格内向的学生,则可采取更为灵活的表扬方式,既让这些学生感受到班主任的关怀,也不会让他们因表扬而背上思想负担。

5. 态度要真诚,语调要热情

表扬是一种激励,因此,表扬态度要真诚,语调要热情,尤其是小学生,在表现后,期待甚至渴望得到他人肯定和认可的心理需要比较强烈,抓住这种期待的心理契机,教师能予以表扬,有助于强化他们积极进取的愿望。

【示例】 (早操以后,一年级小学生们排着整齐的队伍回教室上课。老师发现有个学生趿拉着鞋)

师:赵敏,你的鞋怎么啦?

生:刚才不小心,被别人踩掉了。

师:那你怎么不提上鞋再走呢?

生:我停下来提鞋,咱们队伍就不整齐了。

师:啊。(若有所思地点点头)

(回到教室后)

师:大家看,赵敏同学是趿拉着鞋上楼的。

生:(惊讶,议论)哟,鞋也不提上,怎么走路哇?

师:小朋友,你们说,是趿拉着鞋走路方便呢,还是把鞋提起来走路方便呢?

生:当然提好了走方便。

师:可是,赵敏小朋友却是趿拉着鞋,跟着队伍走上楼的。现在我想请她给大家说说,为什么不穿好了鞋走路呢?

生:我的鞋被别人踩了,要是我停下来提鞋,咱们的队伍就乱了。

师:(动情地)大家听听,赵敏小朋友想得多好啊!那么,她脑子里想的是什么呢?

生:是我们班集体。

师:说对了,她心里装的是我们的班集体。为了我们班集体,为了我们班队伍整齐,她吃力地趿拉着鞋上楼;为了咱们班集体,她宁可自己走路不方便。事情虽然小,但是,我们看到了美好的心灵。让我们用掌声表扬她,感谢她!(热烈地鼓掌)

评析:上面示例可以说是一个极小的事情,老师却从极易被忽视的小事情中发现孩子健康向上的好思想,并且及时抓住这个"闪光点",趁热打铁,通过集体谈话形式,表扬了赵敏同学自身具备的良好道德品质,同时也触动了其他同学。老师的这段群体教育谈话,迂回切入,由表及里,使孩子感知什么是爱集体,什么是心灵美。最后,老师连用"为了咱们班集体"来强化印象。老师的教育口语简洁明快,语意真诚,热情洋溢,很有感染力。

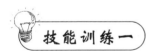 技能训练一

善于发现孩子闪光点的表扬

训练目标

善于发现学生的"闪光点",表扬要及时。

训练要领

1. 能够发现学生的"闪光点"。

2. 教育口语要简洁明快,热情洋溢。

课堂训练

钱强是个非常可爱但又很调皮的小男孩,很有自己的想法,教学活动时,他手脚总闲不住,爱做小动作,但他很喜欢画画,画画的时候很专注。

试着从发现孩子"闪光点"的角度出发,你能表扬一下钱强吗?

训练评价

1. 是否及时找到孩子的"闪光点"。
2. 是否给予钱强有针对性的表扬与鼓励。
3. 教育的语言是否简洁明快,热情洋溢,是否能面对表扬对象,给予眼神与表情的交流。

拓展练习

通过分析下面所提供的具体问题情境,找到关键的表扬视角,打好腹稿,先在小组里交流,然后全班交流。

如果你是老师,你怎么说

学校大课间活动时间快到了,老师提醒一年级的同学们把书本收好,准备下楼。这时,小峰手里拿着一个挺复杂的建构作品,兴冲冲地跑过来,对老师说:"老师,你看,我搭的新型战舰。"老师看了一眼,果然不错,便夸奖说:"嗯,真不错! 快去收起来吧。"小峰失望地走开了。

【练习示例】 小峰:老师,你看,我搭的新型战舰。

老师:嗯,真不错! 你搭的战舰很有创意,真实心灵手巧! 等下我要在全班面前展示你的作品! 等下你再细细跟同学们说你是怎么想的好吗? 现在要做操了,我们赶快跟上同学的队伍好吗?

评析:表扬要看到学生渴望被关注的心理,良言一句三冬暖,既要赞美小峰的心灵手巧,动手能力强,同时要让他意识到遵守学校纪律,同大家一起按时到操场参加大课间,做一个集体意识强的学生。

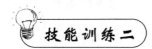 **技能训练二**

面向多数的表扬

训练目标

表扬大多数,尽可能发现每个人的闪光点,激发多数人进步的欲望。

训练要领

1. 对大多数人直接表扬。
2. 表扬内容具体。
3. 从细微处入手。

课堂训练

在全校组织的艺术活动月上,学生的许多美术作品获奖,你作为班主任该如何表扬一下这些同学,并激励更多的同学以后参与? 打好腹稿,先在小组里交流,然后全班交流。

1. 是否充分肯定了获奖学生的长处,给予了学生充分的表扬和鼓励。

2. 是否肯定了大多数同学找材料、想创意、提建议各方各面的突出贡献,为其他同学的参与树立了方向和提供了榜样示范。

拓展练习

暑假结束,班主任发现常年在教室门口打饭的区域积累了拖不干净的油渍,他灵机一动,贴了一则启事,希望热心的同学能奉献爱心与才干。第二天,班主任走进教室发现那个区域竟然被清理得干干净净,此时,班长主动将参与此次清扫的同学名单交到他手中!请你以班主任的身份对此事做一次表扬。

【练习示例】　老师:感谢这些主动清洁了教室油渍的同学们,你们牺牲了玩的时间,利用课余时间为全体同学做了一件大好事、实在事,这是种无私奉献,有集体主义荣誉感的精神!值得我们所有人学习和感谢!包括我!现在我提议让我们以热烈的掌声向这些班上的小主人们表示感谢!同学们,你们大家都是这个班上的小主人!我们教室就是我们的家,需要每一个人都能像这些主动清洁教室油渍的小主人们一样,精心地关照它的每一个角落,每一处!相信,只要大家都付出了心血,我们就是全校最美的班级!

任务 35　批评训练

批评是对学生的错误和缺点给予否定评价的一种教育方式。批评的目的是帮助学生认识错误,纠正缺点,从而抑制消极因素,调动上进心。准确、恰当的批评能制止错误思想行为的发展,把学生从错误中拉回来;同时起到教育全体学生,明辨是非,防止再犯类似错误的作用。批评的内容包括:主要事实及其演变过程,错误根源、后果和影响,以及要求和希望等。

基本理论

一、批评的概念及作用

批评是指对学生某种不良言行做否定评价的一种教育手段,为的是让学生引起警觉,自觉地纠正缺点或错误。适时、适地、适度、有针对性的批评有助于纠正学生的缺点和错误,完善学生的人生。

二、批评语的基本要求

批评语具有严厉、尖锐、诱导、激励、期待等特点。运用批评教育形式时,须慎重做到以下几点：

1. 爱为基础，倾情关怀

批评应当以饱含爱心而富有情感的语言去激发学生的情绪，使学生不仅在理智上能接受，同时在情感上能与教师产生共鸣。

教师批评教育学生，无不出于爱的目的，出于对学生真心实意的帮助和亲情般的关怀。也只有让学生得到被爱的体验，他才能真正接受批评，进而改正不足。热爱学生是批评取得良好效果的前提和保证。苏霍姆林斯基曾说过：一个好的教师，就是在他责备学生，表现对学生的不满，发泄自己愤怒的时候，他也时刻记着，不能让儿童那种"成为一个好人"的愿望的火花熄灭，批评应该"充满情和爱"。作为教师，在批评学生时要真情疏导，以情感人；以平等的态度、关怀爱护的口气，平心静气地引导学生认识自己的错误，激发其改正错误，追求上进的强烈愿望；切不可采取讽刺挖苦、辱骂训斥、体罚侮辱等"恶性刺激"的手段，其结果只会使学生产生怨恨心理，甚至酿成悲剧。要知道，教师批评的是学生的不良行为，而不是学生自身。

2. 有理有据，入耳入心

教师批评学生，事先应该观察、倾听和获取各种相关信息，而后做出准确的判断。批评要了解情况，尊重事实，切忌未经调查偏听偏信。俗话说，无风不起浪。任何错误都是有缘由的。因此，批评时首要的就是掌握准确的事实，要有理有据。在批评之前，要冷静查明原因，对问题或错误的责任、性质、影响掌握准确，对发生问题或错误的过程及细枝末节掌握准确，对犯错误的学生当时的心理状态和其一贯表现掌握准确，使批评有的放矢。在"证据"确凿、"案情"清楚的基础上，坚持说理与批评相结合。通过摆事实、讲道理，让学生意识到可能产生的不良后果，明确今后的奋斗目标和努力方向。有理有据，褒贬分明，使学生口服心服，入耳入心。

批评切忌简单粗暴，操之过急，主观臆断。有的教师脾气急躁，一看到学生的不良行为或是听到其他学生的告状，就不分青红皂白地批评学生，这种做法不可取。有的教师在事情发生后，不做任何调查，仅凭自己的主观想象就武断行事。须知，没有对实际情况的准确掌握，批评起来势必底气不足，抓不住要害，达不到教育的目的。更严重的是，有些教师，凭感情用事，偏袒犯错误的学生；而犯错误的学生因被袒护未得到及时的教育，可能在错误的道路上越滑越远。

3. 讲究策略，因时而异

教师批评学生要讲究批评的策略方式，即根据学生所犯错误的性质、大小、程度、影响以及学生不同的个性特点，采取不同的批评方式。比如，对于犯严重错误且影响较大的学生，宜在公开场合批评处理，在公开批评前要做好学生的思想工作，以免学生一时接受不了而采取不可预料的行为；对于自尊心强的学生，可采取渐进式批评方式，有层次地逐步深入；对于性格内向、疑虑较重的学生，可用启发式批评，用提醒、启示的语言与之交谈；对脾气暴躁、否定心理明显的学生，可用商讨式批评；对于自我防卫心理强、不肯轻易承认过错的学生，要及时批评。

批评不仅要因人而异，而且要因事选择方式和场合。如果学生不良行为的事实已经清楚,但对究竟谁是当事人一时不清,或者当事人清楚,但涉及面较大,可以采用委婉、含蓄、暗示的方式来表达教师对学生所犯错误的态度,给学生以良性刺激,甚至寓批评于幽默诙谐之中,效果更好。

三、批评学生的技巧

批评学生要讲究方法、技巧。批评是把双刃剑,用得恰当,可让学生心服口服;批评是一剂良药,成为学生改正错误的契机,使批评收到良好的效果。批评用得不好就会像一柄利刃刺伤学生的心灵、伤害学生的自尊心和自信心,可能会使学生破罐子破摔,并容易造成师生的对立。实践证明,教师批评学生的效果不仅取决于批评的技巧,还往往受到一些心理效应的制约,如果教师能了解和把握这些心理效应,巧借积极的心理效应,采取适当的教育措施恰当地运用批评,就能让批评收到事半功倍的效果。为达到最佳的教育效果,教师应该重视自己的批评语言,讲究运用批评语言的艺术。

1. 深入调查,尺度适当

批评通常都是在事情发生后出现的,老师一定要深入了解事实,经调查后对学生的思想行为做出实事求是的评价。

【示例】　美术课结束后,孩子们都在忙碌地收拾美术工具。涛涛是班中比较调皮的孩子,他趴在桌子底下,看不见在干什么。

生1:老师,涛涛钻到桌子底下去了,我喊他他也不肯出来。

师:(厉声)涛涛,你是怎么回事? 这么不讲卫生,快出来!

涛涛:(惊恐地从桌子底下钻出来,小声)老师,我……

师:别说了,快去洗手。涛涛快快地走进盥洗间去了。

生2:老师,涛涛刚才捡了好多小纸屑,这都是剪小花纸掉在地上的,涛涛是在收拾好工具后帮助他们整理。

听着孩子的话,想着涛涛刚才看着自己委屈的样子,老师心中懊悔不已,她连忙找来涛涛。

师:刚才,老师没听你说完话就批评你,真对不起! 那些纸屑不是你掉在地上的,你怎么想到去捡的呢?

涛涛:你说小朋友要讲卫生,要保护好班级的环境,还要保持桌面和地面的清洁。他们都回到自己座位上去了,谁都不愿意捡,我看离我座位近,就去捡了。

师:(摸着涛涛的头)你做得很好! 但以后不要趴在地上哦,你把地上的垃圾清理了,但你的衣服却会变脏,对不对? 这样吧,你去拿一把笤帚来,我们一起把纸屑扫掉。

评析:孩子们时常会犯这样或那样的错误,但有时往往出于好意,只不过在一些方法上有些不妥当,如果教师没有深入地调查、细致地观察就简单粗暴地批评,一定会伤了孩子的心。地上的垃圾是可以清理的,可一味责怪孩子的话语却也会成为孩子心里的垃圾,那要清理干净就难了。

2. 委婉含蓄,旁敲侧击

有些教师在批评学生时容易发怒,喜欢单刀直入,这会导致学生口服心不服,直接影响教育效果。特别是在批评小学中低年级的小朋友时,可以采用迂回方式,委婉些,即把"良药"装在"糖衣"中来解决苦口的问题。

3. 地位平等,以理服人

批评不应该是审判,而应该是交流。在交流中了解事情的来龙去脉,分析学生的言语和行为,对有错误的学生"晓之以理、动之以情"。不仅让学生"知其然",还要让学生"知其所以然",以帮助学生发现并认识到自己的错误,进而改正错误。

【示例】 有一天,浩浩不小心碰到了一位小朋友,小朋友向老师告了状。浩浩平常比较顽皮,老师便不分青红皂白地呵斥浩浩:"你好讨厌,老是打人!待会儿不准玩游戏!真不讨人喜欢!"或许浩浩已经习惯了老师的这种态度,他并没有为自己辩解,只是后来更爱打人了。问他为什么,他脑袋一歪:"我就要打!反正老师也不喜欢我。"

评析:上面例子中的这位老师,在处理问题的时候,没有给浩浩申辩的余地,自始至终都以审判者的角色来批评,让孩子有话难说、有理难辩,从而造成浩浩从心底里反感、排斥,最后导致教育失败。其实,允许孩子对自己的不良行为有一个看法或说法,也允许他们对自己的所作所为有申辩的机会,这是师生平等的一个最起码、最根本的要求。师生之间只有做到互相尊重,坦诚相待,才能以心换心。

4. 公平公正,一视同仁

教师对待学生,不管是平时表现较好的还是调皮任性的,有了缺点错误都应一视同仁,不能有一丝一毫的偏袒。同是做错一件事,对于平时各方面表现较好的学生,老师往往认为是偶然或无意的,因而对他们比较宽容、理解;而对于平时表现较差的学生,老师常会认为是必然的或故意的,因而会小题大做、百般刁难。老师这种无意中的厚此薄彼表现,会使学生产生不平衡的感觉,降低了教师的威信,增大了教育的难度。

5. 先表扬后批评,鼓励为主

有经验的教师一般采取"赞扬—批评—激励"的方式来批评教育孩子。人际关系学大师卡耐基说:"听到别人对我们某些长处表示赞赏后,再听到批评,心里往往好受得多。"所以,首先肯定孩子的优点,然后指出其不足,再进行激励,这样不但易于接受,而且会增添前进的信心和勇气。特别是对一些心理承受能力差的孩子,一般宜通过鼓励达到批评的目的,使他们从鼓励中发现不足,看到希望,增强信心。

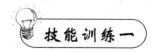

技能训练一

故事隐喻式批评

训练目标

善于用故事从侧面指出学生的不良品行,让其对照故事检查自身的缺点。

训练要领

1. 通过讲故事的方式,指出其错误之处。

2. 批评的口语要简洁,委婉。

课堂训练

小学中低年级的小朋友们总喜欢乱涂乱画,面对这样的情况,请你采用讲故事的方法对学生进行批评教育。

训练评价

1. 是否能用合适的故事来进行批评教育。

2. 是否在批评中明确指出乱涂乱画的行为是不对的,并用合适的行为指导,让学生知道清除这些涂画不易。

3. 教育的语言是否简洁,委婉。

拓展练习

通过分析下面所提供的具体问题情境,找到批评的视角,打好腹稿,先在小组里交流,然后全班交流。

有一个学生自觉守纪的习惯很差,老师在,他很规矩,老师一旦不在场,他就无拘无束。如果你是老师,你怎么说?

【练习示例】 老师:老师给你讲一个故事,听了之后说说你的感想。有一个年轻人和一个中年人在同一餐馆给老板洗盘,老板规定每个盘子必须洗六遍,如果违反规定,立即开除。刚开始,这个年轻人老老实实地洗六遍。后来,他洗五遍,老板检查时他过关了。再后来,他干脆只洗三遍,老板也没有发现他的问题。过了一段时间,他把这个秘密告诉了那位中年人。那个中年人听了之后,非常惊讶地说:"你居然敢违反规定? 我对你感到很失望!"那个中年人仍然坚持洗六遍。

技能训练二

暗示式批评

训练目标

能够用暗示批评的方式对学生的错误行为进行有针对性的批评教育,达到教育转化目的。

训练要领

1. 通过幽默暗示、类比暗示等方式,告诉学生行为不对之处。

2. 批评的口语要具体,不空洞。

课堂训练

一次期中考试,一个女生考了倒数第一,成绩出来后,她一天都没来学校上课。第二天,她眼睛红肿着走进教室。作为班主任,你准备怎样对她进行暗示式批评教育?

1. 是否能用合适的暗示批评语来进行针对性教育。

2. 是否在批评中明确指出该女生畏难行为和旷课行为的不对。

3. 教育的语言是否委婉,幽默,不伤到学生的自尊心。

拓展练习

通过分析下面所提供的具体问题情境,找到批评的视角,打好腹稿,先在小组里交流,然后全班交流。

老师进教室,准备上课,却发现黑板没有擦。如果你是那位老师,会怎么说?

【练习示例】 老师:这粉笔灰可有用了,它能将黑发染成白发。同学们都希望我的头发染白成为一名老教师,所以存心不擦黑板,我可不愿意这么快就变老哦!

技能训练三

正面批评

训练目标

对待错误性质比较严重、影响面较大的事情能采用正面批评,对学生起到警示作用。

训练要领

1. 通过正面批评方式,告诉学生行为不对之处。

2. 批评的口语要尖锐,态度要严肃。

课堂训练

请为下列情境中的班主任设计批评语:

(1) 调皮的男生叫腿有残疾的同学"没用的瘸子"。

(2) 男生偷偷在厕所抽烟。

(3) 学生在考试中作弊。

训练评价

1. 是否能用合适的正面批评语来进行针对性教育。

2. 是否在批评中明确指出上述三种情境中同学的不对之处。

3. 教育的语言是否有力度,以理正人,以情感人。

拓展练习

通过分析下面所提供的具体问题情境,找到批评的视角,打好腹稿,先在小组里交流,然后全班交流。

发现不少同学因挑食,将饭菜整碗整碗地倒掉不吃。如果你是老师,你怎么说?

【练习示例】 老师:同学们,通过几天的观察,我发现同学们浪费粮食的现象非常严重。早上,满满一缸稀饭和馒头,中午、晚上又是满缸的大米饭,缸的四周洒满着饭粒,一天下来怕有一二十斤吧? 而且周而复始,天天如此!(加重音量)一粒粮食,从播种到收获,要经过几十道工序。"锄禾日当午,汗滴禾下土,谁知盘中餐,粒粒皆辛苦。"这首诗大家都会背,意思也懂得,可为什么还要这样浪费粮食呢? 我们知道粮食来之不易,可为什么一踏入学校大门就随意浪费粮食了呢? 当前我国耕地不断减少,人均只有几分地,形势非常严峻,可我们却还在这里当阔少爷! 在这里心安理得地浪费粮食,不为国家分忧,不珍惜人民的劳动成果,配称社会主义接班人吗?

浪费粮食绝不是小事一桩,它反映了一个人的思想、觉悟和道德品质。明人不用多说话,响鼓不用重捶打。这件事今天在这里讲了,请大家重视起来,以后一定要杜绝此类现象发生!

任务 36　说服训练

在教育教学工作中,你是否遇到需要改变学生的观点和行为的情况? 学生取得一点成绩骄傲自满时,碰到挫折烦躁不安时,遇到问题急于求成时,遇到挑战想知难而退时,你是否会与他们交流,让他们明辨是非,从而改变自己的思想行为呢? 这些情形下,你对学生常常使用说服这种教育方式。本次,我们就来进行说服训练。

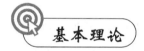

一、说服的概念

说服是教师运用口语摆事实、讲道理,辨明是非曲直,使学生从中获得正确的认识,从而改变不正确的思想行为,朝着教师所希望的目标转变。它实质是一种从心理置换到心理相容的过程。说服学生是每位教师应具备的一项基本功,它既是一门科学,也是一门艺术,需要说服的技巧和机智。

二、说服的基本要求

说服具有针对性强、说理性强、循循善诱、以理服人的特点。教师要取得好的说服效果,必须做到以下几点:

1. 分析不同对象

说服是为了明道理,解心结,规言行,释情绪。因此,了解学生的思想动态,摸清思想根源,把握思想脉络,找准问题实质,是首先要做的事。只有做好了这些前期工作,才能有的放矢,对症下药。说服是要说而服之。对同样的道理,由于认知水平的差异,不同的人会有不同的理解。对相同的语气,不同心理状态、年龄和性别的人会有不同的感受。因此,对不同的谈话对象要用不同的表达方式。异病异理,甚至同病异方,做到"一把钥匙开一把锁"。

2. 营造和谐环境

说服不是训斥、恫吓或以势压人。要想说服学生,很重要的一点,就是营造一个和谐平等的谈话环境,消除学生的戒备心理和紧张情绪,以真情实感对待学生,以形成情感共鸣。教师应当以生为友,充分了解学生的思想和心情,站在关心与呵护的立场上去认识谈话对象,将心比心地理解谈话对象,这样才能进行诚恳有效的谈话,才能在说服自我的前提下说服对方。

3. 把握说理技巧

如果把说服比喻成一场思想交锋的话,那么,教育者手中的武器就是"说",武器里装的弹药就是"理"。说理应该是对客观事物及其规律的正确反映。我们经常可以看到,有些老师教育学生的动机没有错,但是由于语言空洞干瘪,或者语气生硬、居高临下,或者表述缺少艺术光彩,打动不了谈话对象,结果达不到教育的目的。因此,说理的语言表现应该充满机智和技巧。比如,说大道理,可以高处立意,细处着眼,由浅入深,切中要害;讲小道理,可以以情系理,情理交融,明白晓畅,生动活泼。语态富有亲和力,语言富有艺术感,或大气磅礴,或细雨霏霏,或优美动人,或幽默诙谐,切实做到言必有理,言必有物,潜移默化,润物无声。只有这样,才会让学生心悦诚服,收到最佳的说服效果。

三、说服语的要求

1. 以感情为先导,以劝动为目的

"感人心者莫先乎情",情感的投入在教育中起着至关重要的作用,劝导更是如此。无论何人,当他遇到困难挫折,或处于矛盾痛苦中时,需要的不是指责和谩骂,而是一份关心和一丝温暖。这时候,教师应当适时地雪中送炭,用真情去感化学生,用温暖去拥抱学生,用话语去引导学生,从而促使其走上正确的轨道。

2. 委婉动听,入情入理

劝导最忌粗暴干涉,横加指责。说话要注意方式,不可将自己的观点强加于人,更不可主观、武断地对学生加以评判,而应当用婉转妥帖的话语循循善诱,使对方感到入情入理,发人深省。对于敏感的、易伤学生自尊的话题,可以通过迂回曲折的方式,由远及近,由表及里,或以小见大地分析说理,使人幡然醒悟;还可以借诙谐幽默的技巧,使之在笑声中受到启发教育。

四、说服学生的技巧

1. 赞美

哲学家詹姆士曾经说过:"人类本质中最殷切的要求是渴望被肯定。"教师的赞美是阳光、空气和水,是学生成长不可缺少的养料;教师的赞美是一座桥,能沟通教师与学生的心灵之河;教师的赞美是一种无形的催化剂,能增强学生的自尊、自信、自强;教师的赞美也是实现以人为本的有效途径之一。教师的赞美越多,学生就越显得活泼可爱,学习的劲头

就越足。教师一句激励的话语，一个赞美的眼神，一个鼓励的手势，往往能给学生带来意想不到的收获。教师对学生小小的成功、点滴的优点给予赞美，可以强化其获得成功的情绪体验，满足其成就感，进而激发其学习动力，培养其自信心，促进其良好心理品质的形成和发展，有助于建立和谐的师生关系，营造一个奋发向上的班集体氛围。

【示例】　李维康同学是一个似乎没有什么特色的学生。很长时间，老师几乎没注意到他的存在。直到有一天一件微不足道的小事改变了老师对他的看法，好像也改变了他自己。那是一个中午，老师站在班级门口，看着走廊里来回走动的学生，无意中发现走廊里撒了一些饭菜，许多同学说着笑着绕着走过，好像没有注意到地上的东西。这时，李维康同学走了过去，告诉大家不要踩了，然后急忙跑回教室拿来清扫工具，将饭菜扫净，又用拖布拖了一遍。老师被这一幕感动了，回教室后，立刻在班级表扬了李维康同学，并尽力赞美了他关心集体，为他人着想的好行为。此后，老师又从几件小事里发现李维康性格中闪光的地方，并及时给予表扬，使其真善美的精神得以激发和升华。渐渐地老师发现他变了，上课特别认真，作业完成得尤其好，学习成绩也有了很大的提高，还被同学们选为班级卫生委员。

评析：这件事给我们的启示是在班主任工作中，要注重以人为本，面向全体，细心观察，捕捉他们身上的每一个闪光点，及时把赞美送给每一个学生，使之发扬光大，使每个学生都感到"我能行"。

2. 暗示

教师恰当运用暗示的积极作用，努力挖掘学生的潜能，可以转变学生的想法，甚至改变学生的命运！对学生进行心理暗示，教师要具有乐观、豁达的心胸，能欣赏学生的每一点成绩，也能容纳学生一时非原则性的错误，从内心深处热爱教育事业，热爱每一位学生；真正认真地去发现每个学生的优点，用自己的真诚和爱心去感染学生，带动学生前进。暗示绝不能流于形式，要让学生感知老师是在心底赏识自己的。

3. 激将

激将法本身是一种用人兵法。移用于小学教学，简单地说，就是从小学生内因的角度出发，用或直接，或间接，或迂回曲折性质的反面的或否定的话，激发他们的学习热情，使之下定决心改正自身的不足，努力学好教师所传授的知识，从而在德、智、体、美、劳诸方面得到全面发展的一种教育方式。巧妙地利用激将法，激发小学生的学习兴趣，能够克服小学生学习兴趣不能持久的心理特点所带来的负面效应。

一般来说，在小学教学中，常见的用来激发小学生学习兴趣的激将法有四种类型：

一是明激法，就是指针对小学生的心理状况，直截了当地批评其缺点，用否定性的语言刺激其心理，从而激发学生的真正志气和志向。利用此方法，要充分利用学生的自尊心重、好胜心强和不甘落后的"虚荣心"，明明白白地指出其存在的问题，故意刺激学生的缺点，使其自尊心和"虚荣心"受到震惊，以达到激发学生奋进的目的，切不可伤害学生的人格和自尊心。此方法只适用于自尊心和心理承受能力强的学生，对心理承受能力较弱的学生，切不可贸然使用，否则适得其反。

二是暗激法，就是指不就事论事，而是采取隐晦、旁敲侧击的方法去激发和刺激学生或者有意表扬其他学生的优点,暗中批评该学生同一特点方面的缺点,从而激发起该生超过具有这一优点的学生的决心,进而促使学生努力学习,协助教师圆满地完成教学任务。

【示例】 在教学中有个别学生注意力不集中,教师就说:"大多数同学做得很好,注意力集中,在专心听讲。""今天积极争取答问的同学真多!"这样从逆向暗示激发学生应怎样做,使他(她)们注意上课。

三是自激法,就是一味地表扬学生过去的优点和所取得的成绩,而不提及其现在的缺点和问题,无形之中就批评了学生现在存在的问题,从而激励学生改变现在状况的决心。

【示例】 有个学生非常在乎班主任的激励和表扬,班主任的一言一行都成为他评价自己的标准。经过家访,老师知道他在这以前学习成绩一直很好,可自从转学后,他非常消沉、颓废,把别人的看法看得很重。针对这一情况,从他在乎老师的言行入手,老师肯定他过去的优点和所取得的成绩,更多地激励他上进,这样一来,他的学习动机和行为效果得到了统一,学习进步很快。

第二、三种方法最适用于自尊心强而心理承受能力又比较弱的学生。

四是导激法,即既指出学生存在的问题和产生问题的原因,又指明该学生奋斗的方向和克服缺点的方法。

【示例】 有一名学生,学习欲望强,父母对他的期望高,导致他对自己要求偏高,虽然花了不少学习时间,但学习成绩不但没有提高,反而后退,久而久之,他产生了厌学情绪。针对这一情况,老师及时地给他指出:他的毛病在于对自己期望过高,目标设置不合理,欲速则不达,学习方法机械,导致退步。老师根据他的具体情况,帮他设立了一个科学而又切实可行的学习目标,列出了各个阶段目标实现的具体要求,让他稳扎稳打、循序渐进地学习,同时对他的点滴进步及时给予肯定和奖励。有了合理而又明确的学习目标,加之学习方法得当,因此这个学生的学习成绩很快就提高了。

4. 劝导

劝导常见的话语组织方式有设疑诱导、规劝与疏导相结合等。

【示例】 某校学生王××,从四年级开始,在省内外几家报刊上发表过十多篇文章。这一年暑假,他创作的小说又获省内文学创作奖。于是,他一门心思搞创作,连作文也不认真写了。这个学期,语文老师连续三次叫他重写作文。对此,王××非常气愤,认为老师在故意刁难他,扬言要跟语文老师公开摊牌。根据这种情况,班主任找他谈话。

王××又哭又闹,说是语文老师故意跟他过不去,唯一的解决办法是调班。班主任不慌不忙地说:"你知道这样一句名言吗?'不哭,不笑,而是去理解。'你的写作水平、创作能力,谁都知道。但是,你只想着成名成家,却不脚踏实地。就说你写的三篇作文吧,你花心思了吗?你在应付。一个人即使成了名,成了家,也还要不断学习、不断提高。什么叫'山外有山'?为什么会有'江郎才尽'的说法?"

王××渐渐地抬起了头,望着老师不断地点头。他最后说:"老师,我懂了,我这就去向语文老师道歉。"

评析: 班主任短短几句话就把不可一世的王××说服了,原因何在?就在于老师用规劝与诱导的方法,先动之以情,稳定其情绪,疏导其郁结;后晓之以理,抓住好高骛远与脚踏实地的矛盾,讲明"山外有山""江郎才尽"的道理,最终使学生心悦诚服,认识到自己的错误。

正面说理说服训练

训练目标

能用正确的理论对受教育者进行直接的正面的教育陈述。

训练要领

1. 通过正面说理的方式,告诉其道理,使其受到教育。
2. 说服的过程中,应当态度明朗,观点鲜明。

课堂训练

小军喜欢穿大品牌的服装,喜欢和他人进行攀比,作为班主任,你如何对其进行说服教育,正确引导他的消费观。

训练评价

1. 是否能用合适的说服方式来进行正面引导教育。
2. 是否在说服中明确指出攀比消费的行为是不对的。
3. 教育的语言是否有力,观点鲜明。

拓展练习

通过分析下面所提供的具体问题情境,试着用正面说服的方式,打好腹稿,先在小组里交流,然后全班交流。

有一个男学生在左耳朵上戴了一个耳环,不少教师要他把耳环摘下来,但毫无效果。如果你是老师,你会怎么说?

【练习示例】　老师:古代人为了追求美和出于某种避邪的心理戴耳环。随着文明的进步,人们的审美观也逐渐发生了改变,认为姑娘、妇女戴耳环,可以给人以美感。男子戴耳环,则没有这种美感。某些民族中,至今也有男子戴耳环作为装饰,那是带有驱邪等原始文化的痕迹,或者是因为这个民族特有的某种审美情结。其他民族的男性一般不会刻意改变自己的审美心态,标新立异地戴上耳环。一个唱摇滚歌曲的,真装饰再夸张变异,大众也会认可。但是,如果美国总统克林顿戴耳环去竞选,那一定会招来非议,损失许多选票,以致落选。这就是服饰应该符合个人的社会身份,符合社会大众的审美标准。将来如果你是个企业家,也是这种装扮,也许没有人敢与你的企业打交道。

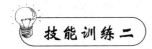 技能训练二

劝导式说服训练

训练目标

能在正面说服的同时循循善诱,疏导情绪,劝阻行为,用规劝疏导的语句来使受教育者接受并改正。

训练要领

1. 用真情感化学生,用良言去引导感化学生。
2. 对学生的错误行为应用委婉妥帖的话语循循善诱,使其感到入情入理。

课堂训练

小军学习成绩差,为了应付作业,经常借抄他人作业,别人若是不愿意,他就大打出手。作为班主任,你如何处理和对其进行劝导教育谈话。

训练评价

1. 是否能用合适的劝导说服方式来进行思想品质的引导教育。
2. 是否在说服中明确指出抄袭作业和打人问题的严重性。
3. 教育的语言是否由表及里,以小见大,发人深省。

拓展练习

通过分析下面所提供的具体问题情境,试着用劝导说服的方式,打好腹稿,先在小组里交流,然后全班交流。

某学生即将毕业,其学习积极性很高,但不注意劳逸结合与科学用脑,晚上还挑灯夜战,以至于经常闹头疼。面对这样的学生,如果你是老师,你怎么说?

【练习示例】 老师:你知道你为什么现在学习没有太大进步了吗? 这个和你的学习方法有关系! 你很努力,甚至是我们班努力的楷模! 我也在全班表扬过你,让大家向你学习刻苦用功的精神,对吧? 但是,你想过为什么你这么努力了,还是没有达到你想要的成绩呢? 而有些同学,如小红,她的努力程度肯定没你深,但她的成绩却比你要好。她比你聪明? 显然不是。这主要还是一个学习方法的问题,你想超越现在的你吗? 如果我告诉你,我有办法,你愿意听吗? 好的,据研究,如果你连续用脑30分钟,血糖浓度在120毫克以上,这时大脑反应快,记忆力强;连续用脑90分钟,血糖降至80毫克左右,大脑功能正常;连续用脑120分钟,血糖降至60毫克左右,这时你就会反应迟钝,思维能力较差。一般认为,小学生一次做功课或看书学习的连续时间不宜超过一个半小时。所以,我相信你应该知道怎么做了对吧!

➢ 可扫描本项目二维码进行"警句激发说服训练"。

任务 37　拒绝训练

生活中,我们经常会接受别人的帮助;同样,别人也会求助于我们。如果你的学生、同事、朋友或者领导在交往中提出一些不合情理的、无法做到的,或者你不愿意应诺的要求,你会怎么办呢? 一味说"是"包揽下来,做个"老好人",还是直接拒绝说"不"? 看来,在教育教学工作中,拒绝也是一种学问。本次就来进行拒绝训练。

基本理论

一、拒绝的概念

拒绝是在人际交往和工作中,面对别人的要求或请求,由于自身意愿、能力、时间等原因不能答应而做出的应答。拒绝是一种态度上的拒绝,而不是感情上的拒绝。

很多人在想要拒绝对方的时候,会产生一种"不好意思"的心理。这种心理阻碍了人们把拒绝的话说出口。出于这种矛盾的心理,态度上就不那么热心了,说话吞吞吐吐,欲言又止,欲藏又露。在这种心理的制约下,最终往往是依照对方的意图行事。即使拒绝了对方,其态度也容易使对方产生误解,认为你成心拿架子,不够朋友。因此,要想使自己在工作和社会交往中,不致惹出许多麻烦,首先要克服这种"不好意思"的心理障碍。

在拒绝时,保持心情坦然、举止大方、态度明朗,避免被误解和猜疑。即使对方开始会对你的拒绝产生一点失望和遗憾,但由于你的态度、表情向对方表明你是坦诚的,使对方受到感染,容易弱化对方心中的不快。如果你自己都觉得拒绝不应该,心里发虚,那么你的态度、表情就会迟疑不决,对方也会觉得你拒绝的理由是不可信的。

二、拒绝的技巧

1. 首先为说"不"字而表示歉意

当你要拒绝朋友的求助时,首先态度要温和,尽管说"不"是自己的权利,但仍需先说"非常抱歉"或者说"实在对不起",然后再详细陈述自己不能"帮忙"的理由。这样,朋友在感情上就能接受,从而避免一些负面影响。

让朋友在感情上体会到,你拒绝的是这件"事",而不是他这个"人";使朋友感觉这件"事情"虽然被拒绝了,而他和你还是要好的朋友。你可以如此说:"这件事我非常乐意干,只是不巧,我现在手头正做一个急件,下次您再有这样的美差,我一定干。"你还可以这样说:"这几天我实在脱不开身,您是否请老张来帮忙,他在这方面业务比我精通,您若是不便于找他,我可以代您向他求助。"

2. 委婉地拒绝朋友

不要生硬地拒绝朋友的求助,应该让朋友意识到你是为了他的"利益"而拒绝的。你可以这样说:"我非常同情您,也非常想帮助您,但对这件事我并不在行,一旦干坏了,既耽误了工作,又浪费了财物,影响也不好。您不如找一个更稳妥的人办。"或者说:"您的事限定的时间太短了,我若轻易接下来,在这么短的时间内,肯定干不好。您可以先找别人,实在不行了咱俩再商量。"

如果朋友请求帮助的事的确思考不周,你可以耐心地、实事求是地给朋友分析这件事办与不办的利弊,让朋友自己得出"暂时不办此事"的结论。

3. 在工作中学会按轻重缓急编排办事优先次序表

在工作中,每个人都有自己的任务,虽然帮助同事是种良好的品质,但若妨碍了自己的工作则应该学会拒绝。

当然,拒绝他人不是件容易的事,需要一些技巧。有些老练的时间管理者深谙回绝的方法,经常将来自学校领导的原已过多的工作,按轻重缓急编排办事优先次序表,当学校领导提出额外的工作要求时,即展示该优先次序表,让学校领导决定最新的工作要求在该优先次序表中的恰当位置。这种做法具有三个好处:第一,让学校领导做主裁决,表示对学校领导的尊重;第二,行事优先次序表既已排满,任何额外的工作要求都可能令原有的一部分工作无法按原定计划完成,因此除非新的工作要求具有高度重要性,否则学校领导将不得不撤销它或找他人代劳,就算新的工作要求具有高度重要性,学校领导也不得不撤销或延缓一部分原已指派的工作,以使新的工作要求能被办理;第三,部属若采取这种拒绝方式,可避免学校领导误会他在推卸责任。因此,这是一种极为有效的拒绝方式。

三、拒绝的几个禁忌

1. 忌拖延说"不"的时机

有些人觉得不便说"不",便随便找些不值一驳的理由来暂时搪塞对方,以求得一时的解脱。这个方法并不好,因为对方仍可以找理由跟你纠缠下去,直到你答应为止。比如你不想答应帮他做事,推说:"今天没有时间。"他就会说:"没有关系,你明天再帮我做好了,这件事情就拜托你了。"

又如你不想要对方打算转让给你的一件衣服,你推说:"钱不够。"那么对方会说:"钱以后再说。"就把你轻易应付过去了。或者你不愿意跟对方跳舞,推说:"我跳不好。"那么他一定会说:"没关系,我慢慢带着你跳。"

2. 忌与对方套近乎

给人以"敬而远之"的态度,比较容易把"不"说出来。比如,对方试图与你套近乎,你要保持头脑清醒。一般说来,见一次面就能记住别人名字的人,常容易与人接近。故此,在交谈中不断称呼别人名字,并冠之以"兄""先生"等词语,这样易产生亲近感,那么,反过来你想说"不"时,便应杜绝这种亲密的表示,即对方的名字一概不提,这样可加大与对方的心理距离,容易说"不"。还有谈话时尽量距离对方远些,使其不容易行使拍、拉等触动性的亲密动作。据心理学家研究,"触动"是很容易产生共同感受的,所以想说"不"时应注意避免。另外,最好也不要触摸对方递出来的东西。东西也和人一样,一经"触摸"也会产生"亲密感",想要拒绝就不容易了。

因为这些都是小小的"谎言",一经反驳,你定有所慌乱,"不"的意志便很难贯彻了,所以对付这种情况,你倒不如直截了当地用较单纯的理由明确地告诉对方:"你托办的这件事办不到,请原谅。""这件衣服的颜色我不喜欢,很抱歉。""我已经另约了舞伴,不能跟你跳,对不起。"这样虽说显得生硬些,但理由单纯明快,不给对方可乘之机,反而可以免除后患。

3. 忌优柔寡断

拒绝别人时,要坦诚明朗,不要优柔寡断。当然,这并不是主张在任何情况下,对任何人都直来直去地说出这个"不"字。对于那些自尊心较强、敏感或是"脸皮薄"的人来说,只婉转地表述拒绝的理由,而不说出拒绝的话会更好一些。因为对方会从你的话音中体察到你拒绝的意图,就会做出相应的反应来。这种拒而不言绝、透而不言推的方式,可以避免使对方感到下不来台、丢面子,避免破坏交往的好气氛。比如,当朋友在你正要出门时来访,你在表示欢迎的同时可以说一句:"你来得真巧,稍晚一会儿定会扑空!"这等于暗示对方,你马上要出门办事。如果对方是知趣的人,便会简短地说明来意后很快告辞,或者另约时间再访。这比你发出明确的"逐客令"要好得多。需要注意的是,你的暗示必须含义清楚,使对方易于觉察。

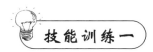

委婉式拒绝训练

训练目标

用婉言柔语来提醒、暗示对方,便于对方接受。

训练要领

1. 通过委婉拒绝的方式,告诉对方现在不能答应要求。
2. 婉拒的过程中,应当态度明朗,话语委婉。

课堂训练

一位老教师申报高级职称受挫,找校长死缠硬磨。如果你是校长,你会怎么婉拒这位老师?

训练评价

1. 是否能用合适的拒绝方式来进行委婉拒绝。
2. 是否在拒绝中明确指出淘汰原因。
3. 拒绝的语言是否委婉,观点鲜明。

拓展练习

通过分析下面所提供的具体问题情境,试着用委婉式拒绝的方式,打好腹稿,先在小组里交流,然后全班交流。

有个年轻的同事连续几天很晚给你打电话请教教学方面的问题,但你觉得太晚了,你该如何拒绝呢?

【练习示例】 "今晚我还有点时间,咱们可以好好谈谈。从明天开始我就要全力以赴写职称评比的总结,我争取这次能评上高级啊。"或者"最近我妻子身体不适,吃过晚饭就想睡。咱们是否尽快讨论完?"

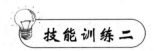 **技能训练二**

热情应对式拒绝训练

训练目标

明确表示你希望满足对方的要求,并表示同情,可是实际上是心有余而力不足,请对方谅解,以达到拒绝的目的。

训练要领

1. 通过热情应对的方式,告诉对方现在不能答应要求。

2. 拒绝的过程中,态度应当真诚,内容要详实有据。

课堂训练

家长提出要给孩子换座位,由于坐在前排的孩子个子本来就不高,无法一一满足。如果你是班主任,你如何婉拒?

训练评价

1. 拒绝中是否表达了热情,希望满足要求。

2. 是否在拒绝中明确指出可以调换的座位有限,班级中个子矮的孩子换到后面也无法看到黑板。

3. 拒绝的语言是否委婉,态度真诚。

拓展练习

通过分析下面所提供的具体问题情境,试着用热情应对的方式,打好腹稿,先在小组里交流,然后全班交流。

有个全职妈妈很关注孩子的学习,希望你能一对一家教辅导孩子,你该如何拒绝呢?

【练习示例】 您对小军学习上的要求很好,孩子在您的教导下一定可以有长足的进步,我也希望小军能有更大的进步。我平时教学就很忙,备课、改作业、处理一些突发事务,还要做学校安排的其他事情,实在没有多余的时间和精力给小军辅导,您可以找找校外一些培训机构,也有一对一的,如果遇到学习上一些问题,我能帮着解答的一定解答。

➤ 可扫描本项目二维码进行"反复申述式拒绝训练"。

任务 38   启迪训练

先看看下面这个案例：

有位生物教师在帮助一个曾受到学校纪律处分而萎靡不振的学生时,语重心长地说了这样一段话:"海参遇到污染和不良环境,难免要把毒素吸到内脏去。海参吸入毒素,一经发作,身躯就会发生强烈的收缩,甚至把中毒的内脏全部或部分排出体外。还有的海参为了排出毒素,把身体裂开,排出内脏,待游到适宜于生存的环境时,再重新生长,继续生活下去。一个人有了缺点错误,就应该学习海参的精神。"这个同学从老师的话中,领悟到深刻的道理,自排"内脏"。后来,他不仅以良好的表现撤销了处分,而且当上了"三好"学生。

这里,老师巧妙地运用了海参为排毒不惜将内脏排出的故事,启发学生一个人有了缺点错误并不可怕,可怕的是失去面对错误的勇气和改正缺点的决心,从而使学生自己领悟到道理。这就是启迪。教育教学中,有哪些启迪学生的方法？启迪语运用中,需要注意什么呢？本次,我们就来进行启迪训练。

基本理论

一、启迪与启迪语的概念和作用

启迪,就是开导、启发。启迪是教师针对学生思想上存在的问题,运用多种口语形式,如报告、对话、发言等方式,给学生以开导和指引,启发他们自己进行积极的思考,进行自我教育。

启迪语是指教师在教育情境中用来开启学生情感和认识,促进学生积极思维,进行自我教育的语言。启迪语运用得好,能够促使学生的思想认识产生理性的领悟和升华。

二、启迪语的特点

1. 润物细无声

润物细无声是指教师在教育活动中的语言有明确的教育目的,不含混不清,不漫无边际,有确切的寓意和指向。同时,教师的话语组织不是直接指向教育目的,而是层层深入,逐渐牵引,像春天细雨润物那样自然而成,使学生在教师的耐心指导下提高认识。

2. 因人而异,因事设理

在教育活动中,教师要根据不同教育对象的特点,采用不同的启迪方式。比如针对优等生自傲和自作聪明的特点,用委婉诱导的方法使他们正确地估价自己,攀登更高的山峰;针对后进生,则要肯定他们品德行为或者学习成绩方面的点滴进步,用其自身的闪光点促进其内因的转化。当然,启迪的话语也不能一概而论,要针对不同的事件、不同的问题、不同的情况区别对待。有时可以用富有哲理的语言启迪心灵,有时可以用与之相关的实例让学生参考借鉴。

3. 积极赞扬,热情鼓励

教师赞扬某种美好的事物,其本身就是一种具有指向性的启迪和引发。善于发现学生具有的美好品质或好的变化迹象,并适时予以热情的赞扬和积极的鼓励,往往能使学生从中体会到温暖和关怀,从而通过积极的思考完成自我评价,增长克服困难、追求更大进步的勇气,最终将认识变为行动。

4. 耐心教导

思想的启迪不是一蹴而就的事情,更何况是对成长中的孩子。因而教师在启发教育学生时一定要有耐心。耐心表现在对同一个学生的同一个问题,或对不同的学生进行多次的启发教育。在小学,常会听到有些教师抱怨学生的话语:"我说过多少遍了,你怎么不长记性呢?""你真是记吃不记打!""孺子不可教也!"这些语言都是没有耐心的表现,是教育活动中的忌讳。

三、启迪学生的技巧

1. 设问引导法

教师根据教育内容,通过提出一系列问题的方式让学生自己去思考,启发引导他们通过自我感悟明辨是非,实现自我教育。这是师生对话活动中最常用的形式。

2. 类比启迪法

类比启迪法就是利用学生形象思维的特点,选择有针对性的小故事,或用生活中一些生动的例子打比方,启迪教育他们。

【示例】 三年级学生刘畅过生日的时候,妈妈送给她一套新的蜡笔。她非常喜欢,把蜡笔带到了教室向同学们炫耀,很多同学也很羡慕她。但是刘畅并不喜欢画画,也舍不得用这套漂亮的蜡笔,心想如果把蜡笔用完了,同学们也不会再羡慕她了。

班主任老师知道了这件事后,把刘畅找到了办公室,没有说蜡笔的事,而是先给她讲了一个小故事:"古代有一个人,得到了一把好刀,但是他舍不得用,于是把刀放在家里,天天拿出来看,几年过去了,它的刀也没有用过,后来刀生锈了,成了一把没用的刀,你说,可惜吗?"刘畅听完若有所思。老师又接着说:"你要是真的喜欢妈妈送你的蜡笔,就要用它画画,这样才能体现它的价值,对吗?"刘畅听完点了点头,第二天,她就用蜡笔画画了。

评析:低年级的小学生,逻辑思维能力还不强,所以在对他们进行启迪引导时,应当尽量避免哲理性太强的抽象的说教语言,而用类比方法,举些生动易懂的例子,这样的道理就很容易为他们所接受。该例子中的老师就合理地运用了类比启迪法,并取得了很好的效果。

3. 榜样暗示法

与类比启迪法相比,榜样暗示法也要通过举例比较进行引导教育。但不同之处在于,类比启迪法所举的例子,也可以是反面的例子,而榜样暗示法所举的例子都是正面的。这种启迪方法可以保护学生的自尊,不致引起他们对教育的抵触情绪。

【示例】　黎明上课注意力不集中,爱在底下说话,搞小动作。月考的时候,他的成绩很不好。班主任老师让他来办公室帮忙收拾屋子。黎明跟老师说:"老师,我就想玩,帮你做这些事,我十分乐意,就是不喜欢上课、做作业和读书。"老师笑了笑说:"谁不愿意玩呢,我也爱玩啊,我还一直认为爱玩不一定是缺点。而且,玩还要玩痛快。"黎明听了后赞同地点了点头。老师顿了顿接着说:"不知道你注没注意,我们班的王进同学,他好像也不勤奋,从没在课间或放学后学习,下课还出去踢球。""嗯,但是他成绩一直很好。"老师问:"那为什么呢?"黎明想了想说:"他上课认真听讲,发言积极,老师布置作业后,他很认真地完成。他回家第一时间就是做作业,做完才玩。我就不是,放学后我把书包一丢,就去找朋友玩,玩完再说。"说完低下头,陷入了沉思。

评析:在这个教育活动中,教师并没有因为学生不爱做作业和读书,而将他归于"差学生"的行列,而是请他来和自己一起做事,创设一个可以和有缺点的学生自由、平等、轻松地对话的机会。

4. 自我思考法

除了以上几种启迪方法外,教师对学生的启迪教育有时也可以将问题提出后,让学生自己思考和感悟。这种方法的好处是可以使学生感受到教师对自己的信任,因此能积极地发挥自己的主观能动性,在更大程度上实现自我教育。

设问引导启迪训练

训练目标

能在启迪教育时通过提出一系列问题让学生自己去思考,启发引导他们通过自我感悟明辨是非,实现自我教育。

训练要领

1. 根据教育内容精心选择谈话地点,创设出一个非常合适的教育情景。
2. 对待学生的错误行为应用委婉妥帖的话语循循善诱,使其感到入情入理。

课堂训练

面对小学生带手机进学校的情况,你作为班主任会怎样进行设问引导启迪?

训练评价

1. 是否能用设问引导启迪的方式来进行思想品质的引导教育。
2. 在对话中能否关注到学生的回答并因势利导。
3. 教育的语言是否委婉,发人深省。

拓展练习

通过分析下面所提供的具体问题情境,试着用启迪教育的方式,打好腹稿,先在小组里交流,然后全班交流。

班里有一个女生上学的时候化妆,涂口红,描眉毛,还画着很夸张的眼影。面对这样的学生,如果你是老师,你怎么说?

【练习示例】 老师约她到学校的小花园内与她聊天。

"你喜欢这花园里盛开的花吗?""喜欢。"

"它们这么美丽,是哪位画家把它们画成这个样子的呢?""不是画家画的,是它们自己长成这个样子的。"

"对,它们的美丽正因为自然,没有任何人加工就这样美丽了。"

"对! 我就是喜欢这样!"她忘情地叫了一句,然后痴痴地注视着花园里那些美丽的花。

于是老师进一步启发道:"如果用画笔给它们再画上一笔,你认为怎么样?""不好。"

老师抓住时机,因势利导地说:"是啊,你们这么小,就像这些花朵一样,浑身散发出来的就是自然的美,是任何人工修饰都比不了的。"

"老师,我知道你带我到这儿的意思了。"

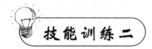

类比启迪法训练

训练目标

对学生进行启迪教育时,利用学生喜欢的小故事或者一些生动的例子启迪教育学生,让学生易于接受,达到教育的目的。

训练要领

1. 根据教育内容,选择有针对性的故事或者例子。
2. 对待学生的错误行为通过类比方法,让学生接受道理。

课堂训练

在班上有学生恶意起外号,伤害到了被起外号学生的自尊心,你作为班主任会怎样进行类比启迪?

训练评价

1. 是否能用类比启迪的方式来进行思想品质的引导教育。
2. 是否在启迪教育中明确指出恶意起外号伤害他人自尊心的问题。
3. 教育的语言是否通俗易懂,易于学生接受。

拓展练习

通过分析下面所提供的具体问题情境,试着用启迪教育的方式,打好腹稿,先在小组里交流,然后全班交流。

小南给小刚起外号,小刚气不过把小南的书包扔在地上。两人互不相让。面对这种

情景,如果你是老师,你怎么去启迪引导?

【练习示例】　为此老师找小刚谈话。

老师:一个人走路时被路边的石头绊了一脚,脚好痛。他生气极了,又用脚狠狠地向石头踢去。你看他聪明吗?

小刚:傻瓜一个!

老师:他傻在哪里?

小刚:脚已经痛了,再踢不是更痛吗?

老师:那怎么办?

小刚:绕开走不就得了。

老师:别人也会被绊跌跤呀,最好的办法是什么?

小刚想了想,说:把石头搬到墙角或垃圾箱里。

老师:对! 这样做,脚既不痛,又做了好事。

过了一会儿,沉思后的小刚说:老师,小南给我起外号是错的,好比石头绊了我的脚。我扔他的书包,就好像踢石头。这样既伤害了他,又伤害了我自己。我去找小南谈心,共同把这块"石头"搬掉!

自我思考法训练

训练目标

对学生进行启迪教育时,让学生自己思考和感悟,使学生感受到教师对自己的信任,积极地发挥自己的主观能动性,在更大程度上实现自我教育。

训练要领

1. 根据学生的实际问题,设计相应的教育活动,发挥其自主反思能力。

2. 对待学生的错误行为,通过导语,循循善诱引导学生思考、感悟,获得自我教育。

课堂训练

学生总喜欢乱扔纸屑,把教室搞得不干净,你作为班主任会怎样进行自我思考启迪?

训练评价

1. 是否能用自我思考启迪的方式来进行思想品质的引导教育。

2. 是否在启迪教育中明确指出保洁的必要性和重要性。

3. 教育的语言是否层层递进,具有指导性。

拓展练习

通过分析下面所提供的具体问题情境,试着用自我思考的方式,打好腹稿,先在小组里交流,然后全班交流。

中午放学后,同学们都去食堂吃饭,一个学生买了一个肉包子,吃掉肉馅后,随手将包子皮扔进垃圾桶。面对这种情景,如果你是老师,你怎么去启迪引导?

【练习示例】 老师:今天在食堂,我看见你把包子扔掉了,这次你的作文就写你扔包子这件事。如果你不知道怎么写,我建议你写下面几个问题:(1)你当时是怎么想的?过后有没有想过这件事?(2)这个包子是你花钱买的,你的钱是哪来的?(3)你的父母,如果看到你刚才扔包子的情景会有什么反应?(4)我今天建议你写这次作文,你认为有必要吗?(5)以后你再吃包子的时候,你想怎么做?

任务 39　鼓动训练

批评和鼓动是老师教育学生的两大法宝,特别是老师的鼓动,看似很简单,但要做到让老师的涓涓暖流去滋润学生的心田,唤醒学生心中的梦想和灵魂,老师鼓动学生时并不能随心所欲,而必须加以研究。教师鼓动学生,并不是简单的就事论事,更多的时候要通过老师具体的引导,激发他们以后行动的信念,看到今后前进的希望。

基本理论

一、鼓动语的概念及作用

鼓动语是教师对学生表达的带有强烈肯定或热情希望的话。鼓动是激发和鼓励。德国教育家第斯多惠说过:"教学艺术的本质,不在于传授而在于激励、唤醒和鼓舞。"在教学过程中,鼓动是一种进取的动力,是激发学生积极向上的能源。鼓动能使学生乐观自信,积极向上,促使学生改掉缺点,发扬优点。鼓动性言语行为能帮助学生形成良好的卫生和学习习惯,培养他们的自制力及韧性,还潜移默化地从心理的角度影响他们的意志品质,促进个性的健康发展。

二、鼓动学生的技巧

一名合格的教师除了具备丰富的专业知识、优良的品质、无私的爱心外,还要熟练掌握和使用语言艺术。特别是在教育活动中,巧妙、合理地运用鼓动语言,将会直接引起学生对知识的理解和学习的兴趣,促进学生与教师情感的发展,甚至决定着教育、教学活动的效果。在教育活动中,巧妙运用鼓动语言促进学生身心健康发展是非常重要的,甚至会影响他们的终生。

1. 正面积极的鼓动,让学生获取成功感

对学生多说些鼓动的话语,有利于促进他们自我意识的发展,使他们敢于表现自我、敢于大胆尝试。在教育活动中,就要充分利用爱的语言去鼓动孩子。比如说:"我相信你一定行的!""你真棒!""你很能干!"等等,让他们相信自己能做好。

【示例】 有一次,老师在组织一年级科学教育活动"电池宝宝"时,带来了电动玩具,目的是让学生知道装电池是有方向的。老师引导说:老师这儿有许多小玩具,请小朋友拿一节这样大小的电池,看看谁能使这些电动玩具动起来。在活动中,好多孩子装对了,看见玩具动了起来激动得大声欢呼。有一个叫兰兰的小朋友因胆子很小,不敢主动尝试,看到别的小朋友都装好,就想把电池偷偷藏起来。老师悄悄地走过去,在她耳边告诉她说:"这是电池的头,这是电池的屁股,把电池屁股放在弹簧上,头儿顶在帽子旦。"她按老师的说法一放,玩具真的动起来了,她脸上绽放出开心的笑容,这时老师有意识地问她:"你是怎样让玩具动起来的?"她非常自信地告诉其他小朋友:"我是把电池的屁股放在弹簧上,头顶在帽子里。"老师马上鼓励和表扬她:"你的这个发现真了不起!"老师的鼓动使兰兰小朋友获取了成功感,以后她胆子慢慢地变大了,性格也开朗了许多。

2. 包含期待的鼓动,激发学生的表现欲望

有些学生平时沉默寡言,反应慢。对于这样的孩子,一点一滴的进步都需要得到老师的肯定。教师应给予他们表扬和鼓励。通过日常生活中经常性的关注、启发,鼓动他们不断地进步和提高。

【示例1】 有一个小男孩,因其父母离异而变得非常封闭。音乐课上,小男孩不敢唱歌,老师找到他,单独教他,鼓励他说,他唱得很好听。第二天早上让小男孩唱给班上的同学听。开始他的声音总是很小,为鼓励他更加大胆,每次唱完后,老师总是鼓励他:"你唱歌真好听,希望以后能常听到你更响亮、更好听的歌声好吗?"小男孩从老师的话语中似乎领悟出什么,每当他唱完后,小朋友都齐声为他喝彩。后来这个小男孩终于走出了心理的阴影。

【示例2】 某学校郑老师接了一个全校闻名的乱班。开学前,郑老师从前任班主任那里了解到,这个班班风不正,大多数同学不守纪律,不爱学习。

郑老师觉得首要的任务是让同学们正确地认识自我,然后引导同学们努力塑造自我。他组织同学们开展了一次"成果展示会",主题是"我,好样的!"同学们把自己在各项活动中获得的奖状、荣誉证书都带来了,无论奖级高低,大家的脸上都挂满了喜悦和自豪。班会接近尾声时,一个名叫陈昊的同学捧着一叠小红花走上讲台,他说:"在小学里,我学习成绩不好,又喜欢打架,可我在幼儿园被评过好孩子呢。你们看,这是我得的小红花。"说着,他的脸红了,同学们用掌声把他送回座位。

郑老师对同学们说:"陈昊同学敢于当着大家的面承认自身的不足与缺点,这是好样的。一叠小红花,证明了陈昊同学有光荣的昨天,我们相信,在我们这个团结友爱的大家庭里,他一定能创造更加光荣的明天!"此时,教室里又一次响起了热烈掌声。从那以后,陈昊同学再也不欺负小同学,不拖欠作业了。从此,班风井然,同学们的学习蒸蒸日上。

评析:因为郑老师对学生有深笃真情,充满了对学生的欣赏和信任,才会创造机会让他们充分展示自己的优势,树立自信心;并且有一双慧眼,能发现后进生身上的闪光点,不失时机地给予肯定和鼓动,并提出更高要求。可见,鼓动并不就是单纯说好话,而是要出于对学生的一片真心,与人为善,溢于言表,方能激发学生的上进热情。

203

3. 适时的语言鼓动,把握学生的兴趣和优势

有的学生往往自信心不足,他们害怕失败,不敢大胆尝试。他们常常会沮丧地说:"老师,我不会! 老师,我不行!"这时老师一句鼓动的话语,对学生来说显得尤为重要。这种鼓励,对学生创造力的培养、创新意识的增强都非常有益。如在区角活动时,经常有孩子不敢自己动手操作,总想依赖老师,这时就应鼓励他们勇敢去尝试。

【示例】 在学校一次"三八"节"我为妈妈送贺卡"活动中,老师设计了这样一个环节:欣赏贺卡—制作贺卡—欣赏自制贺卡。在制作贺卡这个环节中,对于一年级的学生来说有点难度,小朋友们都感到很难,都害怕自己做得不漂亮,不敢放手去做。这时老师鼓励大家:"勇敢去试一试,画不好也没关系,只要是亲手做的,那就是最好的""我觉得它难不倒你们""妈妈就喜欢你们做的贺卡"。在老师的一番鼓励下,孩子们增强了信心,大胆地制作起来,最后有的小朋友制作了一套两张或三四张形式各一的贺卡。当自制的贺卡在全班展览、供大家欣赏时,孩子们高兴得跳跃起来。

4. 运用适当的"体态语"增强教育效果

(1) 手势语的运用

① 鼓掌。鼓掌代表着教师的赞许、欢迎之情,当学生有了出色的表现时,鼓掌是教师给予的较高奖励,激发学生积极向上的情感。

② 竖大拇指。教师经常为学生的进步竖起大拇指,能让学生心灵舒展,发出会心的一笑,心中充满了自豪。充分的肯定与不断的鼓励,可以培养学生良好的习惯。

(2) 面势语的运用

面势语能把各种复杂变化的情感信息最充分、最迅速、最直观地反映出来。

① 目光。教师在学生面前,应保持亲切、和蔼、信任与期待的目光。这种目光能够使正在努力进步的学生受到鼓动,促使他继续努力,在困难中看到希望,增加勇气和力量;使有缺点或犯错误的学生得到提示,达到"此时无声胜有声"的效果。比如,教师在上课时遇到学生在玩自己的东西或吵闹时,如果用语言来提醒学生,这样就会扰乱活动进程,而且又会使被提醒的学生在众目睽睽下面红耳赤,陷入尴尬境地,甚至会伤了他的自尊心。这时,一个无声的信号,一个眼神的暗示,就可以使犯错的学生心领神会,自觉改正自己的不当行为。这样既保证了教学的正常进行,又保护了学生的自尊心。

② 微笑。教师的微笑可以沟通师生的心灵,缩短师生的距离,使学生体会到教师的亲切感。平时,教师保持以微笑面对学生,无论何时何地何事,都要以一种心平气和的方式向学生提出要求。这种愉快的表达方式,对学生来说是非常容易接纳并乐于服从的。

(3) 体势语的运用

身体肌肤的接触也有利于安定学生的情绪,增强学生温暖和安全的感受,能使学生的行动更加积极化,特别是对于幼儿来说更有必要。

① 握手。在学生户外活动、体育游戏或比赛中,当孩子与老师的手握住或相碰时,心也会凝聚在一起,孩子们会感到自己是不可缺少的一分子,有利于增强学生的团队意识和协作精神。

② 摸头拍肩。每当老师对学生使用摸头拍肩的身势语言时,学生就会很高兴,很温

顺,甚至一天很兴奋,表现也会很好。从心理学的角度来说,这是一种"关爱效应",它会使学生产生一种和老师相契的真实感,对学校和老师有一种依赖感和亲切感,使学生在学校里像在自己家里一样,能全身心地放松,真正快乐健康地学习和生活。

合理、巧妙地运用鼓动性话语和肢体语言,会让学生养成良好的生活和学习习惯,培养他们开朗活泼的性格,潜移默化地影响他们的意志品质。鼓动的话语,期待的目光,亲切的微笑,会给学生带来巨大的动力,在信任中长大的学生就会充满自信,对生活充满热情。

三、鼓动学生的方法

在教学实践中,要提高课堂效率,就必须提高学生的学习积极性。要调动学生的积极性,就需要教师把鼓动机制用好,那么在平时的教育教学中就会收到很好的效果。下面介绍几种适用的鼓动方法。

1. 榜样典型鼓动法

人们常说,榜样的力量是无穷的。绝大多数学生都是力求上进而不甘落后的。如果有了榜样,从榜样成功的事业中得到鼓动,学生就会有努力的方向和赶超的目标。榜样有现实生活中的榜样,也有名著名篇中的榜样。我们看到一种现象,绝大多数学生没有榜样,没有励志名言,只是把娱乐明星作为偶像。这就需要教师引导学生看书,看一些正能量的影视剧,把一些名人的人格魅力展示给学生。学生来到学校就是来受教育的,是需要教师影响和塑造的。比如:在现实生活中,有的同学很优秀,勤奋好学、兴趣广泛、积极上进、乐于助人,就可以推荐他来当小模范,树立榜样,让同学们向他学习。

2. 情感鼓动法

情感是影响人们行为最直接的因素之一,任何人都有对各种情感的需求。这就要求教师要多关心学生生活,关心学生的精神生活和心理健康,提高学生的情绪控制力和心理调节力,努力营造一种相互信任、相互关心、相互体谅、相互支持、团结融洽的班级氛围。比如:可以用主题班会的方式进行情感鼓动。

3. 荣誉鼓动法

对学生的贡献和进步公开表示赞许。不要吝啬头衔和名号,可以适当颁发奖状。一张奖状在一个成年人眼中也许并不重要,可是在一个学生的心目中,那是至高无上的荣誉。它足以改变一个学生的学习态度,甚至会改变一个学生的人生。

【示例】　肖丽丽在小学六年间,获得了100多张各种各样的奖状和喜报。所获奖状和喜报的原因也是各不相同,比如"优秀雏鹰""优秀少年队员""小小设计师""小小书法家""优秀班干部""文明小卫士""红星少年""红旗少年""数学成绩优秀""语文成绩优秀""期末100分""连续四次数学成绩优秀""连续四次语文成绩优秀""优秀小演员"等,可以说是丰富多彩。她每次把奖状拿回来的时候,除了成功的喜悦还有对下一次获奖的憧憬,以及为了获得奖状而专注地投入学习的热情。

榜样鼓动法训练

训练目标

能运用榜样鼓动法激发学生的自信心,使之有努力的方向和赶超的目标。

训练要领

1. 用榜样鼓动法激发学生的自信心。
2. 用诚恳的语言打动学生,用激昂的语言激励学生。

课堂训练

同桌两人,成绩都不是很好,马上要期末考试了,他们互相用目标激励方法激励对方好好复习,争取考个好成绩。请找到关键的鼓动视角,打好腹稿,分角色在小组里扮演讨论,然后在全班交流,看看怎样互相激励才能够取得最好的效果?

训练评价

1. 是否能用榜样鼓动的方式来进行思想品质的引导教育。
2. 是否在鼓动中明确要确定榜样、付出努力赶超榜样才有可能成功。
3. 教育的语言是否贴近学生心理,唤起学生向上的斗志。

拓展练习

通过分析下面所提供的具体问题情境,试着用目标鼓动的方式,打好腹稿,先在小组里交流,然后全班交流。

假如你被分配到一个全校出了名的"乱"班当班主任,你怎样去调动班上同学的积极性,改变班级面貌?请你以此为题,模拟你在第一次班会上向全班同学做热情洋溢、富有激励性的讲话。

【练习示例】 老师:谁说我们是个乱班?谁说我们班不能夺得全校红旗?我认为持这种说法的人太不了解我们班了,太低估我们的能力了。学校领导安排我带这个班就是要我带领大家夺红旗的!同学们,今年我们一定要把全校班级流动红旗杠回来!大家有没有信心?

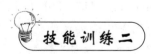

情感鼓动法训练

训练目标

能运用情感鼓动法激励学生去努力奋斗,提高学生的情绪控制力和心理调节力,努力营造一种相互信任、相互关心、相互体谅、相互支持、团结融洽的班级氛围。

训练要领

1. 用情感鼓动法激发学生的上进心。

2. 用恳切的、充满期望的话语,去引导提升学生的主观能动性,使之增添信心和力量。

课堂训练

马上要开始运动会接力跑比赛了,你怎样去调动班上同学的积极性,改变孩子们一直认为的跑不赢的想法? 请你以此为题,模拟你在赛前向全班同学做热情洋溢的、富有激励性的讲话。

训练评价

1. 是否能用情感鼓动的方式来进行思想品质的引导教育。

2. 鼓动中教师是否尊重了学生,唤起了孩子们的自信、自尊,从而促进他们自强。

3. 教育的语言是否热情洋溢,振奋了学生心灵。

拓展练习

通过分析下面所提供的具体问题情境,试着用情感鼓动的方式,打好腹稿,先在小组里交流,然后全班交流。

在学校开展的"学雷锋、学英雄、争做四有接班人"的活动中,你如何对全班进行动员讲话。

【练习示例】 老师:同学们,我们这个集体就是一支即将起航的舰队,我们将它命名为"雷锋号"舰队。舰队的宗旨是"学习英雄,团结奋进"。今后,我们的队员在学习和生活上碰到了困难,就像在海上行驶中遇到了风浪,大家要以英雄为榜样,齐心协力去战胜它。同学们,让我们开足马力,扬起风帆勇往直前,驶向那金色的海岸!

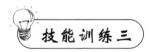

技能训练三

荣誉鼓动法训练

训练目标

能运用荣誉鼓动法激发学生的荣誉感、上进心,使之内驱力增大,进而使其主观能动性得到最大化提高,达到教育转化的效果。

训练要领

1. 用荣誉鼓动法激发学生的荣誉感。

2. 用真情去引导提升学生的主观能动性。

【课堂训练】

通过分析下面所提供的具体问题情境,找到关键的鼓动视角,打好腹稿,分角色在小组里扮演讨论,然后在全班交流。

一年级刚刚开学,班上开始评选"健康之星"。评选"健康之星"的一个条件,就是不挑食。评选时,平时不爱吃饭的涛涛很想得到这个荣誉,所以开始认真吃饭,并向老师表示要吃完。可是,豆沙花卷确实是他不喜欢吃的,吃着吃着,就不想吃完了。如果你是班主任,你怎么对涛涛说?

【训练评价】

1. 是否能用荣誉鼓动的方式来进行思想品质的引导教育。
2. 是否在鼓动中明确荣誉的获得需要努力,荣誉和努力之间是成正比例的。
3. 教育的语言是否春风化雨,打动学生心灵。

【拓展练习】

通过分析下面所提供的具体问题情境,试着用荣誉鼓动的方式,打好腹稿,先在小组里交流,然后全班交流。

小玲的普通话很好,而且声音很好听,全班同学对她参加学校朗诵比赛充满了希望。但是在临赛前的一天,学校要求她更换朗诵内容,班主任按要求为她重新选好了材料,可她却以时间紧、来不及为由,打算放弃这次比赛。面对这种情况,如果你是老师,你怎么说?

【练习示例】 老师:你代表的是我们全班45名同学,大家的目光注视着你,我和同学们都相信你会把朗诵比赛完成好的! 大家都会给你力量,你就是我们45个人的代表!

项目十一
其他工作口语训练

　　小学教师的工作是全面、综合的,不仅仅有教育教学任务,还会面对一些行政管理、业务培训、会议等工作;接触的人群不仅仅有学生,还有家长、领导、同事和其他社会人员;沟通的方式也不仅仅是一对一或一对多的面对面交流,还会有电话沟通、网络沟通、信件沟通等多种沟通方式。对教师而言,学习职业口语,还需要加强不同对象、不同场合、不同方式的沟通训练。

 思维导图

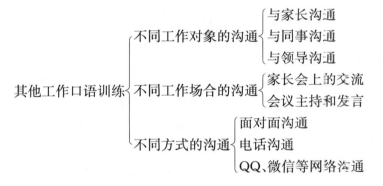

任务40　不同工作对象的沟通

　　在教师的职业角色交流中,会和不同的对象进行交流。作为师范生或教师,你遇到过与家长、领导、同事等交流沟通的时候吗? 每一次的交流,你是否都能应对自如? 如果你能在交流的过程中兼顾到不同对象的身份、性别、年龄和心理需求等方面因素的话,那至少可以避免一些误会和冲突,进行有效沟通,有助于教育教学工作的顺利开展。

 基本理论

　　在现代社会中,任何人要完成一项事业,离开社会、群体、他人,几乎都是不可能的。教育本身就是一个分工协作的系统工程,它决定了学校、教师的工作具有较高的群体性与

协作性,教师群体内部的团结协作、互相帮助是形成强大教育合力,完成教书育人重任的重要保障。因此,在教师这个特殊的团队中,你和同事、领导、学校所在社区工作人员的沟通交流与谈话技巧尤为重要。

一、与家长沟通

(一)家庭访问和家长来访谈话

1. 家庭访问谈话

家庭访问是指教师为了特定目的到学生家中,与学生家长就学生教育进行单独交谈的一种家校联系方式。通过家访,教师与家长沟通情况、交流信息,密切关系,不仅能够沟通师生之间的感情,解决一些学校单方面难以解决的问题,还能使家长了解并支持学校的工作,在对学生教育问题上保持一致,形成教育合力。

家访时的谈话是最讲究技巧方式的,一般要遵循以下几方面原则:

(1)尊重与平等的原则。教师家访时的谈话一定要尊重家长和学生,在平等的基础上展开。尤其是对家庭条件不好和缺点多、成绩差的学生,要从爱学生出发,一视同仁。家访时应该从表扬学生的优点开始,打开家访局面,向家长汇报时要挖掘学生在学校的点滴进步,不要当面告状,不能把家访当作告状的机会,特别不能当着学生的面向家长数落学生。家访时,即便是为了学生犯错误而来,也应该心平气和、冷静交谈,耐心交换意见,保持和谐的气氛,取得心灵上的配合。这样家长比较容易接受,孩子也会消除恐惧心理,愿意改正缺点,增强进步的信心。绝不能以老师自居,摆出一副居高临下、批评人、教训人的架势,如此,即使谈得句句在理,也会引起学生和家长的反感。

(2)鼓励与批评兼顾的原则。每个学生都有一些优点和长处,也客观存在着缺点和不足,绝大多数家长希望老师多关注自己的孩子。所以老师家访时,教师首先要充分肯定学生的长处,给予充分表扬和鼓励,增强学生和家长的信心,激发学生的积极性和自主性。其次,鼓励也要适可而止,对于学生的弱点和不足也要及时善意地指出,提出教育建议,避免学生产生骄傲自满情绪,也使家长能够全面真实地了解自己的孩子,使家庭教育更有针对性。坚持鼓励与批评兼顾的原则,在具体做法上,要多表扬、少批评,多鼓励、少挑剔,寓批评于表扬之中;表扬或批评时要借助具体事件反映孩子的表现。切不可只盯着学生的短处,更不要小题大做,把学生说得一无是处,伤及家长或学生的自尊;也不要笼统空泛,让家长感觉到老师在应付自己,认为自己的孩子是被忽视的。

(3)说话与听话结合的原则。教育是双向的,谈话同样也是双向的活动,要注意彼此间的相互联系。教师去家访,一方面要介绍学生在校表现和各方面情况,另一方面也要了解学生在家表现等情况,因此,说与听在家访过程中同样重要。有时,还可以让家长多讲,无论是谈优点还是缺点,无论是对还是错,都要耐心倾听。谈话时,双方都要正视问题,特别是教师,切不可一人独白,对着家长单纯指责学生的过错,甚至借机告状,推卸责任。在与家长探讨教育孩子改正错误的恰当方法时,应多听取他们的意见,与他们达成共识,切忌各执一词,互相指责。

(4)突出主题的原则。家庭访问本身就是教师为了特定的目的到学生家中,与学生家长就学生教育进行的沟通，因此，家访过程中的交谈要突出主题，始终围绕学生展开。家访前，教师要做好充分准备，事先要明确谈什么，怎么谈，要达到什么目的，同时，对谈话中可能出现的问题，也要有个大概的估计。

2. 家长来访谈话

家长来访指的是家长来校与教师就学生的教育问题进行的沟通。

家长来访大致可分为家长主动来访和教师邀请家长来访两类。其中家长主动来访可分为一般性来访和质疑性来访两种情况；教师邀请家长来访可分为常规性邀请和突发性邀请两种情况。

家长一般性来访的目的主要是询问孩子的情况或有问题希望获得指导；质疑性来访则是在家长对学校、老师的工作有不满，或认为孩子受到不公正待遇时的来访。常规性邀请是教师为了向家长进行情况了解或事务通报而发出的，如召开家长会，通报考试安排、外出活动注意事项等；突发性邀请大多是教师在遇有紧急事件时，或要对孩子的不良行为提出批评甚至给予处分的情况下发出的。

无论是家长主动还是教师邀请，教师接待家长来访首要原则是热情接待，言语礼貌，让家长有一见如故之感，即使学生已经存在比较严重的违纪问题。当家长感到教师是诚心诚意的，没有因为学生犯错误而对他另眼相看时，家长才能敞开心扉同教师交流学生各方面的情况，并且商讨采取何种措施对学生进行思想工作。其次，要选择适宜的谈话地点，创造愉悦的谈话环境。良好的谈话环境有利于消除访谈双方的心理顾虑，有助于双方推心置腹地交流学生的情况，使双方尽快地在教育学生这一问题上达成共识。接待家长来访时，不适合在大庭广众或嘈杂的地方，而以在操场边、走廊一隅及安静的办公室内为宜。再次，要尽可能简洁地讲述情况、回答家长的问题，不做无关事情而占用家长时间。

在接待家长质疑性来访或教师突发性邀请家长来访时，双方的关系容易紧张，如果教师处理不当，会发生矛盾甚至冲突，对学校和教师工作造成不良影响。因此，教师务必要做到态度谦和、平静、诚恳而又不卑不亢，妥善处理手头的事情，迅速与家长展开交谈。先让家长充分表达，教师要耐心、专心倾听，了解家长来访的动机，找到家长关注的核心问题，揣摩家长的需求，有针对性地调整交际策略，保证谈话在教师主动控制下，在双方合作的气氛中顺利进行，以期最终解决问题。

（二）与家长沟通中的语言艺术

1. 面向全体家长推荐用语

① 您的孩子最近表现很好，如果在以下几个方面改进一下，孩子的进步会更大。

② 您有什么事情需要老师做吗？

③ 您有特别需要我们帮助的事情吗？

④ 这孩子太可爱了，老师和小朋友都很喜欢他，继续加油。

⑤ 谢谢您的理解，这是我们应该做的。

⑥ 您的孩子最近经常迟到，我担心他会错过许多好的活动，我们一起来帮他好吗？

⑦ 您的孩子最近没有来学校，老师和小朋友都很想他，真希望早点见到他。

⑧ 请相信孩子的能力，他会做好的。

⑨ 学校的食谱是营养配餐，为了他的身体健康，我们一起来帮他改掉挑食的习惯。

⑩ 近期我们要举行××活动，相信有您的参与支持，会使活动更精彩。

⑪ 学校的网站内容丰富多彩，欢迎您经常浏览，及时沟通。

⑫ 我们向您推荐好的育儿知识读物，您一定有收获的，孩子也会受益。

2. 面向个体家长推荐用语

① 请家长不要着急，孩子偶尔犯错是难免的，我们一起来慢慢引导他。

② 谢谢您的提醒！我查查看，了解清楚了再给您答复好吗？

③ 您有什么想法，我们可以坐下来谈谈，都是为了孩子好。

④ 孩子之间的问题可以让他们自己来解决，放心吧，他们会成为好朋友的。

⑤ 很抱歉，孩子受伤了，老师也很心疼，以后我会更关注他。

⑥ 这件事是××负责，我可以帮您联系一下。

⑦ 我们非常欣赏您这样直言不讳的家长，您的建议我们会考虑的。

⑧ 您有这样的心情我很理解，等我们冷静下来再谈好吗？

二、与同事沟通

（一）与同事沟通的类型

学校里，教师与同事的交流范围是宽泛的，交流内容是复杂的。因为，从年龄上看，老、中、青教师都可能成为交际的对象；从工作性质上看，相同课程的教师、不同课程的教师以及后勤部门的职工等也都可能成为交际的对象。教师团队中同事之间的沟通主要有以下几种类型：

1. 工作性沟通

教师间的工作性沟通主要以教育、教学工作中出现的问题为话题。这类沟通目的性强，要求交谈双方都能态度谦和，客观公正，互相尊重与支持。对发言者的话语要认真倾听，自己在阐述时要观点鲜明、条理明晰、科学严谨、语气平和，多用征询口吻，巧妙表达自己的见解。这类沟通包括个别沟通和集体沟通。

教师在与同事的工作性沟通中，应一切从"公"字出发，从大局出发，客观公正，是非分明。尤其是在探讨学术或专业问题时应该有自己的主见，敢于说出自己的想法，不人云亦云。即使有学术分歧，同事之间的争论，也会促进思想观念的交流。但是要有理有礼，如果对方冲撞冒犯自己，要尽量心平气和，处之泰然，以温和礼貌的语言来表达自己的观点与主张。

2. 日常性沟通

教师间的日常性沟通主要是教师在日常生活中相互之间的问候、祝贺、安慰、闲聊等。这类沟通没有明显的目的性，主要用于交流信息、融洽关系，沟通的形式与内容要符合基本的礼仪要求。

（1）同事间的赞美批评。同事间的相互赞美要具体、明确、及时，恰如其分，不要夸大其词，虚无缥缈，随意妄赞；要符合人们接受赞美的习惯，最好采用间接赞美的方式；在接受赞美时要真诚谦逊地回应并表示感谢，必要时做出实事求是的情况说明。

同事间的相互批评要具体明确，语气委婉，避免含糊其词、开门见山；切忌当众揭人短处，甚至搞人身攻击。在接受批评时，对正确的批评要虚心接受，表示感谢或歉意；对不正确的批评，告知对方自己不接受批评，并陈述理由。

（2）同事间的帮助协作。教师的工作和生活中，同事互相帮助与协作是不可避免的。当有同事向你寻求帮助时，你应该积极倾听，用热情的口吻适当地给予反应，如果是自己能力范围所及，最好尽力帮忙，如果无能为力，则要表示歉意，并委婉陈述理由；当你想寻求同事的帮助时，要寻找恰当的时机，以谦恭的语气，诚实地表达自己的需求，并表示出真诚的谢意。在寻求没有得到回应时也不要心生埋怨，出语伤人。

（3）同事间的闲谈。同事间的闲谈，首先是话题的选择，要针对同事的喜好确定话题，同时还要避开关涉他人私密的话题；其次，闲谈时要善于倾听，说话时语气轻松自然，就某些话题有争论时，要注意控制情绪，避免使用过激和尖刻的话语。

（二）与同事沟通时的口语交际原则

1. 平等相待

这里所说的平等，是指教师同事之间人格上的平等，这种平等是教师个体与同事之间建立和谐健康人际交往关系的前提和基础。教师交往的双方需要平等地对待彼此，做到人格上尊重，工作上支持，生活上关心。而不是一方自命清高，居高临下，甚至瞧不起对方。

2. 坦诚相见

同事之间以诚相待是良好沟通的基础。教师在与同事的交际过程中，要能够不存疑虑，坦诚相见，对同事身上的优点，能够及时给予赞美和肯定；对一些不足给予积极的鼓励。

3. 宽容谦让

与人相处时，要容许每个人有自己独立的思维和行为方式，不能将自己的主观所想强加在别人的身上。教师在人际交往中要有容人之量，它显示了一名教师的内涵和修养。在荣誉面前要大度谦让，不要过多地和同事争抢，甚至为了一点名利而伤害他人；在与同事发生误解和争执的时候，要将心比心、换位思考，尽量站在对方的立场上，以谅解、宽容的态度，多为别人着想。

4. 互利合作

互利原则是指在交往过程中交往双方应该互惠互利，不能为了自己的利益而忽视了对方的需要。教师之间的交往，应该遵守互利原则，做到信息和利益的互惠，让双方都能够得到一些合理的利益，也能够获得精神上的满足感。

5. 巧用语言

沟通中的语言至关重要，应以不伤害他人为原则，要用委婉的语言，不用直言伤害的语言；要用鼓励的语言，不用斥责的语言；要用幽默的语言，不用呆板的语言；等等。

三、与领导沟通

（一）与领导沟通的口语表达类型

教师在职场中不可避免地要与上级领导接触，领导给教师布置工作，教师向领导请示、汇报等都需要相互间的沟通和交流。教师与领导沟通时的口语表达主要有以下几种类型：

1. 接受型

包括接受领导分派任务和接受领导批评两种情况。教师在接受领导布置任务过程中，教师要干脆利索、实事求是地报告完成任务的可能性；接受任务后，要及时介绍任务计划、汇报实施情况。教师在接受领导批评时，如果是本人犯错，这时要虚心接受，坦承错误；如果是领导批评有误，这时要委婉拒绝，讲清理由。

2. 汇报型

教师在完成领导交办的工作后，要及时汇报，让领导充分了解你的工作进展情况，以及对下一步工作的要求。向领导汇报工作时，要紧扣中心，语气平缓，多用请示语沟通，避免离题万里，慷慨激昂，语气强硬；要随时回答领导提出的问题，避免置之不理或轻描淡写；还要尽量一事一报，避免同时汇报多件重要的事情。

3. 建议型

工作中，教师对领导的安排与观点有自己的看法、建议和意见时，要及时反馈给领导，这样才能有助于学校工作的展开和改进。教师在向领导提出个人的建议和意见时，首先，要从学校发展角度出发，不说言过其实的取悦领导的话；其次，不要向学校和领导提出过高或不切实际的要求；再次，多用征询的口气，不说超越权限和身份的话；最后，要注意场合，不当众说使领导尴尬难堪的话。

【示例】 在教师代表会议上，领导就教师工资方面的方案，让教师代表讨论。一位教师直接就说："校长，您报告中的内容很不合理，我认为应该……"另一位教师代表接着发言："这个方案，我觉得可以从几个方面完善一下，我提出来，校长您考虑一下……"

4. 拒绝型

在领导安排工作任务时，如果教师本人觉得没有时间、精力和能力完成时，要学会拒绝。这时要注意委婉地向领导表达自己的想法和意愿，避免语气生硬；同时要充分陈述拒绝接受工作任务的理由，求得领导的理解谅解；最好能够提出替代的方案，供领导选择；如果领导坚持安排，则不要一再拒绝，应设法完成任务。

5. 闲聊型

有的领导属于和蔼可亲型，也很愿意在轻松的环境下和老师交流一些话题，以此了解教师想法，表达自己的观点。遇到这样看似闲聊的场合，需要在话题选择上把握以下几个方面：① 聊轻松愉快的话题或领导感兴趣的内容。② 对领导谈论的话题积极响应，表现出兴趣。③ 一般不要牵出其他同事的话题，不打小报告。④ 避免打听领导私事。⑤ 不开黑色玩笑，注意维护领导的尊严和形象。

（二）与领导交谈的原则

1. 把握适当的谈话时机

选择了恰当的时机，沟通交流就变得轻而易举，否则，就会给沟通带来困难，沟通效果会大打折扣。因此，与上级领导沟通的时机选择得是否恰当，是沟通能否成功不可忽视的因素。

教师在与领导沟通时，应当根据事情的轻重缓急，找到最佳时机。最佳时机可根据领导的时间、心情以及谈话的场合、环境等随机应变地去选择。一般选择领导工作的空余时间或心情较好的时候,并且注意选择适宜的场合和安静的环境,与领导进行沟通交谈。由此,一般要避免在以下的情况下与领导沟通谈话:不恰当的时间,如清晨、深夜、吃饭、午休、开会的时间;不恰当的情境,如领导身体疲倦、心情不好、有要事处理的情况等。另外,向领导请示汇报工作时要礼貌预约,主动请领导安排时间,或询问领导什么时间比较方便。这样,才能为自己争取到比较充分的时间与领导详尽地沟通交流,取得最佳效果,达到沟通交流的目的。

2. 注意恰当的谈话方式

和上级领导说话的时候一定要注意方式,语气适当,措辞委婉,而且一定要把握好分寸,否则,你的谈话会给领导留下不好的印象,甚至可能还会得罪领导,这样会让你和领导的关系疏淡甚至僵化,不利于工作的展开。

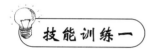

与家长沟通训练

> **训练目标**

掌握适宜的与家长沟通的技巧能力,最终达到"以情动人、以理服人、情理和谐"的沟通效果。

> **训练要领**

1. 教师家访时的谈话一定要尊重家长和学生,在平等的基础上展开。

2. 鼓励与批评兼顾,要多表扬、少批评,多鼓励、少挑剔,寓批评于表扬之中;表扬或批评时要借助具体事件反映孩子的表现。

3. 谈话是双向的活动,要注意彼此间的相互联系。

4. 沟通过程中的交谈要突出主题,始终围绕学生来展开。

> **课堂训练**

试着评析下面案例中的教师与家长的沟通,你能有更好的沟通方式吗?

家长:我家孩子数学成绩怎么这么低呀? 怎么能提上来呀?

老师:怎么跟你说呢? 我们班大多数学生的数学成绩都不错,就你们家孩子,每次总拖后腿。我也发愁啊!

家长:上课的时候,您能讲得慢点儿、细点儿,让他能跟上?

老师:你说这话是什么意思? 是说我上课不够认真吗?

家长:老师,我没有责怪您的意思,就是希望您多帮帮他。

老师:班里那么多学生,我也不能只照顾你家孩子啊。再说了,我都是正常讲课,你家孩子跟不上,是他的问题,谁让他反应慢啊! 我要是照顾了你家孩子,别的孩子怎么办? 别的家长能愿意吗?

1. 是否充分肯定了学生的长处,给予了学生充分的表扬和鼓励。

2. 是否对于学生的弱点和不足进行了及时和善意的指出,并提出了合适的教育建议。

3. 在与家长探讨教育孩子改正错误的恰当方法时,是否多听取了他们的意见,与他们达成了共识。

拓展练习

馨馨妈妈因为孩子没能参加学校舞蹈队感到很生气,来学校质疑老师选拔的标准,你如何接待?

家长:老师,我可以进来和您谈谈吗?

老师:欢迎! 请坐到这儿吧。(微笑着用手势示意家长坐下)

家长:你们老师真是辛苦,每天要带那么多孩子,真是不简单啊!

老师:(一边给家长倒茶)是呀。孩子小,自控能力差,而家长的期望值又那么高,我们的压力真是不小!

家长:(接过茶杯)谢谢! 是啊,现在的孩子都是独生子女,每个家庭都对孩子宠爱有加。

老师:是的。独生子女存在的问题确实比较多,孩子不仅生活自理能力差,各种习惯也差。家长一边宠爱孩子,一边又对孩子寄予高期望。唉,可怜天下父母心哪!(摇头,很无奈的样子)哦,我忘了,你是不是有什么话要对我讲?(笑)

家长:(微笑着)是的。我家馨馨最近对跳舞的兴趣特别浓厚,每天嚷着要跳舞给我和她爸爸看,她爸爸看她这么感兴趣就特地给她买了一面大镜子,她对着镜子跳舞可开心了。

老师:哦? 可是,在学校我问她是不是不想跳舞,她告诉我说"是"。

家长:会不会馨馨在学校跳舞跟不上同伴,不够自信?

老师:说实在的,馨馨对舞蹈的感受力和表现力确实一般。考虑到她最近腿脚不方便,我就让她坐在旁边看。

家长:谢谢您为馨馨想得那么多。我和她爸爸看她在家里那么喜欢跳舞,实在不忍心让她只看着小朋友跳舞。我们猜想她内心还是喜欢跳舞的,您说是不是?

老师:看来是的。

家长:我想,馨馨可能因为腿不好,怕在老师和同伴面前丢脸才说不想跳舞的,她说的可能并不是心里话。

老师:可能是吧。馨馨在学校表现欲得不到满足,就想在家里得到满足,有这种"补偿"心理是很正常的。是我太大意了,我应该考虑到这一点的。对不起,馨馨妈妈,从明天起我就让馨馨"归队"。

家长:(起身)谢谢了! 再见!

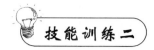

与同事沟通训练

训练目标

通过训练与同事的交流沟通,养成有理有礼、心平气和的沟通习惯和沟通心态,营造融洽的工作关系。

训练要领

1. 充分了解同事的个性特点与沟通目的。
2. 与同事沟通时态度谦和、尊重坦诚。
3. 表达时,观点鲜明、条理明晰,语气平和,多用征询口吻,语速音量适中,便于对方听懂。
4. 认真聆听同事的表达,并积极给予回应。

课堂训练

对于学校的绩效奖励方案进行探讨,各抒己见。请几名同学分角色在小组里扮演讨论,然后在全班交流,看看怎样表达才比较合适。

训练评价

1. 你(或他)在与同事的工作性沟通中,是否能从大局出发,形成自己的观点。
2. 你(或他)与同事沟通时是否做到了态度谦和、尊重坦诚。
3. 你(或他)是否做到条理明晰、语气平和、语调自然地表达自己的观点和想法。
4. 能否认真聆听别人(同事)的意见和观点。

拓展练习

在一次教研组大会期间,几位教师正在对本校教育模式改革方案进行讨论,请四人小组分角色在小组里交流,然后全班交流。

【练习示例】 教师甲:我认为学校这场改革总体来说是两头热中间冷,学校领导班子尤其是校长和学生这两头热,而教师反应比较冷淡,有许多老师是反对的。

教师乙:是啊! 新课改要求,我们不能再给学生补课了。可是,没有成绩拿什么说话?

教师丙:对! 现在有些学生根本就不把老师放在眼里,这种情况下还要改革,让学生给老师打分,评价老师,哪个老师还敢管学生? 对学生的不良行为只能装作看不见,免得被打低分。

教师甲:有道理! 现在,学生不是没有自由,而是被过于放纵了个性发展,这种课改简直就像把学生"放了羊"!

教师丁:我认为课改是一个体系,它不是用分数来衡量的。让学生给教师打分也是对教师的一种促进和激励! 给学生松绑,并不是"放羊"。再者说,"放羊"也不一定不好,"圈养"的羊是很难适应自然环境的。同样的道理,把孩子圈起来的教育往往使孩子缺乏创造力。所以我觉得,对于新课改我们不妨尝试一下,在实践中证实,在实践中完善嘛!

评析:在这里,几位教师探讨的是关于学校教学改革的问题,尽管前面几位教师年纪大、资历深,而且观点一致,但是教师丁还是敢于表达自己的想法,改变了一边倒的谈话方向,增加了学术思辨的气氛。

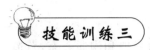 技能训练三

与领导沟通训练

【训练目标】

学会在与领导交流沟通时,紧扣中心,语气平缓,方式恰当,能主动营造融洽的工作关系。

【训练要领】

1. 明确与领导沟通的目的。
2. 依据沟通目的确定沟通的方式、时长等。
3. 沟通时,要尊重领导,多用征询的口气,不说超越权限和身份的话。
4. 认真聆听领导讲话,并做好记录和及时的回应。

【课堂训练】

对于学校的考勤奖励方案,你有自己的想法,想向学校领导提出建议。请先在小组里讨论,然后在全班交流,看看怎样表达才比较合适?

【训练评价】

1. 你(或他)在向领导提出个人的建议和意见时,是否能从学校发展角度出发。
2. 沟通中,能否做到尊重领导,态度谦逊。
3. 表达时,能否做到条理明晰、语气平和、语调自然地表达自己的观点和想法。
4. 能否认真聆听别人(领导)的意见和观点。

【拓展练习】

通过分析训练材料所提供的具体问题情境,找到恰当的表达方式,打好腹稿,先在小组里分角色交流,然后全班交流。

如果你是负责组织参加全国分享阅读教学大赛的教师,你怎么跟校长说?

教师:校长,您好! 您能挤出一点点时间审批一下这份报告吗?(校长正准备将报告搁在一边,听到这话,又拿起报告)

校长:好吧,我看看。(校长一边看,教师一边用手指点着用红线画出的重点,简单说明这次比赛的重要性和组织安排)

校长(面有难色):好是好,可现在学校里正忙,而且学校经费也不宽裕啊!

【练习示例】 老师:校长,您最深明大义了,这次活动对学校的书香校园建设的"十三五"重点课题很有指导意义,老师们可以从中汲取一些经验,为学校发展、办学指明一些途

径；另外，关于经费，我们先自行掏腰包垫着吧，等学校经费宽裕了可以再考虑给我们报一部分，您看行不行？

任务 41　不同工作场合的沟通

　　人的情感具有不同的情境性，环境往往会对人的心理产生影响，尤其是自尊、敏感的青少年，情绪更易受环境左右。因此，教师在实施教育的过程中，必须注意区分不同的沟通场合，采用或严肃、或平和、或诙谐的沟通方式，以使学生坦然释怀、心悦诚服。

　　此外，教师也需要在不同的场合用不同的方式与不同人进行交流，这些都是需要注意的。

一、家长会上交流的内容和技巧

　　家长会是由学校或教师发起的，组织学生家长一起参加的交流、互动的会议或活动。学校或教师定期召开家长会是实现家校共育机制的一个重要方式。通过家长会，可以实现学校、教师与家长之间的交流，学校、教师还可以通过家长会宣传学校的改革措施、有关活动和课程、相关教育理念，以此得到家长们的支持和理解。

　　教师是会议的主持人，会前要做好相关准备工作：先组织好讲话的主要材料和内容，包括介绍学校概况、班级概况、学生成绩、学生表现、需要家长配合解决的问题等；还要认真了解每位学生及其家庭、家长的情况等，对有特殊情况的家长或家庭，在与之沟通时注意讲话的内容和方式。只有做了充分准备，才能在家长会上应付自如。

　　1. 家长会上的讲话内容

　　家长会的内容因时间、阶段、问题和学校的安排、家长需求的不同而有所不同，但一般在家长会上，教师要向家长主要说明以下几个方面的内容：

　　（1）开场白及参会的要求。开场白的谈话要大方客气、彬彬有礼，对家长提出听会要求时，要委婉巧妙，使家长不得不重视你的谈话，以便会议顺利进行。

　　（2）介绍学生近期情况。家长到学校来，最想了解的就是孩子在学校的生活和表现。首先应"投其所好"，谈谈孩子在校情况，以便家长对孩子做一个立体的了解。

　　教师做介绍情况讲话时，要把握住"一对多"的交际特点，说话要做到点面结合，既要有一般性概述和共同性话题，又要有重点、特点和个别性话题。教师在谈及学生的表现时，要从正面肯定入手，多表扬少批评，多宽容少抱怨，赞扬的可以点名，批评的只针对现象……这样既能维护家长的自尊心，又让家长体会到教师了解孩子、关注孩子的成长，从而对教师产生信任感，更愿意配合教师完成任务。

　　（3）明确家长会主要议题。每一次家长会都要有明确的主题，切忌胡子眉毛一把抓，从集体到学习,从文娱到劳动,看似面面俱到,家长听了,如过耳之风,什么也没明确。主题的确定,需要结合年级、班级的具体情况,做出具体安排。对班级和学生的诸多问题要有通盘计划,通过筛选,找出目前存在于班级和学生之中亟待解决的问题,作为本次家长会的主题,其余问题待本次家长会取得一定预期成果后再逐一解决。还可以根据家长的困惑,做一些专题性的讨论,以期在会上通过教师和家长的共同努力,集思广益,把关注学生健康成长的共同愿望集中到科学育人的一致行动上来。

(4)与家长互动交流。家长会上一般还会安排教师与家长进行互动的环节,班主任或教师在回答家长提问的时候要有耐心,要实事求是,既不夸大事实,也不掩饰问题。对待少数"爱挑刺"甚至"不讲理"的家长,教师要先以礼相待,之后再以理服人,不卑不亢。原则问题甚至是挑衅行为决不让步,要能够机智地化解矛盾,回应个别家长的无理要求或指责。

2. 家长会上的讲话技巧与策略

教师还要掌握一些讲话技巧和策略,才能使家长会取得令人满意的效果。

(1)发言简洁清晰,用语浅显易懂,表述生动准确,语调抑扬顿挫。开家长会切忌冗长,40分钟足矣;遣词造句注意口语化,让人一听就明白;语气语调张弛有度,具有吸引力;发言时力求轻松幽默,切忌语言生硬,态度死板。

(2)换位思考,站在家长的立场上来说话。在家长会上教师要换方式和角度,坚持尊重家长、平等相待的原则,用和蔼谦逊的态度向家长汇报,与家长进行交流。对于学生存在的问题,教师应该主动、真诚地承担责任,承认自己在教学管理上还有不足和需要改进的地方;评价学生时,把成绩归功于家长和学生,不足之处归绺于自己;教师要理解家长对自己孩子的关心和爱护,尽管有时有些家长在这方面做得可能有些过分,但教师要站在另一个高度,对家长的偏激言行也要给予谅解;教师要从家长的接受心理和接受能力角度出发,在与家长交流学生情况、介绍学校的教育教学方式时,最好使用流利的口语形式,使家长能够理解、支持和配合,切忌以教育专家自居,在与家长交谈中使用过多的专业术语,给人以高高在上的感觉。此外,教师还应该学会做一个认真的倾听者,注意从家长的谈话中汲取有效的信息,为教育教学工作积累客观依据。

(3)不开"牢骚会""告状会"。教师在家长会上与家长通报班级或学生情况时,要多说优点和进步的表现,给家长以信心和鼓舞的力量,让家长看到孩子的希望。不要趁着家长会的时机向家长吐"苦水",对着家长大发牢骚,也不要把学生的错误事无巨细地像开列清单一样向家长汇报,更不要把家长当成批评教育的对象,成为会上的"批斗"对象。

二、研讨场合主持和发言的特点、要求和技巧

(一)主持的技巧

但凡主持会议等,一般要经过准备、开场、推进、终结四个步骤。下面谈谈主持人的表达技巧:

(1)周密准备,胸有成竹。要想成功主持会议、座谈等,主持人必须围绕会议、座谈等进行一系列的准备工作。比如,主持一次会议,必须先明确会议的主旨、会议的流程,熟悉与会人员与会议场景,对于怎样开始、如何承接、怎么总结等,都要了然于胸。

（2）工于开场，立足主动。良好的开场白有确定基调、营造气氛、表明主旨、沟通感情的作用。会议主持的开场方法一般有以下几种：自然导入法、情境导入法、情感烘托法、幽默调侃法等。

（3）灵活推进，应变有术。主持会议，要善于搭桥接样，巧妙过渡，把整个会议连结成一个有机整体。

（4）终结。

（二）讨论与座谈

在日常学习和工作中，我们常常会参加讨论会或座谈会，发言是这种场合必不可少的一项内容。讨论与座谈的不同点在于：前者开会的形式较为随意，但对达成共识的要求较高；后者开会的形式较为正规，但不一定需要统一认识。所以，参加这两种活动，发言的要求也不尽相同。

1. 讨论

讨论是指就某一问题交换意见或进行辩论。日常生活中的讨论，更多的是"就某一问题交换意见"。

（1）讨论会发言的特点。参加讨论与听报告不同，听报告可以只带着"耳朵"去，参加讨论则必须带着"嘴巴"去。讨论时的发言有以下特点：

第一，发言内容的集中性。讨论往往是就某一个或几个明确的议题进行的，发言的内容也必须紧紧围绕某一主题展开，这些内容通常有很强的指向性和集中性。例如，关于"21世纪的人才应该具备哪些素质"的讨论，发言的内容就应集中在"人才素质"这个层面上。如果发言的内容偏离了主题，就会给人留下思路不清晰、逻辑性差的印象。

第二，发言形式的开放性。在讨论过程中，与会人员可以想说就说，说话内容也没有固定的格式和规范。整个会议过程呈现出一种开放性的特点，发言者可以围绕主题畅所欲言、各抒己见，也可以针对前面的发言提出赞同或否定的意见，还可以对自己的发言进行补充、修正。

（2）讨论会发言的要求。讨论时的发言虽没有固定的格式，但也有一些基本的要求。

一是明确主题，独立思考。讨论会往往都有明确的议题，讨论时的发言，一定要围绕该题展开，使发言内容具有针对性。在讨论过程中，发言者要对议题进行独立深入的思考，形成自己的观点和态度。只有独立深入思考，才有可能针对议题提出意见或建议，才会有话可说而不至于人云亦云。并且，随着讨论的不断深入，才会有思维的碰撞、情感的交融，从而使问题更加清楚，解决问题的步骤更加明确。

二是各抒己见，踊跃发言。讨论会需要集思广益，如果大家都不说话，或者只有一两个人发言，形成不了讨论的氛围，会议就无法正常进行，所以，每一个与会者都要踊跃发言。发言时可以发表自己成熟的意见，也可以谈谈不成熟的想法；可以赞同或否定别人的看法，也可以就赞同或否定的观点提供论据。由于每个人的经历、阅历不同，看问题的角度和价值取向不同，因而对同一个问题的看法不一致也是很正常的。

三是文明得体，求同存异。讨论是人们围绕某个话题各自发表意见，是一种平等的交流。讨论的意义在于大家相互交流意见，不同的观点在充分"碰撞"后，能够深化认识，最后求同存异,达成共识。因此,参与讨论的人员应彼此尊重,发言时语气要平和,用语要得体,语言要文明。别人发言时要认真倾听,不要乱插话或打断别人的话,这既是为了弄懂别人的话中之意,也是对别人的尊重。讨论过程中,不能唯我独尊,对反对的意见不屑一顾或恼羞成怒,也不能以高高在上的腔调,盛气凌人地说话,甚至不给别人说话的机会。

2. 座谈

不拘形式的讨论,就是座谈。座谈往往是以座谈会的形式展开的。

(1)座谈会的流程。首先,主持人说明会议的主题和座谈的目的,对于大家的光临和发言表示衷心的欢迎,要求大家各抒己见。通常还要安排一个记录员记录大家的发言。然后,进入会议的主体,与会者发言。如果参加座谈的人员发言踊跃,主持人只需要"穿针引线",适当调控即可;如果出现冷场,主持人要适当地启发引导,也可点名或暗示一些人发言,以形成良好的座谈气氛。之后,主持人总结发言。如果有领导参加,可先询问领导是否需要发言。最后,由主持人宣布结束,并对与会者表示感谢。

(2)座谈的基本要求。与讨论时的发言一样,座谈时的发言也没有固定的格式,但它毕竟不是一般意义上的"聊",无论是说话的内容,还是说话的形式,我们都要把握好分寸。

第一,明确话题范围。座谈会往往是在一定的背景下召开的,这个背景可以是某一个节日,如"纪念'三八'妇女节座谈会";可以是某一个重大的活动,如"校庆30周年座谈会";也可以是为纪念某一个人,如"纪念鲁迅先生100周年诞辰座谈会"等。与会者发言的内容,一定要与中心话题相关,否则,就无法达到座谈会的目的。

第二,有感而发,适可而止。座谈会上的发言随意性很强,大家可以不分年龄大小,不论职位高低,积极发言。发言的内容通常是有感而发,不必太讲究格式、规范,但这并不意味着可以无所顾忌、信口开河。参加座谈会的人员一般都是各有关方面的代表,有的与会者的身份可能较为特殊,其发言可能较有分量,较受重视。遇到这种情况,一般与会者的发言就要适可而止,要注意长幼尊卑、文明礼貌,注意说话的分寸,控制发言的时间。

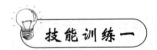 **技能训练一**

家长会上的交流训练

训练目标

掌握家长会上的讲话技巧和策略,使家长了解班级及学校工作内容、思路、理念,促进家校沟通更加融洽。

训练要领

1. 开场白的谈话要大方客气、彬彬有礼。
2. 首先应投其所好,谈谈孩子在校情况,以便家长对孩子做一个立体的了解。
3. 明确家长会主要议题。
4. 与家长要有互动交流。

课堂训练

学期初,根据本学期学校工作要求及本班发展计划,召开一次家长会,你在会上向家长做学期初班级工作计划汇报。

根据以上具体情境,设计家长会讲话并模拟练习。

训练评价

1. 遣词造句是否注意到口语化,让人一听就明白;语气语调是否张弛有度,具有吸引力;发言时是否轻松幽默。

2. 能否换位思考,站在家长的立场上说话。

3. 在家长会上与家长通报班级或学生情况时,是否做到了多说优点和进步的表现。

拓展练习

新学期,你接手了一个新班级,你需要开一个家长会来讲讲你的教育想法,你会如何开场和宣讲你的教育想法?

【练习示例】 各位家长:

大家好! 首先,请允许我代表班级所有老师向各位家长的到来表示热烈的欢迎和衷心的感谢。感谢你们对班级工作的支持和对孩子的关心爱护。孩子一晃已经四年级了,我也是刚刚接手,与各位和孩子们都还在磨合期,但我们有着共同的目的——孩子们学得好,生活得阳光,健康! 所以,今天我们才有这样的机会坐在一起,共同地讨论和交流一些关于我们孩子的学习和生活的话题!

一个好的习惯可以让孩子终生受用,我便有这样一个体会:一个好习惯一旦养成,长大后便会一直坚持下去,相信各位都很赞同我的这个想法吧! 那么,作关父母要帮助孩子养成哪些习惯呢? 我们接下来好好聊聊⋯⋯

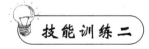

不同场合的发言

训练目标

在不同场合清楚流畅地表达自己的意图,掌握一些发言技巧,具备一定的修养风度。

训练要领

1. 明确发言表达的中心。

2. 说理有理有据。

3. 要选择"合适的表达方式"。

课堂训练

假设自己遇到下列某一场合,面对大家做一次即兴发言。

1. 在教研组里,参加教学经验的座谈会。

2. 在年级组里,参加年级"六一"儿童节策划的讨论会。

3. 和同事聊天,有人对你说,评定一个老师教得好不好,就是看学生的考试成绩怎么样。

【训练评价】

1. 发言前,是否准备充分(心理上、发言大纲等)。

2. 发言是否明确中心。

3. 是否用商讨式谈话。

【拓展练习】

师生讨论"你认为在现代社会中什么能力最重要",你作为老师该怎么发言?

【练习示例】 同学A:我认为交际能力最重要。

同学B:我觉得适应能力最重要。

同学C:我看还是应对困难的能力最重要。

同学D:同学们,现实点吧,生存能力永远最重要。

同学E:应该是沟通能力最重要吧!

老师:沟通能力和交际能力有相似之处。

同学F:我认为口语表达能力最重要。

老师:为什么?

同学F:他们所说的那些能力的确很重要,但请想一想,不管是直接的还是间接的,它们哪一项离得了口语表达能力?

同学G:照你这么说,那不成了耍嘴皮子最重要了?

老师:我提醒同学们,口语表达能力和耍嘴皮子功夫不是一个概念。

同学F:就是嘛! 耍嘴皮子是忽悠人的,口语表达能力是一种正儿八经的能力。一个口语表达能力差的人,能善于交际吗? 能与人沟通吗? 他又如何去适应社会呢?

同学C:我仍然认为应对困难的能力最重要,如果一个人应对困难的能力非常强,那就没什么可怕的了。

同学B:老师,您的观点呢?

老师:同学们的发言非常好。现代社会什么能力最重要? 我们考虑问题的出发点不同,答案自然就不同。你们说得都有道理,这个问题并没有标准答案。我个人的观点是能不断地调适自己的心理,保持心理健康的能力最重要……

该讨论围绕"现代社会中什么能力最重要"这一主题展开,同学们的思路开阔,发言踊跃。发言者都能独立思考,并勇于表达自己的观点。老师不仅参与其中,而且能及时地对同学们的发言予以点拨和指导,使讨论不断深入。老师最后的发言,既是对同学们发言的总结,也是对所讨论问题答案的一种说明,更是一种引领。整个讨论过程气氛热烈、和谐,师生相互尊重,平等交流。

任务 42　不同方式的沟通

在当今通信科技发达的背景下,作为教师,与他人沟通的方式多种多样,除了面对面交流外,还有电话沟通、QQ群沟通、微信沟通、微博及电子邮箱等沟通平台。不同方式的沟通在教育教学工作中都会运用到。师生之间,多为面对面沟通;家校之间,面对面、电话、网络沟通方式都会运用到。通过与家长充分、多渠道的沟通,教师就能针对学生的特点制订相关的教学计划,让教育起到非常积极的作用。

基本理论

除家长会这种集中方式外,教师与学生家长的接触还有非集中方式,主要是通过短信、电话、微信、QQ等多种方式。不同接触方式有不同的口语交际原则与方法。

一、非集中交流的类型

1. 沟通型

家长是教师教育学生的有力同盟,通过个别沟通,教师与家长相互沟通孩子的成长信息,有效形成学生发展的合力。双方沟通范围非常广泛,家长关心的是孩子在校表现怎样,与同学相处如何,在校吃得是否习惯,是否适应学习环境,学习习惯如何,等等。教师则需要了解学生家庭及学生在家表现的一些情况:学生近期变得沉默寡言,家里发生变故了吗? 在家能及时完成作业吗? 参与一些家务劳动吗? 卫生习惯如何? 有什么业余爱好? 家长对教育孩子有什么困惑? 等等。家长与教师之间一旦出现信息沟通不畅,就可能出现误会,影响学生成长。

2. 教育型

当学生在校犯了错误,或是言行举止不符合学校要求时,家长需要配合教师共同教育孩子;当家长的某些不良性格与不当行为、某些做法与言辞,影响学生学习与成长时,教师有必要与家长及时交流,沟通教育方法。

3. 告知型

针对个别学生,教师与家长通过个别交流及时告知对方相关信息,如请假申请、告知足球比赛通知、制订个性学习计划等。

【示例】　张明是校足球队主力,经常代表区域或学校到校外参加足球比赛,有时比赛要持续一两个月,为此,经常需要向班主任请假。教师和家长双方都感到比较麻烦。于是张明母亲就根据比赛时间,制定了一份时间明细表通过电子邮件发给班主任,这样班主任很方便地了解到张明的比赛时间,张明也不用每次都向班主任请假了。

二、非集中交流的技巧

1. 电子邮件

电子信箱几乎是各大网站都提供的一项免费服务，家长可以申请并拥有自己的专用电子邮箱，并能够在智能手机上使用电子邮箱的各项功能，及时、快捷地收发邮件。教师，尤其是班主任首先要收集并建立家长电子邮箱目录，在自己的专用邮箱中建立家长电子邮箱通讯录，并备注"学生名＋家长名"，以便选择发送邮件。教师可以利用电子邮箱的储存、转发、群发功能，以超大邮件、附件等方式，向家长传送内容较多或容量较大的文件、信函、视频、图片资料等，家长可以利用回复功能及时回复信件或向教师发送信件。电子邮件适用于时效较长、容量较大的需要教师与家长之间进行联系的事项。比如学生建档信息采集、学生家庭状况调查等内容都可以通过电子邮件的方式来完成。

2. 班级 QQ 群

班级 QQ 群是以 QQ 群功能建立起来的班级家长交流通信平台。班级 QQ 群的建立是由班主任申请专用 QQ，并用专用 QQ 申请建立 QQ 群，昵称统一命名为"学校＋班级"，每学年更改"班级"。然后，将所有能够运用 QQ 的家长（没有 QQ 号的自己申请或由班主任帮助申请）加为"好友"并备注"学生名＋家长名"，再将每一位家长拉入班级 QQ 群，设置限制其他人加入。

班主任利用 QQ 群的文件发布、及时交流视频等功能，实现与家长的及时沟通，文件与表格的随时传送与接收。还可以进行学校或学生现场活动、场景的视频传输，让家长随时了解学校的基本要求和教育动态，掌握学生在校状况，适时配合学校和班主任进行相应的家庭教育，完成学校或班级需要的各类表册的填写、收缴等事项。比如，在 QQ 群文件中上传学校关于禁止学生吸烟、玩手机游戏，以及安全教育、仪容仪表等文件和要求，家长可以根据文件内容对学生进行正确的教育和引导。又如班主任给贫困学生发放助学补贴时，可以利用群视频功能传送现场视频或录制视频上传 QQ 群，让家长及时掌握发放情况，并有效管理学生对补助款的使用。总之，班级 QQ 群主要适用于一些时效性较长、内容较多的家校合作、家班协调方面的内容。

3. 班级微信群

班级微信群是利用微信群功能建立起来的与学生家长能够进行即时告知、即时通信的平台。班级微信群由班主任利用自己的手机微信创建，先建立全班家长的电话通讯录，用微信添加所有家长，并建立家长微信群，限制其他人加入。还可以利用发布班级"公众号"的方式，让所有家长"关注"班级微信"公众号"。

班主任利用微信短信息发布功能，采用文字、图片、短视频方式发布有关学校或班级的活动、通知、信息、公示等内容，即时与家长们取得联系，特别是对于一些时效性比较强的事项，及时告知避免延误。比如发布学校临时的放假通知，班级的一些收费信息，家长参加学校、班级活动的通知，班级管理事项的公示等。另外，班主任还可以针对班级、社会上出现的一些与学生相关的事件、现象发布注意事项，或者发布"主题讨论"，家长通过微信群进行讨论，增强参与教育的意识和能力。

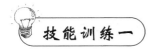

教师与家长电话沟通训练

训练目标

掌握教师与家长电话交流的技巧,解决一些学校单方面难以解决的问题,形成教育合力。

训练要领

1. 热爱学生,奠定谈话基础。
2. 尊重家长,缩短心理距离。
3. 善于沟通,架起心灵桥梁。
4. 情理结合,避免双方分歧。

课堂训练

选定几个具体的沟通内容,两人一组,一人扮演家长,一人扮演老师,分组轮流做模拟谈话训练。然后学生互相评议,教师做综合评议。

例如:孩子上课老讲话;孩子最近学习退步了;孩子作业完成质量打折扣;孩子打架了。

训练评价

1. 称呼是否得当。对一个人称呼什么,怎样称呼,看似平常,却蕴含对他人的尊重,也折射出称呼者本人的修养。

2. 态度是否诚恳。一个人的说话态度如何,反映出说话者本身素质的高低和对他人尊重与否,对听话人的心理也会造成积极或消极的影响,从而产生不同的效果。

3. 有否因人而异。家长作为谈话对象,并不是被动的。在特定的言语环境中对同一道理,有的需要激发引导,有的只接受事实分析;解决同一问题,有的更想听鼓励、赞扬或激励的话语。不同的家长有各自的喜好。

拓展练习

今天你要给新接手班级里的小明的家长打电话反映孩子情况,你如何跟小明的妈妈进行个别交流的开场白?

【练习示例】 家长:老师,您今天是打电话告状的吗?

老师:不不不,今天我想知道小明在家里的表现,想了解他怎么近期在班上会有这么大进步的。(微笑着)

家长:是吗,那谢谢老师的精心教育,我和小明爸爸都很忙,平时都没时间管他呢!

老师:小明近期表现不错,作业都能按时交了,比开学初要好太多了,我还以为是您管教起了作用呢!原来小明变得自觉了!

家长:是啊,小明原来回来都是能拖就拖,能少写就少写作业,没想到你这么年轻就有这么多办法让他改变,真是不简单啊!

老师:您过奖了,我也没有什么办法,就是平时多关注小明,多问问他有什么学习上的困难,有困难就和他一起解决。

家长:小明能碰上你,我们很放心!

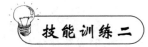 技能训练二

教师与家长 QQ、微信等网络沟通训练

训练目标

掌握教师与家长网络沟通的技巧,创建方便、快捷的联系与沟通渠道,提高家校合作教育的实效性和即时性。

训练要领

1. 共性问题集体解决,个性问题单独解决。
2. 关注细节,把握关键和重点。
3. 坚持以诚相待,讲究语言。

课堂训练

模拟 QQ、微信群交流训练。

1. 发布秋游的注意事项。
2. 发布公开课展示的要求(着装、预习内容等)。

训练评价

1. 是否有统一的教育思想和策略。
2. 措辞是否得当。
3. 是否抓准要害,找到既能取得家长支持与配合,又能符合学生心理特征的教育途径,从而重点突破教育难题。

拓展练习

班级因流感停课,作为班主任,你如何在班级 QQ 群或微信群与家长沟通?

【练习示例】 感谢全体家长的积极配合,今天孩子们很快地全部被接走了,回家休整学习。回家后还是希望孩子在这样的寒冬里能够早睡早起,调养身体,在保证充足的睡眠的情况下,有规律地饮食,不依赖电子产品。

在家休养,有大量集中的时间可以用来学做家务,巧手动起来,还可以阅读,培养阅读兴趣,让孩子们能够享受阅读也是生活中有趣的一部分,同时可以巩固所学生字,增加识字量。

项目十二
教师资格考试面试

教师资格考试面试是教师资格考试的重要环节。面试采用结构化面试、无学生情景模拟等方式进行,考生通过抽题、备课、试讲、答辩等环节,完成面试。

 **思维导图**

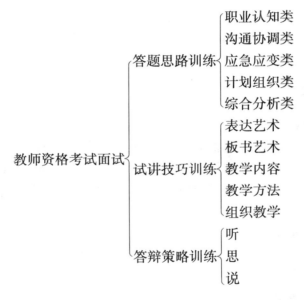

教师资格考试面试
- 答题思路训练
  - 职业认知类
  - 沟通协调类
  - 应急应变类
  - 计划组织类
  - 综合分析类
- 试讲技巧训练
  - 表达艺术
  - 板书艺术
  - 教学内容
  - 教学方法
  - 组织教学
- 答辩策略训练
  - 听
  - 思
  - 说

任务 43 答题思路训练

要想取得教师资格,面试环节是必不可少的。有不少同学虽然知道面试内容,也给自己制订了训练计划,复习资料也看了不少,可还是一考就糊,找不到答题的方法和思路。归根结底,还是对考题了解得不深入,自己准备得不充分。俗话说,不打无准备之仗,现在就来进行教师资格考试面试环节中的答题思路训练。

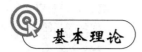 **基本理论**

一、答题思路

教师资格考试面试中，答题思路尤为重要。清理答题思路，必须明确该题属于什么类型，针对不同类型题目进行回答。常见的答题结构由三部分组成：

第一，提出明确的观点。支持还是反对，这件事情是对是错，这句话说得有道理还是没有道理，需要进行一个判断。

第二，阐述论证观点。即简单阐述支持或者反对的观点的原因，以及带来的影响。这一部分是逻辑思维类问题最关键的一部分。首先我们要知道这道题当中出现了哪些主体，主体与主体之间有哪些矛盾和联系，针对这些矛盾和联系分析，会有怎样的影响。这样就能确保我们在分析问题的过程中不丢环节、不丢点。

第三，针对分析的各种原因和影响，提出整改意见。积极的观点与做法如何推行，错误的观点与做法如何纠正。

二、答题原则

1. 坚持立场原则

坚持立场是从事教师职业的根本要求。党的十八大报告指出，要"坚持教育为社会主义现代化建设服务、为人民服务，把立德树人作为教育的根本任务，培养德智体美全面发展的社会主义建设者和接班人"。在面试答题中，有题目的考察点就是教师能不能坚持正确的立场。

2. 坚持实事求是原则

答题时一定要实事求是。不说谎言或夸大其词，这既是答题的原则，也是未来从教的原则。

3. 坚持全面的原则

看待问题和处理问题的全面性是教师的基本要求。既有教育教学工作，又有学生管理的工作，还需要及时应对各种可能情况和各种会议组织等其他工作。所以，教师需要的能力是多方面的，其思维的全面性是非常重要的品质。

4. 坚持职业角度答题的原则

教师资格考试面试使用的是结构化面试，目的是考察考生是否具有教师的相关能力。所以，考生答好每个试题的最好方法是设身处地地站在教师职业角度作答。

三、面试答题类型及方法

从近几年的教考真题来看，答题题目涉及范围广，考核知识点多。我们可以将面试考题归纳为"职业认知""沟通协调""应急应变""计划组织""综合分析"五类，再将每一类考题分成不同题型，梳理出针对不同类别和题型考题的答题思路。答题能直接考察出考生的基本理论知识,以及看待问题是否具有敏锐的思考力、洞察力。

1. "职业认知"类题目

这类题目有两大题型:第一类考察报考动机;第二类考察个性匹配。

针对"职业认知"类题目,可以从下面三个方面来梳理自己的答题思路。首先,要对自己的学习经历、实践或工作经历进行梳理,总结自身的性格特征、特长、爱好等。其次,要了解教师职业特征。例如教师要具有高尚的道德情操、专业的学科知识和教育理论知识,要掌握各种教学技能,要具有奉献精神,有爱心、热心、耐心。最后,在自己和职业之间寻找匹配性。需要注意的是,考生在回答这类题目时,不要夸夸其谈,尤其要避免说出自己的姓名,否则有作弊嫌疑,导致不必要的扣分。

【示例】　你为什么选择教师这个职业?

解析:此类问题可以从以下几个方面作答:(1) 做一名人民教师一直是我的梦想,同时也非常热爱这个奉献、充满挑战的职业;(2) 这里有可爱的孩子和令人敬佩的同行;(3) 教师职业虽然清贫,但精神上是富裕的,是其他职业所不能比拟的,是令人尊敬的职业。

2. "沟通协调"类题目

这类题目中,常见的沟通协调的对象有学生、家长、同事、领导。不论是哪类对象,都要遵循尊重、平等、理解的原则,同时也要根据对象的不同注意选择不同的沟通方式。"沟通协调"类题目中,往往会设置沟通双方矛盾冲突场景,让考生作答。

针对这类题目,回答时要运用教育学、心理学原理及沟通的基本原则,按以下四点作答:首先,对待教育教学中的矛盾冲突保持头脑冷静,避免使矛盾激化。其次,及时进行反思,分析事情发生的原因,可能是自身存在的问题,也可能是由于沟通不到位,导致存在一些误会。再次,针对原因,及时沟通,沟通过程中要注意倾听对方的心声,沟通完毕后要及时解决问题。最后,自我反省,在今后的工作当中如何避免犯类似的错误,出现类似的问题。

【示例】　如何与家长沟通?

解析:此类问题可以从以下几个方面作答:(1) 尊重家长是沟通的第一原则,也是教师基本素质的表现;(2) 教师要有较强的服务家长的意识;(3) 教师与家长联系沟通时要有理性的意识;(4) 因重视沟通方式,通常情况下对学生的评价要先扬后抑,让家长在心理上有一个适应的过程。

3. "应急应变"类题目

这类题目常常是针对课堂的突发情况进行处理。

我们可以按照下面四个步骤整理答题思路。首先,控制状况,避免情况继续恶化。其次,分清轻重缓急。再次,采取相应措施。针对事情的优先排序,分别采取相应的措施。最后,事后反省。在事情处理完之后,要分析原因,避免该种情况再次发生。

【示例】　假如你正在黑板板书,突然小明同学与同桌在课堂上打起来,作为教师的你会怎么办?

解析:此类问题可以从以下几个方面作答:首先,遇到这样的突发事件,我会停止讲课,严肃地要求他们停止动作;其次,调换两人座位,给他们时间冷静冷静,然后继续讲课;

然后,课下及时跟进,了解事情的原委,除了找两个同学单独了解,还有必要找知情人进行询问,为下一步处理做好准备;最后,在了解整个事情经过后,分别针对双方所犯的错误及认错态度,摆事实,讲道理,提高学生认识,力求学生真正意识到自己打架的不良后果,如果性质比较恶劣,会要求其做书面检查。

4. "计划组织"类题目

这类题目通常有两大题型:第一类是班级组织类,一般是特定题型,常见的提问类型是班集体组织和班级文化建设。第二类是教学活动组织及课外活动组织类。

针对这类题型,回答的思路可以概括为事前、事中、事后三个步骤:事前,要做的是与领导沟通确定活动的主题,撰写活动策划并报批。事中,要做的是将计划落实到位,要做好明确分工,将责权落实到人,保证整个活动能够有序、有效地开展。事后,要做的是将活动的效果进行宣传,扩大其积极影响。此外,自己也要对整个活动做总结。

【示例】 如何组织班级主题班会或文体活动?

解析: 此类问题可以从以下几个方面作答:(1)活动前组织撰写主题班会或文体活动的策划方案,并报班主任批准;(2)活动时明确分工,落实到位,保证活动正常有序开展;(3)活动结束后,总结,写宣传报道,扩大积极影响。

5. "综合分析"类题目

这类题目主要考察考生是否具备正确的教育观念与基本的教育理论知识。题型可以分为社会现象类和名言警句类。

针对这类题目,我们可以从以下三点去整理答题思路:首先,表明态度。需要注意的是,观点不能过于偏颇和激烈,对待事物的态度要辩证。其次,阐明观点。既可以采用辩证的方式,说明好处和弊端、合理的和不合理的,也可以采用"现象—原因—对策"这一思路来答题;在分析原因的时候既可以按照不同角度来谈,如从各个主体包括家长、学生和学校不同的角度来说,也可以按照宏观、微观不同层次来谈。最后,做总结。总结既可以照应开头,也可以联系自身,谈谈自己将如何来鞭策自己、鼓励自己、约束自己。

【示例】 著名教育家叶圣陶说过"教材无非是个例子",你如何理解这句话?

解析: 此类问题可以从以下几个方面作答:很赞成这句话,这是教师如何理解"教教材"与"用教材教"的问题。(1)教材,就是教师组织教学的材料、师生教学活动的凭借;(2)教材是活的,它需要激活,它需要开发,新课程强调教师的能动作用,要根据教学需要对教材进行合理的开发利用;(3)"无非是个例子"要求教师积极审视教材,用好这个例子,敢于加工教材,超越这个例子以及自选教材。

 技能训练

答题训练

训练目标

通过教育观点和专业理论知识的学习,能够清晰、有条理地陈述问题,有较强的逻辑

分析能力和良好的职业道德、心理素质。

训练要领

1. 根据教育学原理提出观点。

2. 将观点所包含的教育观、教师观、学生观及教育方法、途径、技术等分点表达。

3. 在表达观点时，注意观点清晰、有序，可用上序数词或关联词，如"第一、第二、第三""首先、其次、再次、最后""一方面、另一方面"等。

课堂训练

1. 人们常提的"以学生为本"或"以学生为主体"，你怎样理解？

2. 上课铃响后，李老师在推门进教室的时候，看到有学生在打闹，教室里很混乱，面对这种情景，李老师板着个脸开始训斥学生。你怎么看李老师这一行为？如果你是老师，你该怎么办？

训练评价

1. 你（或他）是否有正确、鲜明的观点。

2. 陈述观点时，是否能完整表述，有头有尾。

3. 答题时间长度恰当，每个问题约2~3分钟。

➤ 可扫描本项目二维码进行拓展练习。

常见的面试题目如下：

（1）"知之者不如好之者，好之者不如乐之者。"请谈谈你对这句话的理解。

（2）请你解释一下"师傅领进门，修行在个人"这句话。

（3）请你谈谈你对自己职业的认知与看法。

（4）关于教师的收入，你有什么样的看法？

（5）你心中理想的师生关系是什么？

（6）你认为一节好课的标准是什么？

（7）你认为当好一名班主任需要具备哪些素质？

（8）有的老师不爱写教案，直接从网上借鉴，对此你怎么看？

（9）朱熹在《观书有感》中说道"问渠那得清如许，为有源头活水来。"谈谈你的想法。

（10）有人说"老师等同于父母"，请问你是怎么理解的？

（11）当你一时解答不出来学生的问题时，你该怎么办？

（12）在春游（秋游）活动中，有同学不小心摔倒了，你该怎么办？

（13）小明同学早晨经常迟到，你该如何处理？

（14）有学生上课不注意听讲，你应该怎么办？

（15）在课堂上，有同学当面指出了你在板书中的错误，你该怎么办？

（16）当你上课走进教室时，发现黑板上有一幅"恶搞"你的漫画，对此，你该怎么办？

（17）上课过程中，多媒体突然坏了，作为教师的你，该怎么办？

（18）你教的学生很任性、不爱学习,该怎么办?

（19）你是一位新班主任,开班会时借鉴了其他有经验的班主任的组织方式,但是发现没有达到预期效果。出现这种情况,你该怎么办?

（20）作为班主任,你如何选择班干部?

任务 44　　试讲技巧训练

同学们或许有过说课的经历,抑或在实习中有上课的经验,但教师资格考试面试中的试讲与说课、真实课堂的上课还是有区别的。了解规则,把握技巧,就能在试讲中顺利通关。本次任务将进行教师资格考试面试试讲技巧训练。

基本理论

试讲,也叫模拟上课,指考生在有限的时间内,在没有学生的情况下,通过自己的口头语表述、肢体语言、各种教学技能与组织形式呈现课堂教学的过程。这项测试主要是考查考生是否具备教师职业所需要的基本素质和基本技能。它与说课、真实的上课在目的、对象、内容安排、组织方式等方面都有不同之处。

一、试讲环节

首先,进入考场,要向考官问好,然后直接进入主题,报出自己试讲的课题,礼貌得体、不啰唆。例如:尊敬的考官老师们,上午好!我是 1 号考生,我试讲的内容是小学语文第七册第 3 课《鸟的天堂》。下面开始上课。

其次,进入教学情境,模拟上课。要迅速转换角色,把自己当成教师,想象下面坐的是学生,开始进入上课环节中的导入部分。这一教学环节很重要,是考生迅速转换角色的起点,为后续的教学活动做好铺垫,但用时不宜太长。例如:"鸟的天堂里没有鸟。"真的是这样吗?同学们,第二天,作者又看到了怎样的景象呢?默读 10～14 段,找出作者看到的景象的语句。

在正式的教学活动中,考生要按照考题要求,将已准备好的备课内容有步骤、有层次地进行呈现。

最后,教学接近尾声时,需要做总结提升,呈现出试讲环节是一个完整的过程。总结提升后,考生需要提醒考官,试讲环节结束,请考官点评,或进入下面的答辩阶段。

二、试讲考察内容

试讲考查的重点都是教学基本功,一般包括表达艺术、板书艺术、教学内容、教学方法及组织教学等几个方面。

1. 表达艺术

表达艺术主要是指口语的表达艺术和形体语言的表达艺术。口语表达能力的基本要求是口齿清楚、语言流畅、音量适中、教学用语规范,有一定的启发性和生动性。形体语言的基本要求是自然大方,目光亲切,表情、手势自然,并表现出激情和热忱。

2. 板书艺术

板书艺术的基本要求有几点:第一,字迹清楚,工整、漂亮,颜色搭配得当,无错别字。第二,不同级别的标题在黑板上应有不同的存留时间和合理的位置安排。第三,标题和内容的位置布局恰当,适时擦掉说明性内容,始终在黑板上表达出清晰的教学脉络。

3. 教学内容

教学内容主要包括内容的选择、内容的组织性和条理性、难点和重点问题的把握与分析、提问技巧的运用等。内容要全面、完整、无疏漏,同时突出重点、难点及关键点;内容的学习安排要由浅入深、由表及里,符合学生的认知规律;教学手段上要多样化,恰当使用类比及图解、举例、提问等方法。

4. 教学方法

教学方法的基本要求是灵活多变、全方位地展示。比如学习生字,要音、形、义相结合,通过列举对比、造句运用等手段强化这个字的形旁与义旁。倘若利用多媒体,则要对课件精益求精,充分考虑到试讲的特点,不能喧宾夺主、过多占用教学时间,时间安排上要适度。

5. 组织教学

组织教学是教师主导作用下的学生个体的认识过程、发展过程。在这个过程中,学生主动地探索、获得知识,形成能力,形成良好的思维品质、心理品质和行为习惯等,这一切都依赖于教师的组织教学。具体的内容表现在确定教学目标、选择教学方式、实施教学设计等,另外,还包括察觉学生的学习态度、培养学生的学习兴趣、开展与学生的多维度交流。在进行考核时,一些学校制作了专门的考核表,对不同考查项目进行了量化。

三、试讲技巧

1. 要严格把握试讲时间

一般要求在十分钟内完成试讲,尽量在8～9分钟内完成。超时会犯规,导致扣分;时间太短,说明教学设计单薄,也不能很好地完成教学目标。

2. 要保证整个讲课流程流畅

试讲过程中应该保持平稳的心态,按照自己的备课有条不紊地展开教学,向考官呈现自信,证明自己对教学内容是熟悉的,基本功是扎实的,是能驾驭整个课堂的。假如遇到遗忘或一时想不起的内容,要学会随机应变,更换为其他内容,以确保整体的流畅性。试讲过程中可能出现各种意外情况,考生不可死板地固守教案中的内容,而应以教案为纲,在教案的框架内随机应变,根据试讲过程的需要进行适当的调整。

3. 要充分展示教师基本功

试讲是展示教师基本功的重要方式。首先,考生应该仪态端庄,着装得体,面带微笑,大方自信,给考官一个良好的第一印象。其次,授课过程中要吐字清晰,音量适中,语调富有变化,停顿有序;师生互动,自然灵活;板书字迹工整,排版美观。最后,考生要学会扬长避短,充分发挥自己的优势。

4. 要巧妙安排师生互动

模拟上课与真实上课的最大区别是没有学生参与,这一特殊性也增加了考试的难度,加大了考生的心理负担,考生应该如何提出问题并解决问题,向后面的环节顺利过渡呢?一般处理方法是用一个简短停顿表现学生的活动,然后用自己的话来反映学生回答的内容,如"同学你说""同学们都说得慷慨激昂,我们知道了……"这样就可以从学生的回答,进入总结归纳的阶段,为自己的精彩提炼做好铺垫。

5. 要与现场考官适当互动

适当的互动,包括入场时礼貌问候,"各位评委老师好";模拟上课过程中眼神交流,就像真实课堂上对学生的关注一样;退场时礼貌告别"感谢各位考官指导"。这种礼貌的举动,也是一个人涵养的体现,是教师所需要的一种素质。

四、试讲注意的问题

1. 要求试讲导入精而准

导入是一堂课的开始,导入的作用主要在于激发学生的学习兴趣,引出本课要学习的内容,它不是主题,但却是切入主题的开始,所以,导入部分忌长篇大论,要求精练准确,新颖固然好但不要为了求新颖而与主题脱轨。

在试讲中我们常用的导入方法有三种类型,分别是温故知新法、设置情境法和实验法。① 温故知新法是大家比较爱用的导入方法,而且各个学科学段均可使用。尤其对于数学来说,使用起来效果会更好。例如:同学们,上节课我们学习了……② 设置情境法,即创设一个情境,在这个情境中进行教学。新课改以后,要求情境导入的使用要切合新课改的理念。在教学过程中,我们也提倡情境导入法,在创设情境时,老师需要根据课堂内容创设一个情境,可以使用多媒体播放视频,可以讲故事,也可以利用时事新闻等多种方式,但是内容一定要和本堂课相联系。学生思维比较活跃,注意力还不太集中,需要通过设置情境的方法来引起他们学习的兴趣。③ 在使用实验导入法时,一定要注意在面试场合是没有任何实验器具的,这时候就需要我们用自己的语言将这些实验器具以及实验步骤描述出来,并且还要用双手比画实验操作过程,同时在这个过程中,我们不能忽略学生,需要跟学生进行眼神和语言的交流。

2. 要求重点突出、内容务实

试讲内容要有重点,这是基本要求。切不可在试讲的时候出现面面俱到的问题,不舍得一些不能突出试讲者能力的内容只会影响面试成绩。应在短时间里发挥出最佳水平,突出自己的能力,在众多应聘者中脱颖而出,从而取得面试成功。

3. 要求试讲中以学生为主体

我国大力提倡素质教育,要以学生为主体,这更应该在试讲中有所体现。课堂不是教师的一言堂,要让学生参与进来,引导学生完成课程相应任务,让学生们推动课程的发展。

所以在试讲的每一个细节中都要注意教师的引导角色。常常有些老师在试讲中会出现这样一句话"那有谁来告诉老师……""那有谁来给老师回答一下……"这些字眼的细节无疑暴露了学生是为老师学的。所以试讲一定要以学生为主体。

4. 要求试讲中教师语言流畅,通俗易懂

教师是传道授业解惑之人,身正为范,所以教师的语言是否通畅,普通话是否标准,是否通俗易懂都是教师必须对自己进行严格要求的方面。语言是沟通的桥梁,它是传递知识的媒介,它会直接影响着我们的授课质量。尤其是中小学的教师,更要把难懂的东西清楚说,复杂的东西简单说,用适应当下儿童年龄特点及其认知水平的语言来与学生沟通讲解,切忌从专业的角度、用专业的语言来衡量孩子的认知水平。

限时备课训练

训练目标

通过备课训练,能够培养学生的教师基本素养和基本功。

训练要领

1. 通读全文,看清题目要求。
2. 根据题意,在 15 分钟以内完成一个片段教学的教学设计。
3. 备课时注意写出教学目标、教学重难点、教学方法、过程、板书设计、作业等要素。

课堂训练

根据小学语文(数学)内容,设计一个 10 分钟左右的片段教学,写出教学设计提纲。

训练评价

1. 你(或他)是否看清题目基本要求。
2. 你(或他)能否正确地把握教学重难点。
3. 你(或他)能否通过题干落实基本要求。

拓展练习

根据要求,设计部编版教材五年级(上册)第二课《落花生》教学方案。

基本要求:

1. 试讲十分钟。
2. 引导学生了解花生的可贵之处,理解父亲赞美花生的话的深刻含义。
3. 学习作者由落花生领悟到做人的道理的写法,初步了解借物喻人的写作手法。
4. 配合教学内容适当板书。

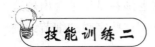

试讲训练

训练目标

通过试讲训练,提高学生的教学技能与应试能力。

训练要领

1. 能控制好教学节奏,条理清楚,讲授准确,有效地完成教学任务。

2. 能考虑运用现代信息技术辅助教学。

3. 问题的设计与实施能调动学生积极思考。

课堂训练

根据小学语文(数学)内容,设计一个片段教学,试讲时间为 10 分钟。

训练评价

1. 你(或他)能否根据课程标准处理教学目标,突出重难点。

2. 你(或他)能否使用规范的教学语言,表达准确、简明,具有感染力。

3. 你(或他)在授课过程中能否通过一定的提问和教学手段调动学生学习的积极性,发挥学生主体作用。

➤ 可扫描本项目二维码进行拓展练习。

任务 45 答辩策略训练

试讲后的答辩既能检测考生的教学能力和教师素养,更能考验考生随机应变的能力。同学们最担心的是万一考官的提问,因一时紧张不会回答,怎么办?既然答辩环节让同学们如此重视和紧张,那么下面将进行教师资格考试面试答辩策略训练。

答辩是考官在试讲结束后,针对考生试讲的内容、教学设计、教师职业理念等提出不同的问题,从而对考生的职业素养、语言表达能力、逻辑思维能力、心理素质、人际交往能力、对教案设计的解读能力等进行观察与评价。教师资格考试面试中的答辩时间大约是5 分钟。答辩的问题一般为 1～3 道题。

一、答辩的原则

1. 沉着冷静、随机应变的原则

面试考官比较看重考生随着情况的变化而灵活应对的应变能力，对此考生要有充分的准备。一般来说，在面试过程中当考官提出问题以后，考生应稍做思考，不必急于回答。即便是所提问题与你事前准备的题目相似，也不要立即答题，因为那样给考官的感觉可能是你在背事先准备好的答案。如果是以前完全没有接触过的题目，则更要冷静思考。磨刀不误砍柴工，匆忙答题可能导致文不对路、东拉西扯或是没有条理、眉毛胡子一把抓。经过思考，理清思路后抓住要点、层次分明地答题，会给考官留下较好的印象。

2. 实事求是的原则

实事求是指在回答考官提问时，要从本人的实际情况出发，不夸大，不缩小，正确应对考官的发问。比如，当考官问及你的优点与缺点时，要简明扼要地叙述，切不可谈得过多、过高。在面试中涉及专业知识时，更要实事求是地回答。如果你回答不出来考官所提的问题，就坦率地承认"不知道"并表示歉意，因为一个人的知识面总是有限的。当问到你熟悉的问题时，你应尽量发挥得充分些。

3. 条理清晰、层次分明的原则

逻辑思维能力是面试测试中不可或缺的内容，而这种能力的高低能通过考生的答辩显示出来，条理清晰、前后一致是这种能力的具体表现。要注意考官不是看你答什么而是看你怎么答，这就要求应试者在听到面试题后，首先要做到思维有逻辑性，然后便是陈述要有逻辑性，这种逻辑性要求应试者的回答层次清晰，条理分明，前后衔接紧密，表述前后呼应。依此作答才能征服考官。

4. 紧扣题目的原则

答辩必须根据试题的要求答辩，需要怎么回答，就怎么回答，不能答非所问，也不能随意扩大或缩小试题和问题的内容或范围。例如：作为班主任，你如何开展组织文体活动？我们可以分为三点回答：活动前撰写活动策划书；活动时责任到人，各司其职；活动后做好总结并发宣传报道，扩大活动影响效果。

5. 有理有据、言近旨远的原则

面试答辩本身就有理论测试的特性，因此，考生回答问题时要有一定的理论高度。比方说，回答问题要有理有据，引经据典，言近旨远，或是党的教育方针政策，或是国家教育法律法规，或是新课程理念，或是教育名人名言等，考生平时应注重这方面的积累。

二、答辩的特点

在教师资格考试面试中，答辩作为一种有效的测评方式，具有其自身的特点。

1. 多样性

答辩试题内容是考官依据每位考生上课的内容与教学技巧等方面进行提问。由于每位考生所抽取的考题不同，上课的形式也因人而异，另外试题又带有考官自身的兴趣风格等个性化特征，因此答辩试题具有多样性的特点。每位考生针对各种形式的考题，凭借自己对问题的理解与知识储备进行巧妙的回答,从而生成形式、内容多样化的答案。

2. 单向性

答辩不是考生与考官之间双向讨论交流的过程,而是考生根据考官设置的试题或提出的问题做出单方面的回答,一般不能提出疑问,更不能进行直接反驳,因而具有单向性的特点。

3. 简明性

答辩时间大约5分钟,考官一般依据考生模拟上课中各方面的表现及内容知识提出简短、精练的问题。由于答辩在内容和时间上有严格限制,考生要围绕问题中心进行简明的回答。拖沓冗长的回答只会使考官产生厌烦的情绪,从而影响答辩的效果。

4. 真实性

答辩时,考生必须根据问题要求,并结合本人的实际情况进行答辩,不能缩小,不能夸大,更不能说假话,要正确应对考官的发问。当答辩中涉及专业知识时,更要实事求是地回答。

三、答辩的要求

教师面试环节中答辩的要求如下:

1. 要真诚坦率

在教师资格考试面试中,常常有一道或几道测试应试者性格和为人处世原则的题目。有的面试者为了在评委心中留下好印象,对自己的缺点故意隐瞒甚至加以粉饰,结果欲盖弥彰,反倒给人以虚伪的感觉;有的"鹦鹉前头不敢言",自己内心有看法也不敢大胆表达,给评委一种思想苍白的感觉。做到真诚坦率地答辩,一是要将自己的个性特点,特别是缺点和不足坦诚相告,不加掩饰。二是对别人的优点要发自内心地称赞,不要为了表现自己或突出自己而肆意诋毁他人。三是敢于大胆地表达自己的见解和主张,不畏声畏色,不吞吞吐吐。四是敢于对社会上的一些不良风气提出批评,不粉饰太平,不有意回避。

2. 要声情并茂

在考场上有的应试者可能由于紧张或者自信心不足,在回答主考官的提问时,不但神色紧张,而且语言呆板,言之无味。评委在面试工作中一坐就是一整天,所听到的内容又大体相似,很容易产生厌倦的情绪。如果应试者在答题时表情呆板、语言乏味,一定不会给考官留下好的印象。综观那些在面试中脱颖而出的应试者,无一不是在对问题进行短暂的理性思索之后,将个人的情感融入见解之中,声情并茂地将自己的观点表述出来,打动评委的。

在答辩时应试者要做到声情并茂,一是对生活要有激情,有乐观向上的态度。二是要充满自信。一个没有自信的人,站在讲台上,会情绪紧张,思维也随之迟钝,自然无法说出有趣的话来。三是营造情境,以情带声。在答辩时,要善于从生活化的事例或个人的主观感受入手,摆事实,讲道理,努力做到晓之以理、动之以情,使评委产生强烈的共鸣,从而使他们看待你的眼光由审视到欣赏,由评判到认同。

3. 要有条不紊

提纲挈领、条理清楚地回答，说明你的思路清晰，有较强的概括能力和逻辑思维能力，这正是评委打分的原则之一。

要做到答辩时提纲挈领、条理清楚，光靠考场上那一会儿的临场发挥是难以做到的，重要的是要注意平时的训练：一是学会对纷繁复杂的问题进行高度概括，抓住其要旨。二是平时说话时要注意有意识地训练自己语言的条理性。三是学习一些必要的逻辑知识，学会用逻辑的方法来推理演绎问题。

4. 要新颖独到

老生常谈最容易让人生厌，新颖独到的话最容易吸引听众的注意力。但在答辩时要做到新颖独到绝非易事。以下几种方法值得借鉴：一是恰当地引用名人名言、谚语俗话、顺口溜或眼下较为流行的话语来论证或阐述自己的观点。二是可以采用形象化的比喻、拟人或有气势的排比加以表述。三是可以用带有精确数字的事例、不起眼但很有意义的逸闻趣事或经典的历史典故对自己的观点加以补充和升华。要做到这些，首先，要注意平时的积累。只有对一些名言警句或历史典故烂熟于心，在答辩时才能做到信手拈来，运用自如。其次，要活学活用。他山之石，可以攻玉。对他人较为新颖的表达方式，要注意结合自己的兴趣和习惯，灵活地加以借鉴和运用。再者，要想象丰富。运用一些形象性较强的表达手法，如比喻、拟人、排比等，要求应试者联想丰富，能把不同性质、不同类别、不同层次的事物，通过巧妙的提炼和组合，为自己要表达的思想服务。

四、答辩的方法

在答辩过程中，考生要掌握"听、思、说"几方面的技巧。"听"是获取问题信息的主要方式，认真的听是精彩答辩的前提；"思"是解决问题的关键，理性的思考是精彩答辩的核心；"说"是解答题目的呈现方式，流利的表达是答辩的精华。

1. 认真地"听"

面对考官提问时，考生要保持清醒的头脑，集中注意力，认真听，抓住问题的要点，理清问题的脉络。

2. 冷静地"思"

考生听到问题后，应围绕问题的核心展开思考，梳理思维脉络，在头脑中罗列问题的要点，严格遵守逻辑规律。解决问题的第一步是确定问题到底是什么，找出相关信息并忽略无关的细节；第二步可在头脑中将问题划分为多个子问题，再寻找解决每个子问题的手段；第三步就是综合各个结果，以总分的框架结构形式来呈现问题答案。

3. 准确地"说"

回答问题时，用语应简洁明了。尽量用简短、适当的话语表明自己的立场、观点、态度。答辩时间只有 5 分钟左右，所以切不可拖沓冗杂，说一些与问题无关的废话。在语言表达中，不在于辞藻有多么华丽，而在于文通字顺、表情达意，因此语言表达重在规范、准确、连贯、得体。最后，观点鲜明，议论合乎情理，有理有据。有据就是有支撑观点的依据，也就是以充足的理由和根据来阐明自己的观点。

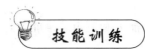 **技能训练**

答辩训练

训练目标

通过答辩,加强考生对教学内容知识点的掌握,提高职业素养。

训练要领

1. 认真聆听主考官提出的问题。
2. 通过分析问题,组织语言,用分点的方式表达出来,体现逻辑思维能力。
3. 在语言表达上注意吐字清晰、用语规范、表达流畅、音量适中。

课堂训练

1. 请你谈谈你设计的教学目标。
2. 你如何理解"没有教不好的学生,只有不会教的老师"这句话?

训练评价

1. 你(或他)能否理解题意,表达中观点鲜明。
2. 你(或他)能否表达完整,有条理性地回答问题。
3. 你(或他)能否在表达时正确使用语音、目光、表情、手势等。

拓展练习

1. 你是如何突出你的教学重点,突破难点的?

【练习示例】 感谢老师提问。为了突出重点,突破难点,我引导学生在阅读中学习,让学生能自己从阅读中体会画面感,激发学生学习兴趣、表达自己见解的欲望;采用引导学生运用多种朗读等方法来读懂课文,在教学中主要通过抓住重点词句帮助学生理解,并适当地结合课文内容设计课件等方法帮助学生从视觉上感知理解,从而受到情感熏陶,获得思想启迪,最终实现突破教学重难点的目的。答题完毕,谢谢。

2. 请你谈谈对新课程所倡导的学生是学习的主体的理解。

【练习示例】 感谢老师提问。《语文课程标准》中指出:语文课程必须根据学生身心发展和语文学习的特点,关注学生的个体差异和不同的学习需求,爱护学生的好奇心、求知欲,充分激发学生的主动意识和进取精神,倡导自主、合作、探究的学习方式。我认为要想使课堂学习效果更好,就需要承认学生是学习的主体。

从教师观念上来说,教师必须尊重学生的人格,平等对待每一位学生。教师要明确学习是为了更好地帮助学生提高自身,学习是学生成长的一部分,学生是学习的承载者。

从教学方式和学习方式上来说,倡导学生是学习的主体地位,就要在教学方式上进行转变,采用能够突出学生特点的、发挥学生个性的一些教学方法。这些教学方法反过来还可以促进学生的进步,激发学生的学习兴趣,促进学生成长,突出了为学生服务的理念,也突出了学生的主体地位。答题完毕,谢谢。

项目十三
求职应聘

求职应聘中,常常会用面试的方式选拔人才。求职面试是面试官通过与应聘者正式的交谈,达到客观了解应聘者的业务知识水平、外貌风度、工作经历、求职动机、表达能力、反应能力、个人修养以及逻辑性思维等综合情况的目的,对录用决策提供依据。俗话说:"良好的开始是成功的一半。"想要打好面试这第一仗,必须具有良好的专业基础和职业道德,再加上临场的个人表现才能顺利通关。

 思维导图

求职应聘
- 自我介绍
  - 自我介绍的内容
  - 自我介绍的时间分配
  - 自我介绍时需要注意的问题
- 应聘面谈
  - 对自我介绍内容的补充提问
  - 对求职目标及应聘单位和职位的提问
  - 对个人未来职业发展规划的提问
  - 对薪酬和待遇方面的提问
  - 常见应聘面谈中问题的回答思路

任务46 自我介绍

你参加过求职应聘,进行过自我介绍吗? 是不是当站在众人面前时,不知道应该怎样介绍自己? 是不是有时感觉大家的自我介绍内容都差不多,不知道怎样让面试官记住自己?

很多同学在谈到自我介绍时,总是不知道应该说些什么,往往都是把简历上的内容再念一遍,或者说一些无关紧要的信息,并没有在面试前认真地了解过对方单位的背景和用人需求,无法把握自我介绍中内容的侧重点,从而让面试中自我介绍环节显得特别无聊,千篇一律的自我介绍也让面试官觉得来求职的人无趣又无味,无法给人留下深刻的印象。本次我们就来说一说如何进行自我介绍。

基本理论

自我介绍是面试实战非常关键的一步,因为众所周知的首因效应的影响,这1~3分钟的自我介绍将在很大程度上决定你在各位考官心中的形象。有经验的面试人员会从中判断求职者的表达能力、学习能力、理解能力、沟通能力和团队合作精神,观察到个人简历等书面材料以外的内容,例如描述与概括能力、自我综合评价以及精神风貌等。所以这份介绍将是你所有工作成绩与为人处事的总结,也是你接下来面试的基调,考官将基于你的材料与介绍进行提问。自我介绍在求职应聘中是很好的表现自己、推荐自己的机会,1~3分钟的自我介绍可以"先声夺人",很快给人留下良好的印象。

一、自我介绍的内容

1. 报出自己的姓名和身份

求职者与面试考官打招呼时可能已经将此告诉了对方,而且考官们完全可以从你的报名表简历等材料中了解这些情况,但仍请你主动提及,这是礼貌的需要,还可以加深考官对你的印象。

2. 简单介绍学历、工作经历等基本个人情况

请提供给考官关于你个人情况的基本的、完整的信息,如学历、工作经历、家庭概况、兴趣爱好、理想与抱负等。这部分的陈述务必简明扼要、抓住要点。例如介绍自己的学历,一般只需谈本专科以上的学历,工作单位如果多,选几个有代表性的或者你认为重要的介绍就可以了,但这些内容一定要和面试及应聘职位有关系。请保证叙述的线索清晰,一个结构混乱、内容过长的自我介绍,会给考官们留下杂乱无章、个性不清晰的印象,并且让考官倦怠,削弱继续进行面试的兴趣和注意力。

求职者还要注意这部分内容应与个人简历、报名材料上的有关内容相一致,不要有出入,在介绍这些内容时,应避免书面语言的严整和拘束,而使用灵活的口头语进行组织。这些个人基本情况的介绍没有对或错的问题,都属于中性问题,但如果因此而大意就不妥了。

3. 介绍自己的经验与能力

这是由个人基本情况自然地过渡到一两个自己圆满完成的事件,以这一两个例子来形象地、明晰地说明自己的经验与能力。例如,在学校担任学生干部时成功组织的活动,或者如何投入社会实践中,利用自己的专长为社会公众服务,或者自己在专业上取得的重要成绩以及出色的学术成就。

4. 着重结合自己的职业理想,说明应聘目前职位的原因

这一点相当重要,你可以谈你对应聘企业或职务的认识了解,说明你选择这个企业或职务的强烈愿望。原先有工作单位的应聘者应解释清楚自己放弃原来的工作而做出新职业选择的原因。你还可以谈如果你被录取,你将怎样尽职尽责地工作,并不断根据需要完善和发展自己。当然,这些都应密切联系你的价值观与职业观。不过如果你将自己描述

为不食人间烟火、不计较个人利益的"圣人",那么考官们对你求职动机的信任就要大打折扣了。

上述是一条比较清晰的线索,便于你组织自我介绍。为了保证结构明确,有条有理,你可以多用短句子以便于口语表述,并且在段与段之间使用过渡句子,口语也要注意思路、叙述语言的流畅,尽量避免颠三倒四,同一句话反复说几遍的失误,同时不要用过于随便的表述。

二、自我介绍的时间分配

一般情况下自我介绍应该是 1～3 分钟较适宜。时间分配上可根据情况灵活地把握。好的时间分配能突出重点,让人印象深刻,而这就取决于你面试准备工作做得好坏了。有些应聘者不了解自我介绍的重要性,只是简短地介绍一下自己的姓名、身份,然后补充一些有关的学历、工作经历等情况,大约半分钟就结束了自我介绍,然后望着考官等待下面的提问。而如果你事先分析了自我介绍的主要内容,并分配了所需时间,抓住这 1～3 分钟,你就能简要、中肯、得体地描绘出你自己。

三、自我介绍时需要注意的问题

1. 应聘者应充分展现个人优势,学会"扬长避短"

除了前面提到的面带微笑、目光交流、坐姿端正等表情、身体语言外,请以沉稳平静的声音、中等的语速、清晰的吐字发音、开朗响亮的声调给考官愉悦的听觉享受。声音小而模糊、吞吞吐吐的人一定是胆怯、紧张、不自信和缺乏活力与感染力的人。

2. 应聘者应控制好现场情绪

情绪,作为个人的重要素养,如果在自我介绍中起伏波动,就会产生负面影响。例如,在介绍自己的基本情况时面无表情、语调生硬;或在谈及自己的优点时眉飞色舞、兴奋不已,而在谈论自己的缺点时又无精打采、萎靡不振,这都是涵养欠缺的表现。

3. 应聘者应避免的失误

有的应聘者谈及自己的兴趣爱好时,说自己喜欢唱歌,便自作主张一展歌喉,在面试考场上为考官们歌唱一曲,直到被考官客气地打断后,才反应过来自己的行为有些出格。

有的应聘者描述自己喜欢这样、爱好那样,如文学、艺术、旅游、摄影等,由此考官进一步询问其拍摄过什么作品,而应聘者的回答却是喜欢别人给她拍照,还说家里的几本影集都已经满了。这就是说话"牛头不对马嘴"了。

有的应聘者在介绍家庭关系时,似乎"漫不经心"地告诉考官们,自己的某位远方亲戚是应考单位的上级单位的领导,这就很有"显摆"之意。

有的应聘者表示将来踏上工作岗位,"一定要……""绝对……"诸如此类的保证,似乎在做就职演讲。

特别要指出的是,不能夸大自己。考官一方面从应聘者的综合素养表现,能够大体估计出应聘者的能力;另一方面,如果考官进一步追问有关问题,将令"有水分"的应聘者下不了台。

245

4. 应聘者应注意的礼仪

(1) 礼貌问好。自我介绍时,首先应礼貌地鞠躬问好,可面带微笑,假如面试官此刻在注意其他东西,可以稍微等一下,等面试官将注意力转过来后再开始。也可听面试官的示意。

(2) 声音洪亮。自我介绍开始时的第一句话,是奠定全篇介绍语言风格的关键,应该声音洪亮,充满自信。可以大声说:"各位考官,上午好! 我是……"

(3) 时间适宜。如果面试环节规定了时间,务必注意时间的掌握,既不能太长,显得内容庞杂;也不能过短,显得内容简单而无特点。时间观念的强弱,往往也反映出一个人办事效率的高低和工作作风的优劣。

(4) 眼神交流。在做自我介绍时,眼睛切忌东张西望,四处游荡,表现出漫不经心的样子,或者不敢直视面试官,胆怯不自信。眼睛最好多注意面试官的面部,要有眼神的交流,但也不能长时间盯住考官。这样既显示出对考官的尊重,也表现出自己的落落大方。

另外,尽可能少加手势,身体不要晃动,无论是站还是坐,腰部挺直,男生可采用自然开立式站姿,女生可采用丁字步或小八字步站姿,以示精神饱满。

(5) 结语致谢。在自我介绍完毕后,不要忘记道一声"谢谢!"礼貌大方地示意介绍完毕。

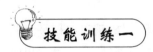

拟定自我介绍提纲

训练目标

能够针对岗位能力需求,认真准备好自我介绍的提纲或讲稿。

训练要领

1. 了解岗位对相关能力的要求。
2. 结合自己的特点,归纳出符合岗位能力需求的优势点。
3. 把握好篇幅的长短。

课堂训练

某小学招聘教师,请你为此次应聘准备一个 2~3 分钟的自我介绍提纲。

训练评价

1. 你(或他)的自我介绍内容是否能凸显优势。
2. 你(或他)的自我介绍内容是否详略得当,逻辑清晰。
3. 你(或他)的自我介绍篇幅是否控制在 500~700 字。

拓展练习

某小学招聘语文教师一名,经过激烈的笔试比拼后,应聘者将要参加面试环节,面试包括 3 分钟的自我介绍,请你为这位应聘者准备一份自我介绍吧!

今天我应聘的职位是小学语文老师。我叫×××,曾就职于××学校。我平时喜欢跑步和看书,喜欢读书,因为它能丰富我的知识;喜欢跑步,因为它可以磨砺我的意志。我是一个活泼开朗、热情、执着、有坚强意志的人。

既然今天应聘的是小学语文老师这个职位,我就简单地谈一下我对语文教育的认识。俗话说得好,教师是人类灵魂的工程师。教师自身思想道德的好坏,喜关着教育事业的成败。因此我不断地加强思想道德方面的学习,我积极参与教育部门组织的教师职业道德培训,并取得了良好的效果。在工作上,备课时,结合中学生的认知心理过程,力求吃透教材,找准重点、难点。上课时,注重"知识与技能,过程与方法,情感态度与价值观"三个维度的充分整合,综合运用多种教学方法,充分发挥学生的主导性地位,注重对学生能力的培养;善于激发学生的创造性思维,充分调动学生的学习积极性;努力培养学生正确的世界观,人生观及价值观。下课后,积极辅导学生,认真批改作文并虚心向同行请教先进的教学方法。

作为一名新教师,自身的学识相当重要。走上教师这一岗位以来,我不断学习,学习成为我工作生活中极为重要的一个组成部分。我积极参加新教师职业技能与职业道德的培训,积极参与县教育局组织的语文优质课比赛。通过这些途径,我不断充实自己的头脑,完善自己的教育教学理论,以便在工作中能以先进的理论作为指导,更好地完成教育教学工作。同时,我努力探讨中学语文相关的教学方法,学习同行的先进教学艺术,尽可能地使用多媒体来辅助语文教学。

"金无足赤,人无完人""路漫漫其修远兮,吾将上下而求索"。在新的一年中,我将以优秀同行为榜样,加强自身的政治思想学习,不断提高自己的综合素质及能力,为提高学生的综合素养而努力。

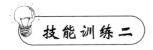
技能训练二

应聘情景模拟

训练目标

通过模拟求职应聘的自我介绍,锻炼学生能够有条理、自信地表达。

训练要领

1. 注意应聘的基本礼貌,主动微笑着问好、打招呼。
2. 自我介绍时要脱稿。
3. 表达时目光要与听众进行交流,态度要诚恳。

课堂训练

将"技能训练一"中的自我介绍在具体情境中表现出来,进行一次模拟的面试。班级或小组其他成员扮演面试官或观察员,记录他在自我介绍中存在的问题。

训练评价

各小组为其他小组展示的同学按下表打分,进行评比。

序号	评价项目	分值(分)	扣分(原因)	得分
1	报出姓名、身份	20		
2	介绍学历、工作经历	30		
3	介绍工作经验、能力	30		
4	应聘的原因	20		
	合计	100		

拓展练习

请同学录下你自我介绍时的样子。请你回看视频,并对自己的自我介绍进行点评。

【练习提示】

1. 可以从声音、语言组织、介绍内容、穿着服饰、肢体语言、求职礼仪等方面进行点评。

2. 也可以与教师的点评做一下对比,看看还有哪些地方是你没有注意到的。

任务 47　应聘面谈

在一些求职应聘中,除了要做自我介绍外,用人单位为了更好地了解求职者,还会对求职者进行提问,这就是应聘中的面谈环节。

如果面试中问到"你的家庭情况""你的业余爱好""你最崇拜谁""你希望的薪酬""你希望与怎样的上级共事""你没有经验,怎样胜任工作"等问题,你该如何回答呢?

应聘面谈环节也是非常重要的部分,它往往是面试官特别关注的环节。因为自我介绍可以提前准备,但是应聘面谈时,不知道面试官会问什么,所以这一环节无法准确地提前准备,更能真实地反映出应聘者的真实情况。

基本理论

在求职应聘的过程中,无论面试形式有多少种,问答都是围绕应聘者的素质是否符合招聘岗位的要求而展开的。在回答面试官所有的问题时,其中最重要的一点是,不要有任何虚假的行为,因为只有在这样的基础上,才能谈到面试技巧的运用。

为了避免应聘者刻意地迎合面试官,造成信息不确切而影响判定,很多面试官提问都有一个基本特点:如果想获取什么样的信息,往往不一定会直接问。对此,不少学生都觉得它很难。其实面试问答关没有想象中的那么难,我们一起来看看有哪些规律可循。

一、对自我介绍内容的补充提问

面试官往往会在应聘者自我介绍时,边听边快速地浏览对方的简历。当应聘者自我介绍完毕,面试官会对自我介绍或简历中存疑或感兴趣的部分对应聘者提问,同时看看应聘者的表达能力,所以应聘者应对自己的自我介绍和简历内容非常熟悉,且最好能预见面试官会提什么问题,有备而来。

一般提问的内容涉及学习成绩、社会活动、打工实习等,并且可能会要求举出一个实际的事例来说明应聘者谈到的活动或能力。面试人员希望从应聘者的过往经历和表达中发现应聘者的优缺点,考察应聘者的逻辑思维能力、团队合作等基本素质等。应聘者在回答时应该以事实为依据,前后一致,逻辑严密,表达清晰。

二、对求职目标及应聘单位和职位的提问

面试官问这方面的问题主要是想要了解应聘者希望工作的岗位、地点、应聘原因,以及对所应聘单位和岗位的熟悉程度。应聘者提前做好这方面的了解是非常有必要的,对所应聘的单位和职位了解得越多越深入越好,这样如果被录用的话对工作的适应性也会越强。

三、对个人未来职业发展规划的提问

一般面试单位在招聘的时候,都希望能招到有潜力、肯吃苦,对工作有长远打算和计划的员工,不希望招到经常跳槽的人,所以面试官对应聘者三五年内,甚至更长远的时间里有什么职业规划非常感兴趣,应聘者应该做好这方面的应答准备。

四、对薪酬和待遇方面的提问

在面试的最后环节,或者第二次、第三次面谈时,很有可能会谈及这个问题。面试官通过这个问题一方面想了解应聘者的薪酬期望是否与单位可提供的标准吻合,另一方面也想了解应聘者对自己的定位和对求职单位的了解程度。应聘者没有什么不好意思,也不必过于谦虚,最好根据当地市场行情来回答,如果自己足够优秀,可以比市场行情略高一些。

除了上面谈到的内容外,在面试中还会涉及一些与应聘岗位有关的专业知识问题,并且一般由直接主管的面试官提问,这部分内容就看应聘者的基本功了。

五、常见应聘面谈中问题的回答思路

下面我们来看看面试中会经常遇到哪些提问,我们又该如何应答呢?

1."请谈谈你的家庭情况。"

对了解应聘者的性格、观念、心态等有一定的作用,这是招聘单位问该问题的主要原因。

回答思路:首先介绍家庭的主要成员,强调温馨和睦的家庭氛围;强调父母对自己教育的重视;强调家庭成员对自己工作的支持;强调自己对家庭的责任感。

2.“你有什么业余爱好?”

业余爱好能在一定程度上反映应聘者的性格、观念、心态,这是招聘单位问该问题的主要原因。

回答思路:不要说自己没有业余爱好。谈自己产生某种爱好的原因。

3.“你最崇拜谁?”

最崇拜的人能在一定程度上反映应聘者的性格、观念、心态,这是面试官问该问题的主要原因。

回答思路:不要说自己谁都不崇拜。不宜说崇拜一个虚幻的人。不宜说崇拜一个明显有负面形象的人。最好说出自己所崇拜的人的哪些品质、哪些思想感染着自己、鼓舞着自己。

4.“你为什么选择我们单位?”

面试官试图从中了解你求职的动机、愿望以及对此项工作的态度,建议从行业、企业和岗位这三个角度来回答。

回答思路:“我十分看好贵单位所在的行业,我认为贵单位十分重视人才,而且这项工作很适合我,相信自己一定能做好。”

5.“你是应届毕业生,缺乏经验,如何能胜任这项工作?”

如果招聘单位对应聘者提出这个问题,说明招聘单位并不真正在乎“经验”,关键看应聘者怎样回答。对这个问题的回答最好要体现出应聘者的诚恳、机智、果敢及敬业。

回答思路:“作为应届毕业生,在工作经验方面确实有所欠缺,因此在读书期间我一直利用各种机会在这个行业里做兼职。我也发现,实际工作远比书本知识丰富、复杂。但我有较强的责任心、适应能力和学习能力,而且比较勤奋,所以在兼职中均能圆满完成各项工作,从中获取的经验也令我受益匪浅。请贵公司放心,学校所学及兼职的工作经验使我一定能胜任这个职位。”

6.“如果我录用你,你将怎样开展工作?”

如果应聘者对于应聘的职位缺乏足够的了解,最好不要直接说出自己开展工作的具体办法,可以尝试采用迂回战术来回答。

回答思路:“首先听取领导的指示和要求,然后就有关情况进行了解和熟悉,接下来制订一份近期的工作计划并报领导批准,最后根据计划开展工作。”

7.“与家长意见不一致时,你将怎么办?”

面试官想了解应聘者处理问题的能力,以及工作中行事风格如何。

回答思路:“这样吧,今天您先回去,好好陪一下孩子,改天我们再谈这个问题。”然后过几天我会再约谈家长:“我很理解您的想法,但是专业人做专业事,请您相信我。要不先按照我的方式试一试,如果没有效果,再按您的方式来教育孩子,可以吗?”

8.“你希望与什么样的上级共事?”

通过应聘者对上级的“希望”,考官可以判断出应聘者对自我要求的高低,这既是一个陷阱,又是一次机会。

回答思路:最好回避对上级具体的希望,多谈对自己的要求。如"作为刚步入社会的新人,我应该多要求自己尽快熟悉环境、适应新的工作,而不应该对环境提出什么要求,只要能发挥我的专长就可以了。"

9. "你在暑期打工的工作是怎样找到的?"

如果是应届毕业生,还有可能会被问及这个问题。面试官这个提问是为了考查应聘者的主动性、创造性与灵活性。

回答思路:"我的家乡是一个小镇,找到一份暑假工作并不容易。但我向每家餐馆都申请了做招待工作,给各家的经理打电话预约面试,最后在一家最有名气的餐馆找到一份工作。我先做下午班,后来因为我手脚麻利,算账准确,并且能让顾客满意,他们很快就把我转到了晚班。我在那儿干了三个暑假,当我快离开的时候,我已经负责培训、管理夜班服务员,晚上的收工打烊与记账,以及分配小费收入。总之,我的这段经历使我了解到小型企业及其具有共性的一些机理。"

10. "你如何规划自己未来的事业?"

面试官有时问到"你在今后的五年中要达到什么职位?"几乎所有初涉职场的人都会落入这个圈套中,答道:"管理阶层",因为应聘者自以为可以以此表明其雄心壮志。

回答思路:应该先说明你要发展或进取的专业方向,并表明你脚踏实地的工作态度。"我的事业规划是勇于进取,不断进步,所做的事情最好能与专业相关。因此,我希望在今后几年中,成为一名内行的专业人士,能够很清楚地了解自己的公司和行业。到那时,我未来的发展目标应该会很清晰的。"类似于这样的应答会使应聘者显得思想认识高屋建瓴。

11. "你是否愿意做事务性工作?"

刚刚毕业的大学生往往不愿做事务性的工作,觉得是浪费时间精力,或觉得屈才。通常他们都是目标远大,想干一些轰轰烈烈的事业。主考官非常清楚这一点。

回答思路:"自己理解需要有人做事务性的工作,在自己奉命完成更有责任的工作之前,会尽力完成一定数量的日常事务性工作。"你也可以这样回答:"行,没问题,企业就是要产生效益,因此在正常营业时间必须开门,并且有人值守。"

12. "你想找一份长期的还是临时性的工作?"

这个问题的提出,面试官是想确认应聘者是否真心实意地对这份工作感兴趣。回答时不要只简单地说"长期的",而要解释清楚找这份工作的理由。

回答思路:可以说"当然,我要找一份长期性的工作,我想在这个领域发展自己的事业,提高业务水平,寻求新的挑战,向有经验的专业人士学习。"在回答完毕后,也要反问对方以确认其所提的问题:"你们要招的这个岗位是长期的还是临时的?"

不要怕问,偶尔也会有些不道德的用人单位短期聘用一些新手参与某个项目,完工之后便把他们辞掉了。

13. "你在接受别人批评时,会不会感到难受或受到伤害?"

这是考查心性问题,如果你的失误被别人指出来之后,会轻易地顶撞或辩解,那么你

251

在公司里不会干得很久。初级岗位的竞争非常激烈,这也是表明自己与众不同的一个机会。

回答思路:"我会接受别人的意见,更重要的是,我能接受批评而没有抵触情绪。我需要别人把我引上正确的方向。我很清楚,如果我想在公司里有所发展,我必须首先服从管理。"

14."你对哪类职位感兴趣?"

这是一个试探你的服从性的问题,不要直接回答,要表示你服从安排。

回答思路:"我对这些初级岗位感兴趣,可以从中学到公司内外的业务,并能找到发展的机会,当我证实了自己的实力之后,可以沿着专业方向或管理方向发展。"

15."你对企业运作有什么看法?"

面试官并不想就此与你长谈,只是想证实一下你并不会将企业想象成一个慈善机构。

回答思路:"任何一家公司都是尽可能快速、高效地完成生产指标,使利润最大化。那么企业的运作方式应该鼓励老客户做回头生意,用出色的口碑和信誉发展新客户。"要说明作为团队中的一员,员工所起的作用都是为了达到这个目的。

16."作为应届毕业生,你觉得学习成绩是否很重要?"

如果应聘者的分数很高,回答时显然要答"是";如果分数并不高,应聘者就得多加考虑了。

回答思路:"当然,用人单位要全面考虑,既要看分数,同时还要考查一下应聘者的工作态度、对开发业务的理解及实际工作经验,总体来看,工作经历与专业技能要比分数更有价值。"

17."你对薪水的期望值是多少?"

对于刚毕业的学生来说,在面试中谈薪酬是大忌。一般在大公司看来,没有经验的大学生没有资格谈薪水。何况新人的起薪差不多都一样,就算你提了,公司也未必会给你加薪,相反,只会招致其反感。因此要谨慎对待此类问题。

回答思路:"我觉得薪酬多少不是最重要的,关键是能给发展的机会,从而锻炼能力,获得提升的空间。"或者用:"我确定公司会承认我的工作价值的。"这样的话含糊作答。如果面试官一定让你说一个具体数目,你可以笼统地说一个在一定区间内的数目,并且最好能事先调查到这一职位在人才市场上的一般薪酬水平,然后说一个比这个数目稍高一点的薪酬水平就可以了。

18."大学期间,你的室友是一些怎样的人?"

这个问题重点考查应聘者处理人际关系的能力,有的毕业生会在无意间流露出对室友的反感和抱怨,这样会给面试官不好的印象,他们也会据此判断你没有很好的合作能力,而这一点恰巧是用人单位特别重视的。

回答思路:可以介绍一下宿舍成员,并讲一讲你们之间相互帮助、相互鼓励的事件,让面试官了解你周围的人都是有上进心的、可靠的人。

应聘面谈训练

训练目标

通过模拟应聘面谈环节,了解面谈的心理过程,在实践中更好地准备面谈内容,增强面谈自信心,锻炼语言组织能力。

训练要领

1. 认真听懂面谈题目,把握提问重点。

2. 迅速整理思路,为表达做好准备。

3. 面带微笑,温和自信地作答。

课堂训练

小组内模拟求职应聘时的面谈环节,其他成员扮演面试官或观察员,记录面谈中存在的问题。小组成员相互讨论,给出更好的修改建议。

1. 请你谈谈你个人的最大优点是什么?

2. 你为何想离开之前的单位(或职务)?

3. 请你向我们单位提一个问题。

训练评价

1. 能较好地理解面试官提出问题的目的。

2. 能自如地进行回答,详略得当。

3. 逻辑性强,表述清楚,能适时向对方单位提出自己感兴趣的问题。

拓展练习

如果你是面试官,你认为这三个问题的价值在于什么地方,请以此回答下面问题。

1. 请你谈谈你个人的最大优点是什么?

2. 你为何想离开之前的单位(或职务)?

3. 请你向我们单位提一个问题。

【练习提示】

1. 你为什么要提这个问题?

2. 你想得到什么答案?

3. 你认为这个问题体现了应聘者哪方面的能力?

➤ 可扫描本项目二维码进行"情景模拟应聘面谈训练"。

参考文献

[1] 教师教育课程标准(试行)[S]. 教育部,2011.

[2] 普通高等学校师范类专业认证实施办法(暂行)[S]. 教育部,2017.

[3] 中小学和幼儿园教师资格考试标准(试行)[S]. 教育部师范教育司教育部考试中心,2011.

[4] 教师教育振兴行动计划(2018—2022年)[Z]. 教育部、国家发展改革委、财政部、人力资源社会保障部、中央编办,2018.

[5] 关于全面深化新时代教师队伍建设改革的意见[Z]. 中共中央国务院,2018.

[6] 小学教师专业标准(试行)[S]. 教育部,2012.

[7] 国家语委普通话培训测试中心. 普通话水平测试实施纲要(第2版)[M]. 北京:商务印书馆,2004.

[8] 国家教育委员会师范教育司组编. 教师口语[M]. 北京:语文出版社,1999.

[9] 李亚男. 教师必备的思维品质[M]. 长春:东北师范大学出版社,2010.

[10] 杜宇虹. 职场沟通口语训练教程[M]. 武汉:华中师范大学出版社,2015.

[11] 武洪明,许湘岳. 职业沟通教程[M]. 北京:人民出版社,2011.

[12] 崔梅,周芸. 小学教师语言[M]. 北京:高等教育出版社,2015.

[13] 叶亚玲. 中小学教师资格考试面试通关教程[M]. 北京:北京大学出版社,2015.

[14] 路伟. 教师口语[M]. 北京:北京师范大学出版社,2011.

[15] 李秀红,刘松泉,王伟. 新编教师口语教程[M]. 长春:东北师范大学出版社,2012.

[16] 霍生玉. 小学教师语言概论[M]. 南京:南京大学出版社,2017.

[17] 程培元. 教师口语教程[M]. 北京:高等教育出版社,2004.

[18] 陈利平,王仲杰. 新课堂背景下的教师课堂语言[M]. 北京:高等教育出版社,2005.

[19] 陈汝东. 语言伦理学[M]. 北京:北京大学出版社,2001.

[20] 崔允漷. 有效教学[M]. 上海:华东师范大学出版社,2009.

[21] 宋其蕤,冯显灿. 教学言语学[M]. 广州:广东教育出版社,2000.

[22] 胡东芳. 谁来塑造"人类灵魂的工程师"[M]. 福州:福建教育出版社,2000.

[23] 金生鈜. 规训与教化[M]. 北京:教育科学出版社,2004.

[24] 李振村. 教师的体势语言[M]. 北京:教育科学出版社,2011.

[25] 陈钧,张楚廷,胡淑珍. 教师口语技能[M]. 长沙:湖南师范大学出版社,2000.

[26] 傅道春. 新课程中教师行为的变化[M]. 北京:首都师范大学出版社,2001.

[27] 李伯奎. 教师口语——表述与训练[M]. 上海:华东师范大学出版社,2002.

[28] 黎昌友,何正良,刘明珠. 小学教育专业学生口语表达能力的培养策略[J]. 现代交际,2019(22).

[29] 陈之芥. 论教学语言的调控艺术[J]. 修辞学习,2008(5).

[30] 梁相明. 浅谈教师的语言对学生学习的影响[J]. 文理导航·教育研究与实践,2015(6).

[31] 王莉. 口语交际情境的多样创设[J]. 小学教学参考,2019(31).

[32] 应冰琪,何正良,罗琳. 小学教育专业学生教师口语训练的不足及成因分析——以成都大学为例[J]. 汉字文化,2019(19).

[33] 关薇. 教师口语教学改革的探索与尝试[J]. 文学教育,2019(9).